建築学テキスト

ARCHITECTURAL TEXT

Steel Structures

鉄骨構造

構造特性と設計の基本を学ぶ

井戸田秀樹
Idota Hideki

加藤征宏
Kato Masahiro

高木晃二
Takagi Koji

学芸出版社

シリーズ刊行の趣旨

　「建築学」は自然との共生を前提としたうえで，将来にわたって存続可能な建築物を設計するための指針を与えるものだと考える．また言うまでもなく，建築物は人間のためのものであり，人間は〈自然〉のなかで生きる動物であるとともに，自らが作りだす〈社会〉のなかで生きる動物でもある．このような観点から，現時点で「建築学」を〈自然〉・〈人間〉・〈社会〉の視点からとらえ直し，その構成を考えることは意義があると考える．

　以上のような考えに立って「建築学」の構成をとらえ直すにあたり，従来行なわれてきた〈計画系〉と〈構造系〉という枠組みで「建築学」をとらえることをやめる．そして，建築物を利用する主体である〈人間〉を中心に据え，建築物や人間がそのなかにある〈自然〉および人間が生きていくなかで必然として生みだし，否応なく建築物や人間に影響を及ぼす〈社会〉を考える．

　そこで，「建築学」を構成する科目を大きく〈人間系〉・〈自然系〉・〈社会系〉の枠組みでとらえるとともに，〈導入〉や〈総合〉を目的とした科目を設定する．さらに，「建築学」はよりよい建築物の設計法を学ぶことを目的とするとの考えから，これまで「建築計画学」における「各論」でまとめて扱われることが多かった各種建築物の設計法を，建築物の種別ごとに独立させることによってその内容を充実させた．

　なお，初学者が設計法を身につける際には，その理解のための「叩き台」となるものを示すことが有効であると考えた．そこで，各種建築物の設計法に関するテキストには実在する建築物の企画段階から完成に至るまでの設計過程を示すことにした．さらに，学習の便を図るとともに，正しい知識を身につけるための関連事項や実例を充実させることにも留意した．

〈建築学テキスト〉編集委員会

まえがき

　明瞭な弾性域と塑性域の存在，高い靭性，均質等方性など，鋼材は素材の力学的な性質から構造物全体の挙動を説明しやすいはっきりとした特性を持った材料である．また，木造建築と並び，鉄骨構造は日本国内で最も多く採用されている構造種別の一つである．そのため，鉄骨構造学は建築学の中の重要な学問分野として理論的あるいは実験的な方法に基づいてすでに体系化されており，それを学ぶための優れた教科書もたくさん存在している．

　一方，大学をはじめとする専門教育がより一般化し，従来に比べると様々な経歴や知識を持った人があらたに鉄骨構造を学ぶ機会が急増している．こうした現状を考えると，鉄骨構造を習得する上で最低限必要な内容をまとめ，それと実設計との関わりをわかりやすく説明したテキストの存在が新しく求められているといえよう．

　本テキストは，初めて鉄骨構造を学ぼうとする諸氏にとって，鉄骨構造の理解と実設計のために必要な最低限の内容をわかりやすくまとめたものである．鉄骨構造の設計の基本といえる①材料の明瞭な弾塑性挙動，②座屈，③接合部，この3点に焦点をしぼり，各種設計式や設計の考え方を力学の基礎理論を使って可能な限り体系的に説明することを心がけた．特に，座屈に関しては，鉄骨構造において顕著な現象であると同時に，座屈現象を理論的に理解し，座屈設計式の導かれた基礎的なプロセスを理解することは，鉄骨構造を勉強する上での醍醐味の一つと考えている．この醍醐味を少しでも味わってもらえれば幸いである．

　なお本書は，鉄骨構造物の設計で最も基本的と言える内容を理論から設計例にわたって一通り解説しているが，構造設計全体が多岐にわたっている今日，本書に収められている内容以外にも設計上重要な事柄は少なくない．さらに詳細な鉄骨構造の勉強に進みたい読者は，鉄骨の設計全般を網羅している体系的で優れた教科書を参考文献としていくつか紹介しているので，本書を早く卒業し，ぜひそれらの書に進まれることを期待している．

2004年6月　著者一同

目 次

まえがき

第1章 鉄骨構造の概要 …………… 6
- 1・1 鉄骨構造の発展 …………… 6
- 1・2 鉄骨構造の特徴 …………… 6
- 1・3 鉄骨構造の種類 …………… 8
- 1・4 地震と構造基準 …………… 8

第2章 鋼材と鉄骨製作 …………… 10
- 2・1 鋼材の製造法 …………… 10
- 2・2 鋼材の種類 …………… 10
- 2・3 建築構造用鋼材の形状と寸法 …………… 12
- 2・4 鋼材の性質 …………… 14
- 2・5 鉄骨の製作 …………… 16

第3章 鉄骨の構造設計 …………… 20
- 3・1 構造設計の基本 …………… 20
- 3・2 基準強度と許容応力度 …………… 22
- 3・3 構造設計法 …………… 24

第4章 荷重および外力 …………… 28
- 4・1 荷重および外力の種類 …………… 28
- 4・2 荷重の組合せ …………… 30
- 4・3 設計荷重の計算 …………… 32

第5章 部材設計 …………… 36
- 5・1 部材設計の方針 …………… 36
- 5・2 座屈 …………… 36
- 5・3 引張材 …………… 42
- 5・4 圧縮材 …………… 44
- 5・5 梁 …………… 46
- 5・6 柱 …………… 52

第6章 接合部設計 …………… 56
- 6・1 概説 …………… 56
- 6・2 高力ボルト接合 …………… 56
- 6・3 ボルト接合 …………… 58
- 6・4 高力ボルトおよびボルトの設計留意点 …………… 58
- 6・5 溶接接合 …………… 60
- 6・6 継手 …………… 64
- 6・7 柱梁接合部 …………… 68

第7章 耐震安全性の確認 …………… 70
- 7・1 耐震設計ルート2 …………… 70
- 7・2 耐震設計ルート3 …………… 72
- 7・3 設計例題 …………… 72

第8章 設計例 …………… 76

付表 …………… 106

索引
参考文献

「第8章 設計例」記号説明

- A : 風圧力算定時見付面積, 断面積
- A_i : 層せん断力分布係数
- A_S : せん断用断面積
- a_t : 引張鉄筋断面積
- B : 基礎の幅
- b : 部材の幅
- C : 固定端モーメント, 圧縮軸力
- C_0 : ベースシア係数
- C_f : 風力係数
- c : 基礎荷重面下にある地盤の粘着力
- D : 部材のせい
- D_f : 基礎荷重面までの深さ
- D_S : 構造特性係数
- d : 曲げ材の有効せい
- E : 弾性係数, 風圧力算定時の数値 $E = E_r^2 \cdot G_f$
- E_r : 平均風速の高さ方向の分布を表す係数
- e : 偏心距離
- F_{es} : 形状係数
- f_a : 許容付着応力度
- f_b : 許容曲げ応力度
- f_c : 許容圧縮応力度
- f_s : 許容せん断応力度
- f_t : 許容引張り応力度
- G_f : ガスト影響係数
- g : 重心までの距離
- H : 建物の高さと軒の高さとの平均, 階高, デッキプレートの高さ
- h : 平均高さ
- I : 断面二次モーメント
- i : 断面二次半径
- i_y : 弱軸周り断面二次半径
- j : 曲げ材の応力中心間距離
- K_x : x方向の剛性
- K_y : y方向の剛性
- L : 部材長, 基礎の長さ
- L' : 部材の内法長さ
- L_q : 部材の両端が全塑性モーメントに達したときの作用せん断力が終局せん断力に等しくなる部材長
- l : 部材スパン長, 剛心までの距離
- l_b : 梁の横補剛間隔
- l_k : 座屈長さ
- M_0 : 単純梁時最大曲げモーメント
- M_L : 長期作用曲げモーメント
- M_E : 地震時作用曲げモーメント
- M_S : 短期作用曲げモーメント
- M_P : 全塑性モーメント
- M_u : 終局曲げ耐力
- N : 地盤のN値
- N_L : 長期作用軸力
- N_E : 地震時作用軸力
- N_S : 短期作用軸力
- n : 横補剛箇所数
- P : 風圧力, 水平力
- p_w : せん断補強筋比
- Q : 固定端せん断力, せん断力, 層せん断力
- Q_0 : 単純梁時長期端部せん断力
- Q_a : 許容せん断力
- Q_D : 設計用せん断力
- Q_L : 長期作用せん断力
- Q_E : 地震時作用せん断力
- Q_S : 短期作用せん断力
- Q_P : 部材の両端が全塑性モーメントに達したときの作用せん断力
- Q_u : 終局せん断耐力, 保有水平耐力
- Q_{un} : 必要保有水平耐力
- q : 速度圧
- q_a : 地盤の許容支持力
- R_e : 偏心率
- R_s : 剛性率
- r_e : 弾力半径
- T : 引張軸力
- T_1 : 建物の1次固有周期
- T_C : 支持地盤種別に応じた数値
- t : 板厚, スラブ厚さ
- t_f : フランジの板厚
- t_w : ウェブの板厚
- V_0 : 基準風速 (m/s)
- W : 重量
- W_F : 基礎自重
- w : 等分布荷重
- Z : 地震地域係数, 断面係数
- Z_b : 風圧力を求めるための数値
- Z_f : フランジによる断面係数
- Z_G : 風圧力を求めるための数値
- Z_P : 塑性断面係数
- α : 風圧力を求めるための数値, 地盤支持力算定時の基礎の形状係数
- β : 地盤支持力算定時の基礎の形状係数
- γ_1 : 基礎荷重面下の地盤の単位体積重量
- γ_2 : 基礎荷重面より上の地盤の単位体積重量
- δ : たわみ量, 層間変形
- λ : 細長比
- λ_y : 弱軸周りの細長比
- σ_b : 曲げ応力度
- σ_c : 圧縮応力度
- σ_e : 有効接地圧
- σ_L : 長期接地圧
- τ : せん断応力度
- ϕ : 鉄筋の周長, 土の内部摩擦角

第1章　鉄骨構造の概要

1・1　鉄骨構造の発展

今日，わが国の鉄骨構造は低層から超高層までのビル建築，体育館などの大空間建築，工場などの生産施設および戸建てや集合住宅まで多岐にわたる建築物の構造体として活用され，1980年代後半には年間の着工床面積で木造と並ぶ構造種別となった．現在，鉄骨部材の主流を占めているロールH型鋼が1961年に，ボックスコラムが1970年頃に製造開始されてから，飛躍的に量的拡大を成し遂げた．

鉄骨構造の発展には，鉄の生産技術の発達が大きく関係している．圧縮には強いが引張に弱い鋳鉄は，1500年頃に木炭を用いて溶鉱炉での製造が始まり，1709年アブラハム・ダービー1世によりコークス精錬法が確立し，生産が本格化した．英国の産業革命に端を発した工業用建屋で，18世紀後半から鋳鉄の鉄骨が火災対策のために使用され始めた．また，1779年には中部イングランドのコールブルックデールに初めて鋳鉄を用いた大アーチ橋，アイアンブリッジ（図1・1）が建設され，現在も使用されている．19世紀中頃まで，鋳鉄は建築や橋梁で多く使用されている．

その後，18世紀末期にヘンリー・コートによって開発された純度の高い錬鉄を製造するパドル法や，山形鋼やT形鋼などの溝付きロールの開発により曲げ強度に優れた錬鉄の工業生産化が図られた．錬鉄を代表する鉄骨構造には，1851年，ロンドンに完成したパックストンの鋳鉄・錬鉄とガラスの建築，クリスタル・パレス（図1・2）や，1889年，パリ万国博覧会に向けて建てられたエッフェルによるエッフェル塔（図1・3）がある．

今日主流を占めている鋼は，1850年代中期のベッセマー転炉，1880年代のシーメンス・マルチン平炉製鋼法の発明と大型圧延機の出現により飛躍的に生産が伸びた．鋼を使用した大スパン屋根構造は長大化し，1889年にはパリ万国博覧会のスパン111mの機械館（図1・4）が建設された．また，20世紀初頭から北米では多層建築物にも鋼が使用され，摩天楼時代の幕開けとなった．

鉄骨構造の発展には接合技術が大きく関わり，20世紀中頃の溶接技術の開発や新しい高力ボルトの出現により，鉄骨構造の建築物が飛躍的に増加した．今日では，鋳鉄時代から用いられていたリベットはまったく使用されなくなった．

わが国の最初の鉄骨造の建築物は，1895年造船技師若山鉉吉によって設計された東京の秀英舎印刷工場（図1・5）である．約16m×16mの建物で，柱は丸鋼管，梁はアングル組立トラスであった．その後，米国のビル高層化の影響を受け，20世紀前半には，帝国劇場，東京海上ビル，丸の内ビルディングなど多くの鉄骨ラーメン構造のビルが建てられた．

20世紀後半は，鋼材の材質の種類，形状が飛躍的に増大し，コンピューター活用による構造解析技術の進歩が，鉄骨構造の可能性をより高めた．日本で初めての超高層ビル，霞ヶ関三井ビルが1968年に完成し，その後，鉄骨構造による超高層ビルは続々と建設され，新宿副都心の景観ばかりでなく，日本各地の都市の風景を大きく変えている（図1・6）．また，大空間構造も立体構造解析が可能になり，立体トラス構造，吊り構造，張弦梁構造などによる大空間建築物が鉄骨骨組で多数建設された．近年，FIFAワールドカップのためのスタジアム建設で，いろいろな構造形式を身近に見ることができる（図1・7）．

1・2　鉄骨構造の特徴

鉄骨構造は，建築材料の中で，性能，価格，加工面で最も優れた鋼材を使用した構造であるため，鉄筋コンクリート構造と比較して多くの長所がある．

① 重さに対する強さの比，すなわち比強度が高く，構造体の軽量化が図られ，高層ビルや大空間建築などの大規模建築物が可能となる．

② 粘り強いため，大地震に対する抵抗力が大きく，耐震性に優れている．

③ 柱，梁の部材形状やラーメン，トラスなどの構造形式が多く，外観・空間設計の自由度が高い．

④ 工業製品である鋼材をそのまま使用するため，鉄骨製作の合理化および品質の安定化が図られる．

⑤ 鉄骨は工場で製作され，現場で高力ボルトまたは溶接での接合となり，工期短縮が可能となる．

⑥ 解体が容易にでき，鋼材の再利用のためのリサイクルシステムが完備している．

図1・1 鋳鉄を用いた世界初の大アーチ橋，アイアンブリッジ
（英国，1779年，出典：西田・矢ヶ崎編『図説建築の歴史』学芸出版社，2003年）

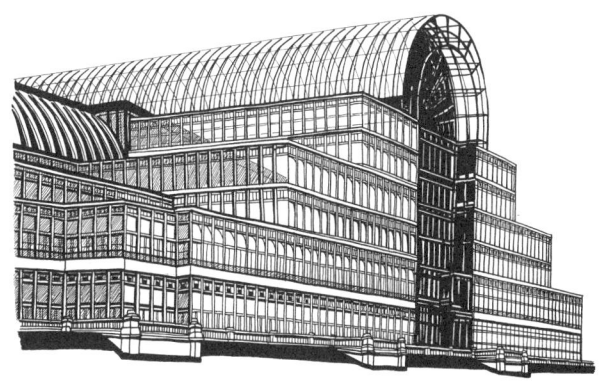

図1・2 鋳鉄・錬鉄とガラスの建築，クリスタル・パレス
（英国，1851年，出典：図1・1と同）

図1・3 パリ万国博覧会に向けて建てられた，エッフェル塔
（フランス，1889年，撮影：西岡秀輔氏）

図1・4 スパン111mの大きな空間を創り出した，パリ万国博覧会の機械館
（フランス，1889年，出典：ESDEP "Steel Construction：Introduction to Design"（社）鋼材倶楽部）

図1・5 造船技師若山鉉吉によって設計された我が国最初の鉄骨造建築物，秀英舎印刷工場
（東京，1895年，出典：平田定男『我国の建築構造略史』平田建築構造研究所，2002年）

図1・6 鉄骨構造による超高層ツインタワー，名古屋JRセントラルタワーズ （名古屋，2000年）

図1・7 ケーブルやロッドを多用した，静岡スタジアムECOPA （静岡，2002年）

第1章 鉄骨構造の概要　07

また，鉄骨構造の短所および構造設計をする際の注意事項を以下に示す．

① 鋼材は高温で軟化し強度が下がるため，耐火被覆が必要となる．また，低温になるほど脆くなる性質がある．
② 鋼材は酸に弱く腐食しやすいため，塗装などの防錆処理が必要となる．
③ 鋼材は強い材料のため，部材が薄板で構成される小断面となるので，座屈による耐力低下に注意が必要である．
④ 鉄筋コンクリート構造に比べ，部材の剛性が小さいため，床の過大なたわみや，振動による居住性能上の問題に十分注意する必要がある．

1・3 鉄骨構造の種類

鉄骨の構造形式は，建築物の形態によって異なっている．重層建築，産業施設建築，大空間建築に分類して構造形式を示す．

重層建築では，一般的に，ラーメン構造，ブレース構造あるいはラーメンとブレースを併用した構造が採用される．高層建築になると，広い無柱空間を得るためのチューブ構造やスーパーラーメン構造など，工夫された構造形式が採用されている（図1・8）．

低層で面積の広い工場，倉庫などの産業施設建築では，山形ラーメン構造，トラス構造が採用される（図1・9）．一般的に，小規模な建屋は，柱，梁ともH形鋼単材を用いた山形ラーメン構造とし，大型クレーン工場になると柱や梁が組立材を用いたトラス構造となる．

大空間建築の構造形式は，トラス構造，アーチ構造，立体トラス構造，ドーム構造，張弦梁構造，吊り構造などが単体あるいは複合され，よりスパンの大きい空間が形成されている（図1・10）．今日，工業化されたシステムトラスの普及により，立体トラス構造は，いろいろな空間建築に採用されている．

1・4 地震と構造基準

今日の建築物の構造は，地震などの自然現象による被害から多くの教訓を得て発展してきた．江戸時代末期からの欧米の建築技術導入により，れんが造，石造の建築物が多く建てられたが，1891年の濃尾地震をきっかけとして，その耐震性に懸念がもたれ，鉄骨構造，鉄筋コンクリート構造に変わっていった．そして，1923年の関東大地震では，れんが造，石造はもちろんのこと，鉄骨構造，鉄筋コンクリート構造の建築物まで被害を受け，欧米などの地震のない地域で発達した構造法は日本に適さないこと，および日本独自の耐震設計法の必要性が明らかになった．その結果，関東大地震の翌年，強度計算規定に初めて地震力の規定が導入された．

1950年には建築基準法が制定されたが，その後も，建築物の自然現象や人的事故による被害を教訓として，多くの改定が行われてきた．1968年の十勝沖地震で，鉄筋コンクリート造の柱のせん断破壊による靭性不足で，公共建築物が大きな被害を受けた．1978年の宮城県沖地震では，ピロティー形式の建築物や偏心の著しい建築物などに被害が目立った．これらの被害から，強度だけでなくねばり強さ，すなわち靭性を考慮した新耐震設計法が1981年に施行された．1995年の兵庫県南部地震では，木造建築物および1981年以前の新耐震設計法によらない建築物が被害を受けたが，新耐震設計法による建築物の被害は少なかった．しかし，地震後，建築物の安全性に対する社会認識と建築技術者の認識の違いが議論され，1998年に性能設計の概念が基準法に導入された．それによって建築技術者に建築物の詳しい性能についての説明責任が求められるようになった．

鉄骨構造では，十勝沖地震および宮城県沖地震で，筋かい端部の破断による被害が発生し，保有耐力接合の対策がとられた．また，1995年の兵庫県南部地震では，仕口部の破断（図1・11）や厚肉部材の脆性破断（図1・12），アンカーボルトの破断などが発生した．その教訓は，すでに溶接部の外観検査の告示規定化，スカラップ形状の改良およびノンスカラップ工法の開発，新しいSN鋼材の活用などに活かされている．

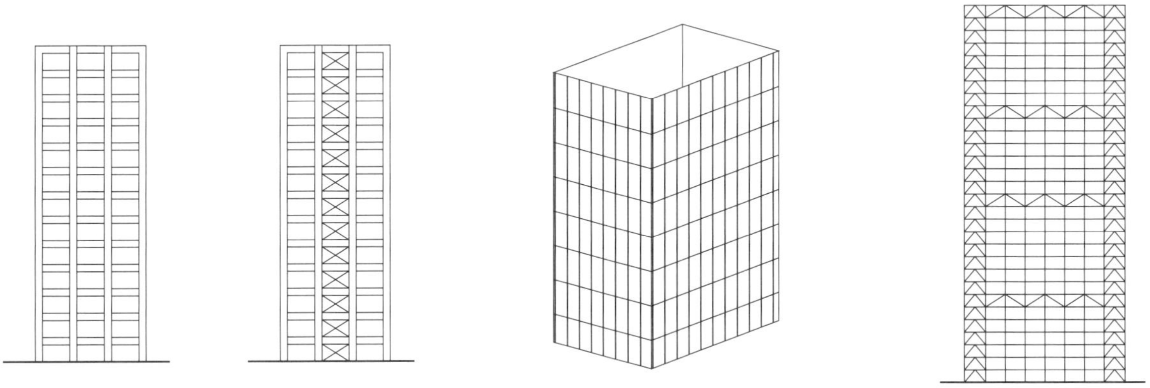

(a) ラーメン構造　　(b) ブレース構造　　(c) チューブ構造　　(d) スーパーラーメン構造

図1・8　建物内部の空間の取り方によって構造形式が異なる重層建築

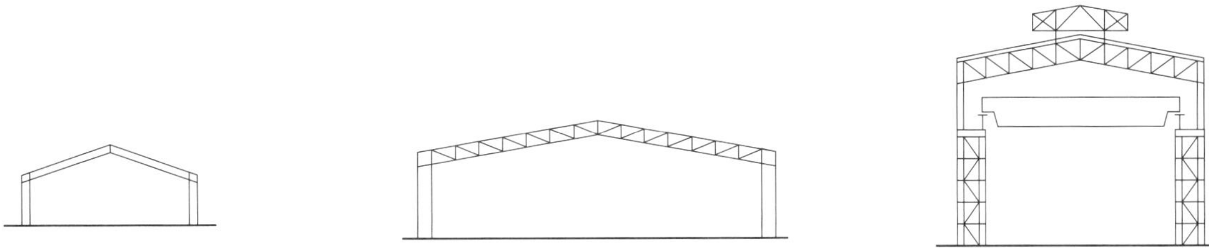

(a) 山形ラーメン構造　　(b) トラス構造　　(c) 大型クレーン工場

図1・9　低層で面積の広い工場，倉庫などに用いられる産業施設建築

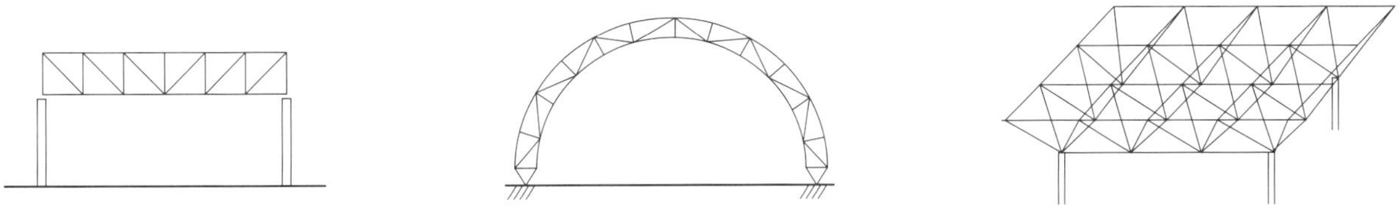

(a) トラス構造　　(b) アーチ構造　　(c) 立体トラス構造

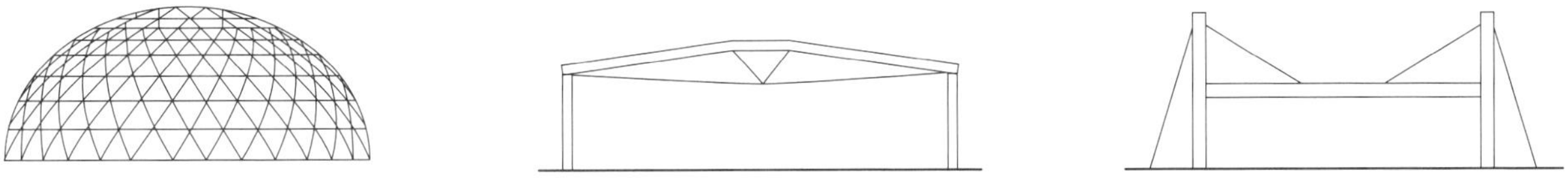

(d) ドーム構造　　(e) 張弦梁構造　　(f) 吊り構造

図1・10　大きな空間を実現するために多様な構法が存在する大空間建築

図1・11　1995年の兵庫県南部地震における鉄骨柱梁溶接仕口部の脆性破断

図1・12　1995年の兵庫県南部地震における厚肉鉄骨柱部材の脆性破断

第1章　鉄骨構造の概要

第2章　鋼材と鉄骨製作

2·1　鋼材の製造法

鋼材メーカーを大別すると，高炉を有する高炉メーカーと製鋼工程を持たない電炉メーカーに区分される．

鋼材の製造法としては，高炉メーカーで採用している鉄鉱石を溶鉱炉（高炉）で還元し，転炉で精錬して鋼にする方法と，電炉メーカーで採用しているスクラップ鋼材を電気炉で溶解し，精錬して鋼にする方法がある．鋼材の主な製造工程を図2·1に示す．

鋼材は精錬した溶鋼から鋼片といわれる半製品を造り，これを圧延加工して製造される．半製品を造る方法には，連続鋳造法と造塊・分塊圧延法があり，今日では，生産工程の簡略化や省エネルギー化が図れる連続鋳造法が主流になっている．

半製品から構造用鋼材を製造する方法としては，1次加工工程と2次加工工程がある．1次加工工程としては，素材を高温に加熱して所定の断面形状に製造する熱間圧延が用いられる．鋼板，H形鋼などの大部分の構造用鋼材は熱間圧延で製造される．

2次加工工程としては，1次加工工程で製造された圧延鋼材を素材として，冷間あるいは熱間でのロール成形，プレス成形などにより鋼材を製造する．冷間ロール成形で製造されるものには，軽量形鋼，角形鋼管，円形鋼管があり，冷間プレス成形では，角形鋼管，円形鋼管などが製造される．

2·2　鋼材の種類

鋼材は化学成分により，一般に広く用いられている普通鋼と特殊な用途に用いられる特殊鋼に分類される．普通鋼は炭素 0.6%未満の炭素鋼と定義され，また特殊鋼は炭素を 0.6%以上含む炭素鋼および合金元素を含む合金鋼と定義されている．

また，鋼材を強度レベルにより軟鋼と高張力鋼とに分類する．軟鋼は引張強さが 400N/mm^2 級の鋼材で，高張力鋼は引張強さが 490N/mm^2 級以上の鋼材の総称である．近年，降伏点を，軟鋼に比べ低く抑えた低降伏点鋼，極低降伏点鋼という鋼材が製造されている．

建築物の構造用鋼材は炭素含有量 0.25%以下の普通鋼が多く用いられ，主に表2·1に示す日本工業規格（JIS）に規定される製品，国土交通大臣認定品および日本建築センター評価品が使用されている．それら以外の無規格品は主要構造材には使用できない．

1. JIS製品

建築構造用として一般的に使用される JIS 製品について以下に説明する．

a）建築構造用圧延鋼材

JIS 製品として，初めて建築鉄骨の耐震安全性を材料面で保証する鋼材が1994年に制定された．化学成分および機械的性質を表2·2，2·3に示す．溶接性を考慮して炭素当量（C_{eq}），溶接割れ感受性組成（P_{CM}）が，耐震性を考慮して降伏比，降伏点の範囲が，さらに脆性破壊を考慮して吸収エネルギーが規定されている*．この鋼材の建築用鋼材としての保有性能を以下に示す．

① 溶接性能の保持
② 塑性変形能力の保持
③ 板厚方向の集中引張力に対する性能の保持
④ 公称断面寸法の保持

鋼材種類の記号は SN で示され，SN400 は引張強さ 400N/mm^2 級の鋼材で，SN490は引張強さ 490N/mm^2 級の鋼材である．また，A・B・C の区分はその鋼材の使用構造部位を示し，次のように規定している．

A：塑性変形能力を期待しない鋼材で，溶接を使用する主要構造部材には使用しない．

B：広く一般の構造部位に使用する鋼材で，溶接性や塑性変形能力を確保するために，溶接性についての指標である炭素当量（C_{eq}），および厚さ 12mm 以上については耐震性を考慮して降伏比の上限と降伏点の範囲が規定されている．

C：溶接施工時を含め板厚方向に大きな引張応力を受ける部材またはダイヤフラム等の部位に使用する鋼材で，溶接性や変形能力の確保に加えて厚さ方向特性として絞り値が規定され，板厚方向に割れが生じないよう配慮されている．

b）一般構造用圧延鋼材

SS400は SN 材が制定されるまでは大部分の建築物に使用されていたが，リンと硫黄以外の化学成分規定がなく，溶接性は考慮されていない．また，SS490，SS540は炭素量が高いものが多く，溶接性が良くないので溶接

---

* C_{eq}, P_{CM}については，p.16「鋼材の溶接性」を参照のこと．

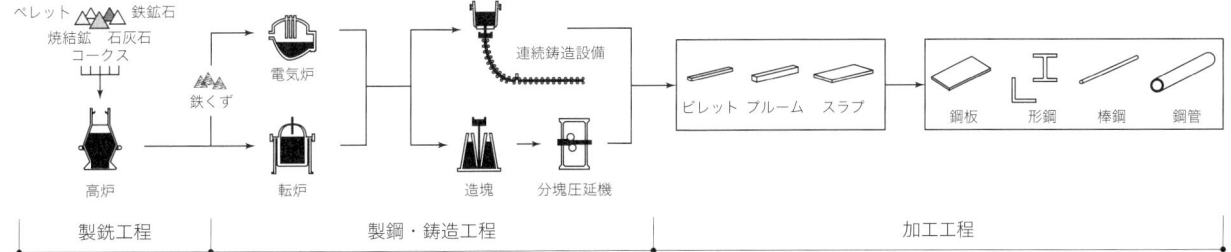

図 2・1　鉄鉱石から鋼材までの製造プロセス

表 2・1　JIS製品の構造用鋼材の種類

No.	規格番号および名称	種別および種類の記号
(1)	JIS G 3136（建築構造用圧延鋼材）	SN400A, SN400B, CN400C, SN490B, SN490C
(2)	JIS G 3101（一般構造用圧延鋼材）	SS400, SS490, SS540
(3)	JIS G 3106（溶接構造用圧延鋼材）	SM400A, SM400B, SM400C, SM490A, SM490B, SM490C, SM490YA, SM490YB, SM520B, SM520C
(4)	JIS G 3114（溶接構造用耐候性熱間圧延鋼材）	SMA400AW, SMA400BW, SMA400CW, SMA400AP, SMA400BP, SMA400CP, SMA490AW, SMA490BW, SMA490CW, SMA490AP, SMA490BP, SMA490CP
(5)	JIS G 3350（一般構造用軽量形鋼）	SSC400
(6)	JIS G 3353（一般構造用溶接軽量H形鋼）	SWH400, SWH400L
(7)	JIS G 3444（一般構造用炭素鋼管）	STK400, STK490
(8)	JIS G 3466（一般構造用角形鋼管）	STKR400, STKR490
(9)	JIS G 3475（建築構造用炭素鋼管）	STKN400W, STKN400B, STKN490B

表 2.2　圧延鋼材の化学成分　単位　%

種類の記号	厚さ (mm)	炭素 C	ケイ素 Si	マンガン Mn	リン P	硫黄 S	C_{eq}	P_{CM}
SN400A	6以上100以下	0.24以下	—	—	0.050以下	0.050以下		
SN400B	6以上50以下	0.20以下	0.35以下	0.60〜1.40	0.030以下	0.015以下	0.36以下	0.26以下
	50超え100以下	0.22以下						
SN400C	16以上50以下	0.20以下	0.35以下	0.60〜1.40	0.020以下	0.008以下		
	50超え100以下	0.22以下						
SN490B	6以上50以下	0.18以下	0.55以下	1.60以下	0.030以下	0.015以下	厚さ40mm以下 0.44以下 厚さ40mm超え 0.46以下	0.29以下
	50超え100以下	0.20以下						
SN490C	16以上50以下	0.18以下	0.55以下	1.60以下	0.020以下	0.008以下		
	50超え100以下	0.20以下						
SS400	—	—	—	—	0.050以下	0.050以下	—	—
SM400A	50以下	0.23以下	—	2.5×C以下	0.035以下	0.035以下	—	—
	50超え100*以下	0.25以下						
SM400B	50以下	0.20以下	0.35以下	0.60〜1.40	0.035以下	0.035以下	—	—
	50超え100*以下	0.22以下						
SM490A	50以下	0.20以下	0.55以下	1.60以下	0.035以下	0.035以下	—	—
	50超え100*以下	0.22以下						
SM490B	50以下	0.18以下	0.55以下	1.60以下	0.035以下	0.035以下	—	—
	50超え100*以下	0.20以下						

(注)　C_{eq}, P_{CM} の適用は受渡当事者間の協定による
　　＊：JIS規格上の最大厚さは200mm

表 2.3　圧延鋼材の機械的性質

種類の記号	降伏点または耐力		引張強さ N/mm²	降伏比 (%)	伸び			吸収エネルギー [0℃] (J)	Z絞り*1 (%)
	厚さ (mm)	N/mm²			厚さ (mm)	試験片	%		
SN400A	6以上 40以下	235以上	400以上 510以下	—	6以上 16以下	1A号	17≦	—	—
	40超え100以下	215以上			16超え 50以下	1A号	21≦		
					40超え100以下	4号	23≦		
SN400B	6以上 12未満	235以上	400以上 510以下	80以下	6以上 16以下	1A号	18≦	厚さ12mm超え 27以上	—
	12以上 40以下	235以上355以下			16超え 50以下	1A号	22≦		
	40超え100以下	215以上335以下			40超え100以下	4号	24≦		
SN400C	16以上 40以下	235以上355以下		80以下	16	1A号	18≦		平均25以上 個々15以上
	40超え100以下	215以上335以下			16超え 50以下	1A号	22≦		
					40超え100以下	4号	24≦		
SN490B	6以上 12未満	325以上	490以上 610以下	80以下	6以上 16以下	1A号	17≦		—
	12以上 40以下	325以上445以下			16超え 50以下	1A号	21≦		
	40超え100以下	295以上415以下			40超え100以下	4号	23≦		
SN490C	16以上 40以下	325以上445以下		80以下	16	1A号	17≦		平均25以上 個々15以上
	40超え100以下	295以上415以下			16超え 50以下	1A号	21≦		
					40超え100以下	4号	23≦		
SS400	6以上 12未満	245以上		—	6以上 16以下	1A号	17≦	—	—
	12以上 16未満								
	16				16超え 50以下	1A号	21≦		
	16超え 40以下	235以上							
	40超え100以下	215以上			40超え	4号	23≦		
SM400A	6以上 12未満	245以上	400以上 510以下	—	6以上 16以下	1A号	18≦	—	—
	12以上 16未満								
	16				16超え 50以下	1A号	22≦		
	16超え 40以下	235以上							
	40超え100以下	215以上			40超え	4号	24≦		
SM400B	6以上 12未満	245以上		—	6以上 16以下	1A号	18≦	27*2	—
	12以上 16未満								
	16				16超え 50以下	1A号	22≦		
	16超え 40以下	235以上							
	40超え100以下	215以上			40超え	4号	24≦		
SM490A	6以上 12未満	325以上	490以上 610以下	—	6以上 16以下	1A号	17≦	—	—
	12以上 16未満								
	16				16超え 50以下	1A号	21≦		
	16超え 40以下	315以上							
	40超え100以下	295以上			40超え	4号	23≦		
SM490B	6以上 12未満	325以上		—	6以上 16以下	1A号	17≦	27*2	—
	12以上 16未満								
	16				16超え 50以下	1A号	21≦		
	16超え 40以下	315以上							
	40超え100以下	295以上			40超え	4号	23≦		

(注)　＊1：板厚方向の絞り
　　＊2：厚さ12mmを超える鋼材に適用し、3個の試験片の平均値とする

構造には使用してはならない．

c) 溶接構造用圧延鋼材

溶接による低温割れを配慮して制定された溶接構造用鋼材である．溶接性を考慮し，炭素，ケイ素，マンガン，リン，硫黄などの化学成分が規定されていて，SS 材よりも優れた溶接性を有している．SM400，SM490，SM520 の種類がある．吸収エネルギーは A，B，C の 3 等級に分けられ，A，B，C の順に向上する．SM490 は SN 材が製造されるまでは建築構造に多く使用されていた．

d) 溶接構造用耐候性熱間圧延鋼材

SM 材と同じ機械的性質を有し，銅，ニッケル，クロムなどの合金元素を添加して耐候性を向上させた鋼材で，SMA の記号で表される．錆安定化処理を行って使用する W タイプと塗装して使用される P タイプがある．

e) その他 JIS 製品

上記以外に建築構造用に使用される鋼材として，母屋，胴縁，下地材などに用いる一般構造用軽量形鋼 SSC 材，トラス構造材などに用いる一般構造用炭素鋼鋼管 STK 材，小規模建屋の柱，間柱などに用いる一般構造用角形鋼管 STKR 材がある．その他に薄板を溶接して製造した一般構造用溶接軽量 H 形鋼，床に用いられるデッキプレートなどもある．

2. 国土交通大臣認定品その他

JIS 規格をもとにして，新たな性能を付加した建築構造用鋼材について以下に説明する．

a) 建築構造用高性能高張力鋼

建築鉄骨への高張力鋼の適用をはかるために，降伏点，引張強さの範囲および降伏比の上限を規定するとともに，溶接性が従来の高張力鋼に比べ改善された引張強さ 590N/mm^2，降伏強度 440N/mm^2 級の鋼材である．鋼材種類の記号は降伏強度を示す数値を用い，SA440 となっている．

b) 冷間成形角形鋼管

冷間成形された一般構造用角形鋼管は塑性加工による強度上昇や材質劣化が懸念されるが，これに対処したものが冷間成形角形鋼管である．鋼材種別の記号の数値は降伏強度を示す．ロール成形品は，熱延コイルからロールを用いて製造した円形鋼管を，さらに角型鋼管に成形したもので，降伏強度 295N/mm^2 の BCR295 がある．またプレス成形品は SN 材と同等の厚板をプレスにより角形に成形したもので，降伏強度 235N/mm^2 の BCP235，降伏強度 325N/mm^2 の BCP325 がある．

c) 遠心力鋳鋼管

遠心力鋳造法により製造されるため，均質な材質になり，図2・2 のような柱仕口部までも一体鋳造可能な鋼管である．溶接性向上のために炭素当量が規定されている．

d) 耐火鋼

鋼材は火災時の高温下では，図2・3 に示すように強度が低下する性質がある．SN 材にモリブデンなどの合金元素を添加して，600℃における降伏点が基準強度の 2/3 以上になるよう製造されている鋼材で，建築物の火災条件・設計条件により，耐火被覆の軽減や無被覆化が可能となる．

e) 極低降伏点鋼

極低降伏点鋼は，図2・4 に示すように降伏点を 100N/mm^2 程度まで下げた鋼材で変形能力に富み，制振構造のエネルギー吸収部材・部位として利用されている．

f) ステンレス鋼

近年，耐食性，美観に優れたステンレス鋼が，建築構造用鋼材として使用可能となった．

2・3 建築構造用鋼材の形状と寸法

鋼板・棒鋼，形鋼，鋼管，軽量形鋼などの建築構造用鋼材の形状，寸法および寸法精度は，表2・4 に示す JIS 規格に規定されている．

1. 鋼板・棒鋼類

a) 鋼板

鋼板は，熱間または冷間圧延鋼板を平板状に切断した鋼材で，厚さ 6 mm 以上が厚板，6 mm 未満 3 mm 以上が中板，3 mm 未満が薄板と呼ばれている．図2・5 に鋼板の形状呼称方法を示す．

b) 平鋼

平鋼は，長方形断面に四面とも圧延された鋼材をいう．

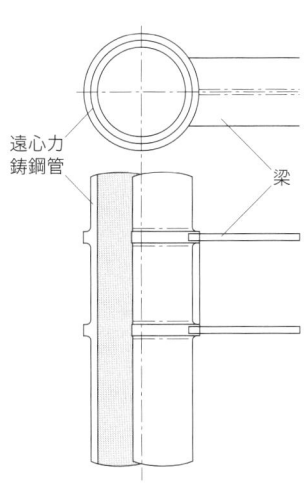

図2・2 梁が取り付くダイアフラム部分まで一体鋳造した遠心力鋳鋼管の柱

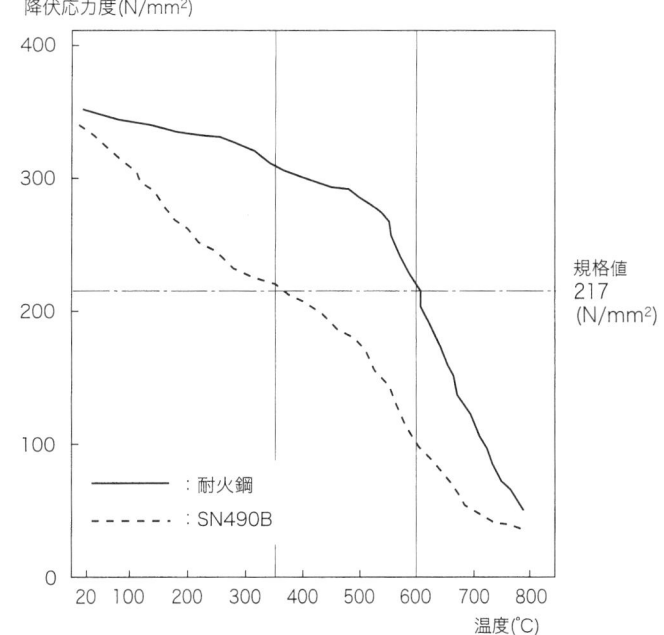

図2・3 火災時の耐力低下を補った耐火鋼の温度特性

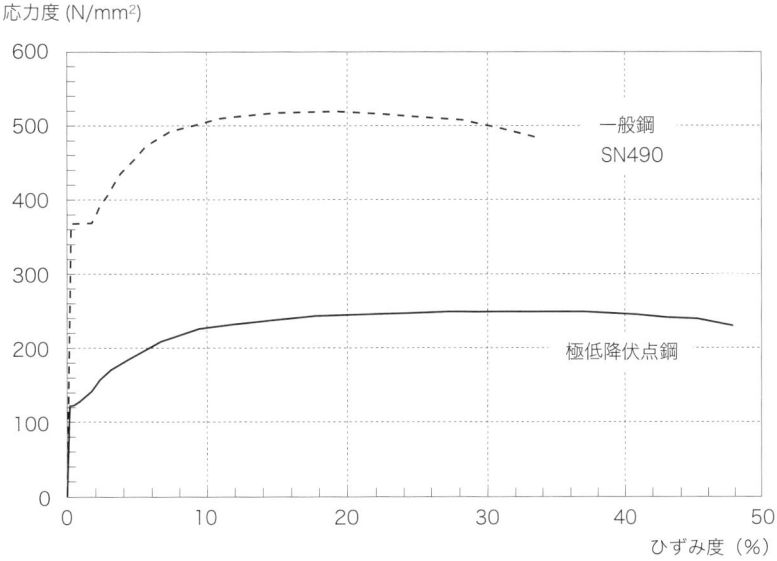

図2・4 変形能力に富み，制振構造のエネルギー吸収部材・部位として利用される極低降伏点鋼の応力度—ひずみ度関係

表2・4 構造用鋼材の形状・寸法のJIS規格

規格番号	名　称
JIS G 3136	建築構造用圧延鋼材
JIS G 3191	熱間圧延棒鋼とバーインコイルの形状，寸法および重量並びにその許容差
JIS G 3192	熱間圧延形鋼の形状，寸法，質量およびその許容差
JIS G 3193	熱間圧延鋼板および鋼帯の形状，寸法，質量およびその許容差
JIS G 3194	熱間圧延平鋼の形状，寸法および重量並びにその許容差
JIS G 3444	一般構造用炭素鋼鋼管
JIS G 3466	一般構造用角形鋼管
JIS G 3350	一般構造用軽量形鋼
JIS G 3353	一般構造用溶接軽量H形鋼
JIS G 3352	デッキプレート

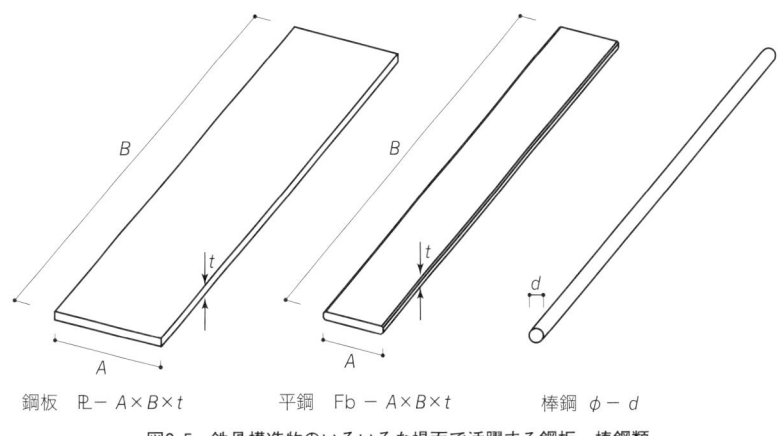

図2・5 鉄骨構造物のいろいろな場面で活躍する鋼板，棒鋼類

第2章　鋼材と鉄骨製作

c）棒鋼

棒鋼は円形断面の鋼材で，鉄骨構造ではブレース，タイバーなどに用いられる．

2. 形鋼

a）H形鋼

H形鋼とは，図2·6a に示すように，上下のフランジとそれらをつなぐウェブを一体で圧延した形鋼である．

熱間圧延H形鋼には，図2·7 に示すように内法一定および外法一定H形鋼がある．内法一定H形鋼は，同一呼称サイズにおいてせいと幅が変化している．外法一定H形鋼は，同一呼称サイズにおいてはせいと幅が同一寸法となっているので，柱や梁の高さを一定にすることができ，設計簡素化と加工効率化が可能となる．また，せいと幅の比により，広幅H形鋼，中幅H形鋼，細幅H形鋼と呼ばれている．

b）溝形鋼

一般的にチャンネルと呼ばれ，図2·6b に示すような形状で，アングルと同様広く活用されている．

c）山形鋼

一般的にアングルと呼ばれ，図2·6cd に示すようにL形断面をしており，等辺山形鋼，不等辺山形鋼がある．筋かい，トラスの弦材・斜材や外装材の下地材など広く活用されている．

d）CT形鋼

一般的にカットTと呼ばれ，図2·6e に示すようにH形鋼を半分に切断したもので，トラスの弦材などに使われている．

3. 鋼管類

a）円形鋼管

円形鋼管は，鋼帯を素材とする電縫鋼管，スパイラル溶接鋼管と，鋼板を素材とするプレスまたはロールベンド溶接鋼管，UOE溶接鋼管がある．使用する外径および板厚により製法が異なってくる（図2·8a）．

b）角形鋼管

角形鋼管は，円形鋼管からロール方式で製造されるSTKR材，BCR材と，チャンネルまたはボックス状にプレス成形し溶接するBCP材がある（図2·8b）．

4. 軽量形鋼

軽量形鋼は，薄板をロール成形で製造し，図2·9 に示すように種々の断面形状がある．母屋，胴縁，内装下地材などに広く使用されている．

2·4 鋼材の性質

1. 鋼材の化学成分

鋼材の特性は，製鋼工程で決定される化学成分と，圧延工程での熱処理によって大きく影響される．化学成分は，その特性の設定において特に重要である．表2·5 に主な含有元素の性質を示す．

2. 鋼材の機械的性質

鋼材は均質で方向性がきわめて少なく，連続性の高い材料である．ここでは鋼材の機械的な性質について解説する．

a）応力度とひずみ度

鋼材の機械的性質を知るため，基本的な方法として引張試験が行われる．引張荷重を試験片の断面積で除した応力度と，試験体の伸びを測定長さで除したひずみ度の関係として，図2·10 に示すような応力度—ひずみ度曲線が得られる．この結果から求められる値を以下に説明する．

A点の比例限は，応力度とひずみ度が比例する範囲の最大の応力度をいう．座屈荷重曲線を求めるのに重要である．B点の弾性限は，試験片に加えた荷重を除荷したときに永久伸びが生じない範囲の最大応力度をいう．鋼材では，比例限と弾性限はほぼ一致している．ヤング係数は，応力度—ひずみ度曲線の最初の直線部分の勾配をいう．

C，D点をそれぞれ上降伏点，下降伏点といい，C点に達すると荷重が下がり，応力度はD点のレベルにとどまり，ひずみ度だけが増えていく．これを降伏現象という．降伏点を明瞭に示さない塑性加工された鋼材などでは，0.2%オフセット耐力が用いられ，図2·11 に示すように永久ひずみが0.2%を示す応力度を降伏点の代用としている．ひずみ度がE点に達すると，引張荷重が最大引張荷重まで上昇し（ひずみ硬化）試験片は破断する．このときの最大応力度を引張強さという．降伏点までを鋼材の弾性領域，それ以降を塑性領域という．

鋼材の定数として，ヤング係数は $205000\,\text{N/mm}^2$，せん断弾性係数は $79000\,\text{N/mm}^2$，ポアソン比は 0.3，線膨張係数は $0.000012\,(1/℃)$ が決められている．

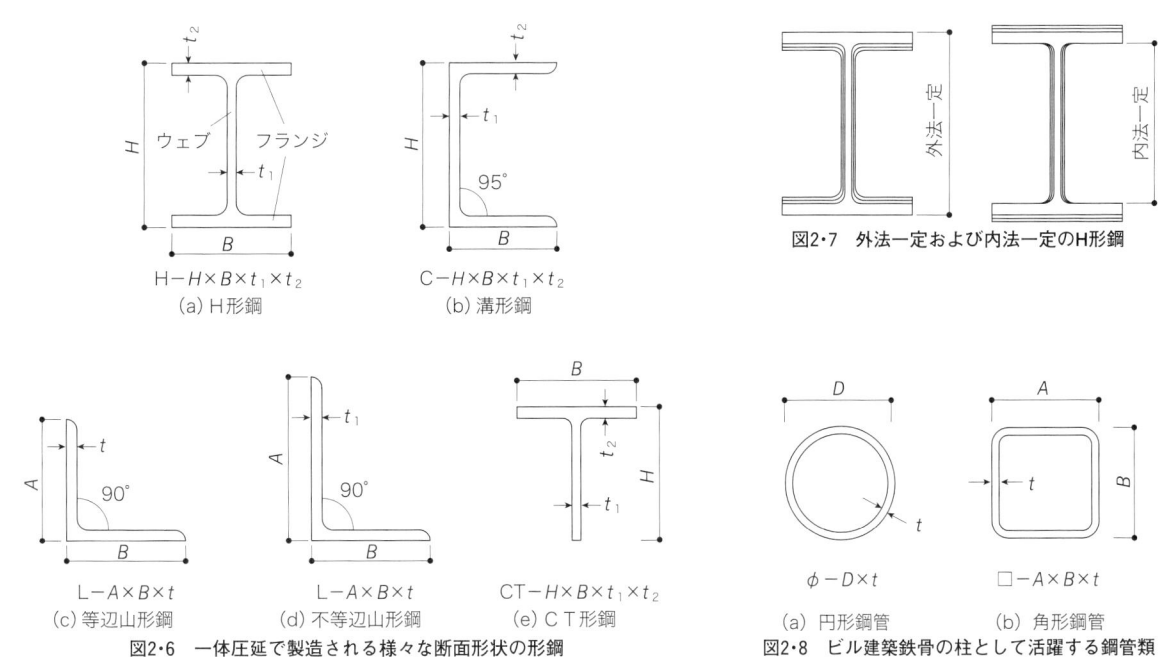

図2・7 外法一定および内法一定のH形鋼

(a) H形鋼 (b) 溝形鋼
(c) 等辺山形鋼 (d) 不等辺山形鋼 (e) CT形鋼
図2・6 一体圧延で製造される様々な断面形状の形鋼

(a) 円形鋼管 (b) 角形鋼管
図2・8 ビル建築鉄骨の柱として活躍する鋼管類

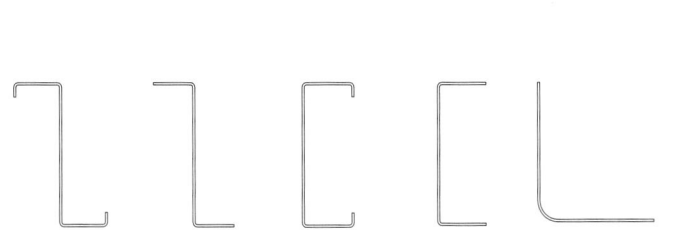

(a)リップZ形鋼 (b)軽Z形鋼 (c)リップ溝形鋼 (d)軽溝形鋼 (e)軽山形鋼
図2・9 薄板をロール成形で製造し種々の断面形状をもたせた軽量形鋼

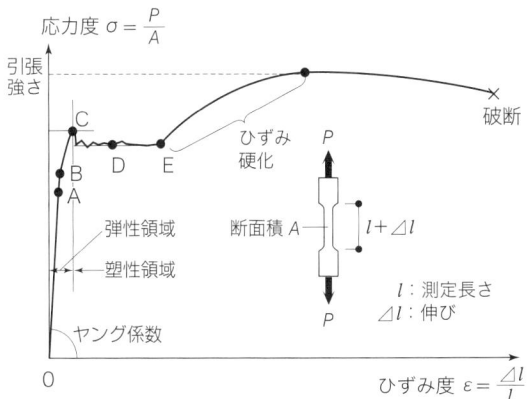

図2・10 引張荷重を試験片の断面積で除した応力度と，試験体の伸びを測定長さで除したひずみ度の関係

表2・5 化学成分の特徴

元素		性 質
炭素	C	降伏点・引張強さ・硬さなどを上昇させ，鋼の強度を高める．しかし，炭素量が増加すると，伸び・絞り・衝撃特性が低下し，さらに溶接性も低下する．
ケイ素	Si	脱酸剤として添加される．通常は0.6%程度以下が含有されており，降伏点・引張強さ・延性・衝撃特性を高める．
マンガン	Mn	降伏点・引張強さを高めるが，衝撃特性を向上させる効果も大きく，溶接性を阻害する程度は小さい．
リン	P	溶接性，冷間加工性，衝撃特性を著しく阻害するため有害な不純物とされ，通常0.03%以下に抑えられる．
硫黄	S	鋼板や平鋼などの板厚方向の絞りを減少させ耐ラメラテア特性を劣化させる．通常0.015%以下に抑えられる．
ニッケル	Ni	焼入れ性，耐蝕性および衝撃特性を向上させる．また，引張強さを増加させ，降伏点を減少させる．
クロム	Cr	焼入れ性，耐蝕性を向上させる．構造用鋼材では，焼入れ，焼戻しの熱処理を行う引張強さ570N/mm²級以上の鋼材に添加される．
モリブデン	Mo	高温強度を上昇させる効果が大きいので，建築用耐火鋼材に0.3〜0.9%添加されている．
水素	H	水素脆化割れなどの内部欠陥の原因となる．また，水素は，常温でもイオンの状態で鋼材中を容易に拡散し，衝撃特性を低下させ，溶接時の低温割れの発生を助長するので，水素の浸入防止を行うことが重要である．
窒素	N	結晶粒の微細化に有効であるが，過剰な窒素は青熱脆性や時効硬化などの原因ともなる．

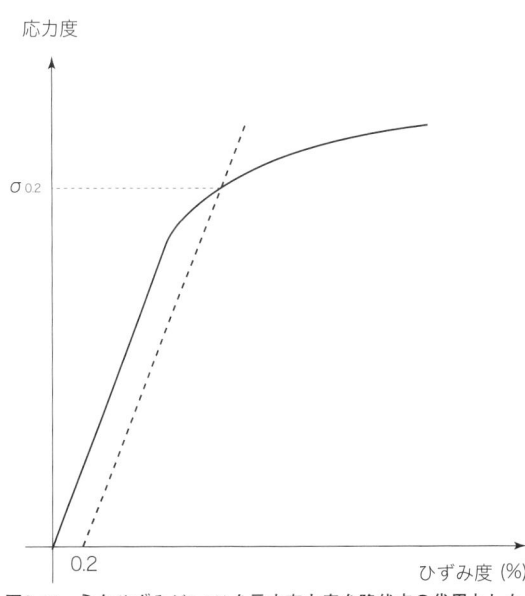

図2・11 永久ひずみが0.2%を示す応力度を降伏点の代用とした0.2%オフセット耐力

第2章 鋼材と鉄骨製作

b）伸び・絞り

試験片形状・寸法に応じて決められる間隔の標点を刻印し，破断後の標点の間隔の増加分をもとの標点の間隔に対する割合で表したものを伸びという．また，絞りは，円形断面の試験片を用い，破断後の断面積の縮小分の割合をいう．この値は鋼材の塑性変形能力に関係し，大きい値のほうが変形性能は高い．

c）降伏比

降伏点または耐力と引張強さの比を降伏比という．鋼材が降伏してから破断するまでの余裕で，構造部材の塑性変形能力を高めるためには，この値が小さいほうがよく，SN 材，建築構造用高性能高張力鋼では上限が規定されている．

d）シャルピー吸収エネルギー

鋼材の靱性を調べるために，シャルピー衝撃試験が行われる．中央部にノッチを付けた試験片を，ハンマーの衝撃力で切断するに必要なエネルギーを鋼材の吸収エネルギーという．この値が大きいほど靱性が大きく，鋼材の割れ防止に有効である．

e）破壊形式

鋼材を引張った場合の破壊形式としては，伸びと絞りを伴って破断する延性破壊と，低温下で引張ったり，断面に切欠きが存在したときの，伸びと絞りを伴わないで破断する脆性破壊がある．

3. 鋼材の溶接性

建築鉄骨の大部分は溶接施工により組立製作されるため，鋼材の溶接性は重要である．鋼材の溶接部は，図2・12 のような溶着金属部，ボンド，熱影響部（HAZ）から成っている．鋼材の溶接部の性能に大きな影響を及ぼすものに，熱影響部の割れがある．この割れの要因の一つは，鋼材の化学成分，溶接部の冷却速度などによる熱影響部の硬化による延性の低下である．したがって鋼材の溶接性を確保するには，熱影響部の硬化を防止することが重要となる．

熱影響部の硬さは，鋼材の化学成分に依存し，特に炭素量に大きく影響される．炭素以外の合金元素は，炭素に比較してどの程度の影響があるかを調べ，(2.1) 式のような炭素当量（C_{eq}）計算式が用いられている．この C_{eq} から熱影響部の硬さが推定できる．

$$C_{eq} = C + Mn/6 + Si/24 + Ni/40 + Cr/5 + Mo/4$$
$$+ V/14(\%) \quad \cdots\cdots\cdots\cdots\cdots\cdots (2.1)$$

溶接割れは，溶接部の拡散性水素量や拘束度による硬化も関与するため，溶接割れ防止のための予熱温度の推定に溶接割れ感受性指数 P_W が利用されている．

$$P_W = P_{CM} + R_F/4000 + H/60 \cdots\cdots\cdots\cdots (2.2)$$
$$P_{CM} = C + Si/30 + Mn/20 + Cu/20 + Ni/60$$
$$+ Cr/20 + Mo/15 + V/10 + 5B(\%) \cdots (2.3)$$

H：拡散性水素量（cc/100g）
R_F：溶接継手の拘束度（kgf/mm・mm）

2・5 鉄骨の製作

1. 鉄骨製作概要

鉄骨は設計図書および仕様書にもとづき製作される．安全に設計された鉄骨造建築物でも，製作に問題があれば建物の安全性を確保することはできない．そのために鉄骨の製作工場には，自主的な品質管理で製品を作り込み，その品質を保証できる技術能力が必要となる．

また，兵庫県南部地震での鉄骨造建築物の被害から，「平成 12 年建設省告示 1464 号」による溶接部の精度管理値の規定や建築鉄骨溶接構造の性能評価基準が作られ，特に溶接部の品質管理の強化が鉄骨製作工場に求められている．

製作工場は，グレード別に品質管理体制，基準類の整備，工作図および製作工程の品質管理，製品検査方法，設備・検査機器の整備および社内教育方法について性能評価される．製作工場のグレード別の製作適用範囲を図2・13 に示す．

2. 工場製作

鉄骨製作工場は製作に着手する前に，当該工事の鉄骨製作方法を計画した製作要領書を作成する．製作要領書には，工事概要，製作工場の組織図，管理技術者・技能者の資格，製作工程，保有設備・検査機器，使用材料，加工・組立・溶接・検査の方法などをすべて網羅する．図2・14 の鉄骨製作工程の概略を以下に示す．また，主な製作工程の様子を図2・15 (p.19) に示す．

a）工作図

工作図は，設計図をもとに作成される鉄骨製作に使用する図面であり，鉄骨骨組の基準寸法，部材・部品の材質・形状・寸法・数量，接合法の基準および各部詳細が作図される．また，工作図により設計意図が十分に伝達されているかどうかの確認を行う．

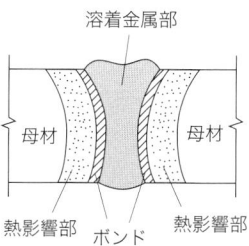

図2・12 溶着金属部，ボンド，熱影響部（HAZ）から成る鋼材の溶接部

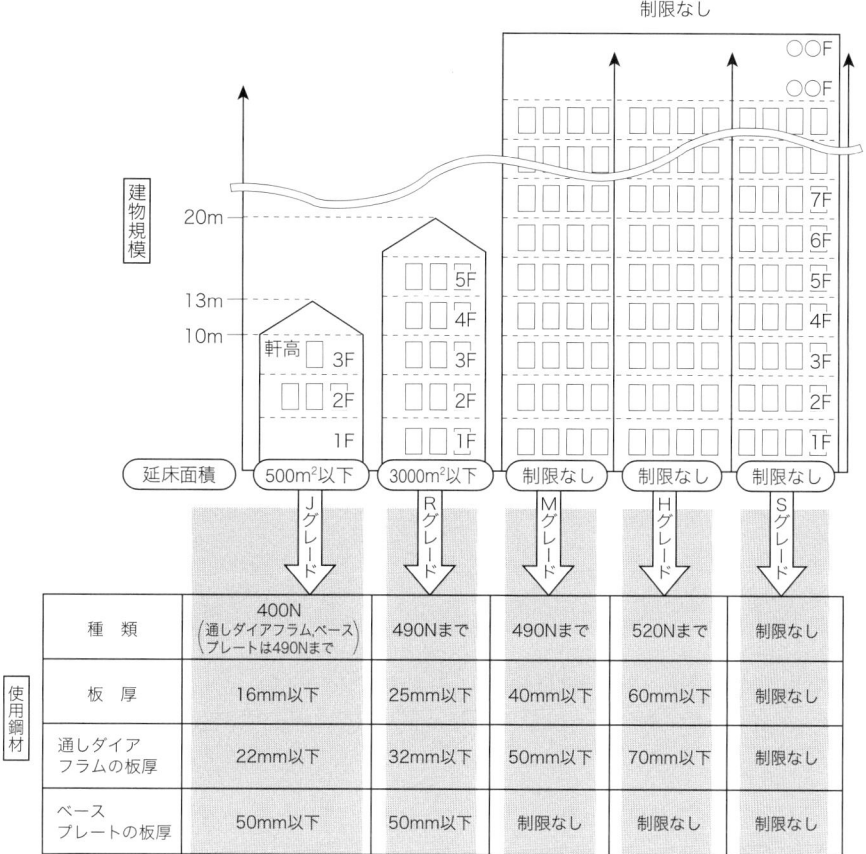

図2・13 製作可能な鉄骨構造物の規模によって分けられた鉄骨製作工場グレード別適用範囲

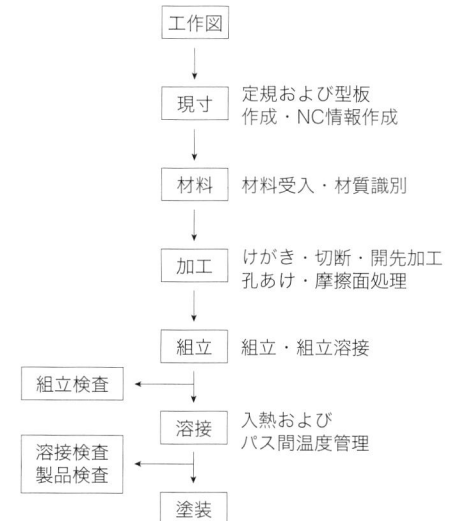

図2・14 工作図の作成から塗装に至る鉄骨製作工程のフロー

b) 現寸

現寸は複雑な鉄骨部材や接合部を実寸法で作図し，細部寸法や納まりの決定，定規・型板作成のために行う（図2・15a）が，CADによる工作図の作成が普及し従来の現寸図の役割は少なくなっている．今日，現寸の役割は，工作図の情報からCAD/CAM（Computer Aided Design/Computer Aided Manufacturing）システムで帳票や定規・型板およびNC（Numerical Control）装置制御情報の作成を行うことに変化してきている．

c) 材料

鉄骨製作工場は，材料の工場搬入時に受入れ検査を行い，規格証明書あるいは原品証明書と現品との照合による材質の確認や，外観，形状・寸法および員数の検査を行う．切断前の鋼材は，記入されているマーキングや貼付されているラベルで材質を確認することが可能であるが，切断された鋼材は，材質表示部分が切り取られ材質を確認することができない．そのため，切断後の鋼材の材質の識別が必要になる（図2・15b）．識別方法は建築学会のJASS6鉄骨工事の付則7に示されている．

d) 加工

加工には，けがき，切断，開先加工，孔あけ加工，高力ボルト接合部材の摩擦面処理が含まれる．けがきでは，工作図，現寸から得られた材質，寸法などの製作に必要な情報を直接素材に記入する．切断・開先加工は，ガス切断あるいはバンドソー（図2・15c），シャーカッターなどによる機械切断で行われる．孔あけ加工は，ドリル，パンチングマシンで行う．今日，NC孔あけ機が一般的である（図2・15d）．摩擦面の処理方法は，グラインダーでの黒皮除去あるいはブラスト処理が行われる．

e) 組立

組立では，前工程で加工された材料を集結して，仕口，梁，柱などを設計図に示された形に仮付け溶接で組立てる（図2・15e）．組立は，組立治具を用い寸法精度に注意して行う（図2・15f）．特に，突合せ継手の食い違いや仕口のずれは溶接部の強度に影響が大きいので，規定値以下に組立てる必要がある．

f) 溶接

溶接では，溶接継手の材質，板厚，形状，作業条件に応じて，品質，作業効率を考慮して最も適した溶接方法が決められる．溶接法としては，被覆アーク溶接およびガスシールドアーク溶接が鉄骨では一般的に用いられている（図2・15g）．溶接施工は，溶接管理技術者の管理のもとで溶接技能者が，鋼種および溶接材料に応じた溶接入熱・パス間温度で溶接を行う．溶接入熱は，溶接電流・電圧，溶接速度から計算できる．多層溶接部で再溶接開始時の溶接部の温度をパス間温度といい，規定値以下に冷えてから溶接を行う．

g) 塗装

鋼材の腐食防止のため，さび止め塗装が製作工場および工事現場で行われる．塗装は，鉄骨の設置される場所を考慮して塗料を選択し，それに適した素地調整，塗装方法を採用する．

3. 鉄骨の品質管理

製作工場が保証すべき品質は，設計者が意図した建築物の形状・寸法，および構造躯体としての強度，剛性を得るために必要な部材・接合部の品質である．部材の品質は，部材の材質・断面形・寸法と精度で，接合部の品質は，接合部の形状・寸法と溶接接合部の強度，高力ボルト接合部の強度・剛性である．これらの品質を確保するために，工場製作の各工程での検査項目，検査方法，検査記録方法などを体系化する必要がある．以下に主な検査を述べる．

a) 組立検査

製品に完成してからでは検査および手直しの困難な検査項目については，組立工程で検査を行う．主な検査項目は，部材・接合部の形状・寸法・材質と突合わせ継手の開先の形状・寸法・ルート間隔，食い違い，仕口のずれなどである．

b) 溶接検査

溶接部の欠陥や外観形状・寸法があらかじめ定められた許容範囲にあることを検査する．内部欠陥の検査は，超音波探傷（図2・15h）および放射線透過試験等の非破壊検査が用いられる．表面欠陥の検査は，磁粉探傷および浸透探傷試験が用いられる．

c) 製品検査

製作された鉄骨製品が設計図書に示された品質を確保しているかを検査する．検査項目は，製品の寸法精度検査と高力ボルトおよび溶接接合による取合部の検査，部材表面の外観検査などである．

製品検査に合格したものについては塗装を行い，工事現場に搬送され，建方が行われる（図2・15i）

(a) 現寸場

(b) 材料識別

(c) 切断中

(d) 孔あけ

(e) 柱組立中

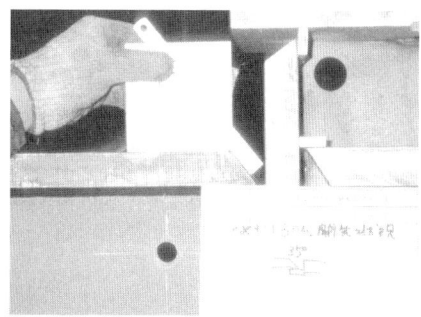
(f) 開先検査

(g) ロボット溶接

(h) 非破壊検査

(i) 建方中

図2・15 種々の工程を経て製作される鉄骨構造物

第2章 鋼材と鉄骨製作　19

第3章　鉄骨の構造設計

3・1　構造設計の基本

1. 構造設計の目的

建築物を設計する際に構造設計を行わなくてはならないのはなぜであろうか．構造設計をすることによって建築物にどんな性能を与えようとしているのかを具体的に考えてみると，構造設計の目的は下記に示すような項目に分類できる（図3・1）．

a）構造物の供用期間内，
　目的とする機能を維持すること（機能性）

建築物には必ず目的とする機能が存在する．例えば，住宅であれば雨や風，あるいは寒さ暑さから人を守り，快適に生活できる環境を保持することが住宅という建築物に与えられた機能の一つである．建築物はこの使命として与えられた機能を，供用期間，すなわち建設されてから寿命を全うするまでの間，維持しなくてはならない．一般的には，建築物に常に作用している自重や積載物の荷重，あるいは供用期間内に頻繁に遭遇するであろう雪，風，地震などの作用に対して機能性の維持が要求される．

b）人命，財産に対して，
　適切な安全性を有していること（安全性）

一方，数百年に1回という極めて稀に生じるような大地震や強風などに対しても，建築物は安全でなくてはならない．このとき，一般的には頻繁に遭遇するであろう荷重に対して想定した機能性は，一時的，あるいは恒久的に保持されなくなることは許容される．つまり，極めて稀に生じる荷重に対しては，骨組が傾いたり，耐力が大きく低下したりなど，補修や建て替えが必要な被害が発生することはやむを得ないが，建築物が倒壊したり，外壁が激しく落下したりして人命を危険にさらすような状況は生じさせないようにしようという目的である．

c）経済活動の一環として，
　商品価値を持つような経済性を有していること（経済性）

ここまで述べた機能性と安全性については，構造物の力学的な性能を高めるという観点から見れば，技術的には同じ方向を向いた目的であった．ところが，この2点だけが構造物に対する目的だとすれば，材料と手間と時間を際限なく使うことでこれらの目的は容易に満足される．しかし，建築構造物といえども，自動車や家電製品と同じく一般社会の経済活動の中で商品として成立しなければならず，必然的に価格に見合った商品価値が必要となる．したがって，前述した機能性と安全性を必要なレベルで満足した上で，社会に流通する商品としての適正な経済性を有していなければならない．一般的には機能性や安全性を高めれば構造物の価格は上がることになるため，機能性＋安全性と経済性のバランスを高いレベルで成り立たせていくことが構造設計の目的となる．

2. 構造設計の流れ

前項で述べた構造設計の目的を満足させるため，実務ではどのようなプロセスで構造設計が行われているのであろうか．建築構造物を計画，設計，施工する過程において，構造設計が関連する内容を簡便なフローにしたものが図3・2である．以下，各プロセスごとに説明する．

a）　プロセス1：構造種別，材料，骨組形式，断面等の仮定

建築物を設計する場合，まずは与えられた敷地や建築物に要求される機能などから，構造の種別，材料，骨組形式，部材断面等を仮定する．これは，いわゆる構造計画の段階といわれるものであり，構造設計技術者の経験と工学的な勘に基づいて主観的な判断の下で行われる作業である．主観的ではあるものの，建築物の構造的な良否がこの段階である程度決定づけられる要素も多く，意匠や建築計画，あるいは設備計画との整合も十分に考慮しなければならない重要なプロセスである．

b）　プロセス2：荷重・外力の設定

次に行われるのが，荷重・外力の設定である．構造物の形と材料がプロセス1で決まっていれば，それに作用する荷重や外力も設定することができる．したがって，仮定した構造体に対して常時作用する固定，積載などの荷重（長期荷重）と，一時的に作用する雪，風，地震等の荷重（短期荷重）を想定し，それらの荷重が構造物に作用する場所と大きさをこの段階で決める．ただし，前項で述べたとおり，構造体に作用する外力は想定している設計の目標に応じて変わってくることに注意してほしい．

c）　プロセス3：構造解析

ここまでのプロセスで建物の形と，それに作用する外

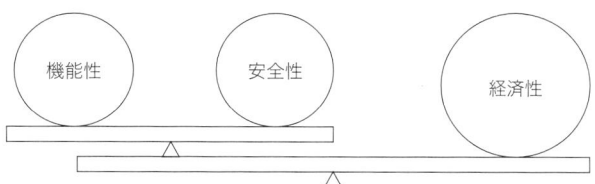

図3・1 構造設計における3つの目的：機能性と安全性をバランスよく設計した上で，さらに経済性とのつりあいもとれていなければならない．

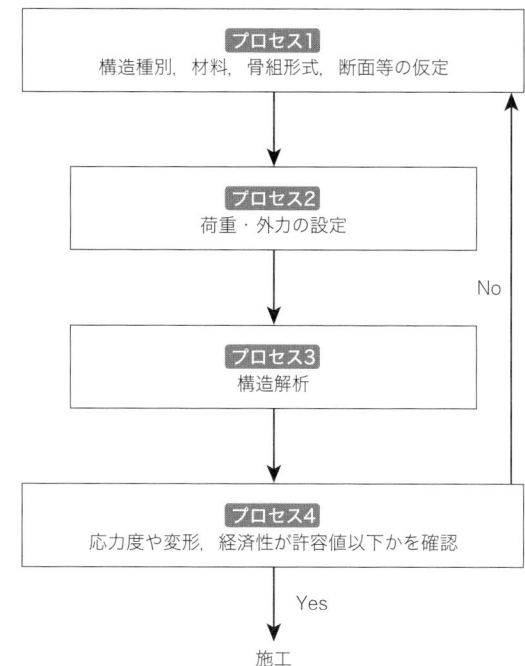

図3・2 構造設計の流れ：構造設計の作業を大きく分けるとこの4つのプロセスからなる．このプロセスを何度も繰り返すことによって最適な形態が得られる．

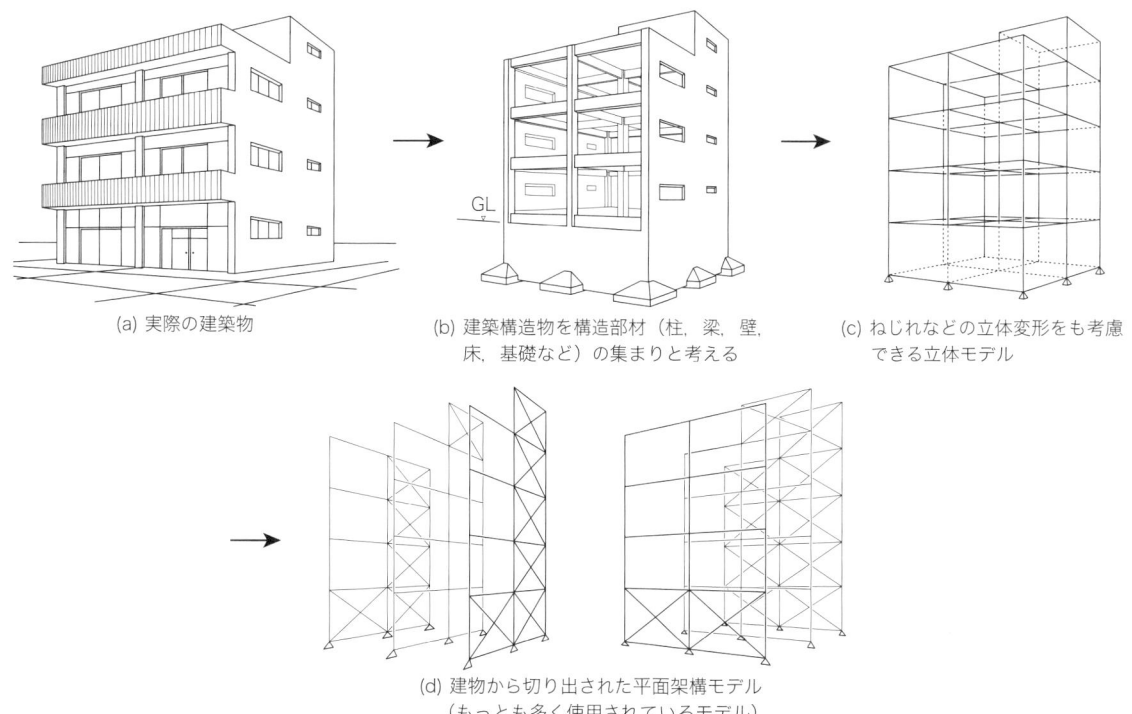

(a) 実際の建築物
(b) 建築構造物を構造部材（柱，梁，壁，床，基礎など）の集まりと考える
(c) ねじれなどの立体変形をも考慮できる立体モデル
(d) 建物から切り出された平面架構モデル（もっとも多く使用されているモデル）

図3・3 構造解析を行う場合に用いられる構造体のモデル化　(出典：日本建築学会『構造用教材（第2版）』丸善，1995年)

第3章　鉄骨の構造設計　21

力が決められたことになる．従って次の段階では，仮定された建物の解析モデルと，作用する荷重・外力のモデルを決め，それらを用いて構造解析を行うことになる．解析モデルについては，次項を参照のこと．具体的には，建築構造力学で習得した知識や技術を用い，構造部材や接合部に生じる応力度や変形を求めることになる．規模の小さい構造物や，解析モデル化の極めて単純なものは手計算で構造解析を行うこともできるが，一般的にはコンピュータを用いた数値解析的な手法を用いることになる．

d) **プロセス4**：検証

プロセス3の結果得られた建物内に生じている応力度や変形量などは，建物の性能に応じて規定された許容値を満足しているかどうかによって検証される．許容値は，許容応力度のように建築基準法で規定されている場合もあれば，建築物に要求されている性能やグレードに応じて個別に設定した値を用いる場合もある．この結果，設計で当初想定した目的が満足されているかどうかが確認できる．

プロセス4が満足されれば，その建築物は施工へと具体的な手続きが移っていくが，満足されない場合は再びプロセス1へ戻って再度仮定した断面について同じ手順を繰り返す．一般的には，この作業を繰り返す中で最適な形状が求められてくる．

3. 解析モデルの考え方

a) 構造体のモデル化

建築構造物は柱や梁など，建築物全体を構成し外力に対して抵抗する構造体と，その構造体に取り付いて建築物を覆う仕上げ材とに大別できる．図3・3(p.21)に示すように構造解析を行う場合には，外力に抵抗しない仕上げ材などの要素を建築物からはぎ取り，柱，梁，床，筋かい，基礎などの構造部分だけを考える．さらに，これらの構造部分を線材に置換する．鋼材の比強度の高さから，鉄骨部材は断面の大きさに比して比較的細長い形状のものが用いられることが多いため，線材に置換したモデルで考えても問題が生じることはほとんどない．

b) 接合部のモデル化

部材と基礎との接合部である支点，あるいは部材どうしの接合部である節点では，部材間の力の伝達がどのようになされるかを考慮してモデル化を行う．ラーメン骨組の柱梁仕口（図3・4a）や埋め込み柱脚などは，その部分にモーメントの伝達を期待した接合形式であり，剛接合としたモデル化がなされる．ただし，露出型柱脚については完全な剛接合と見なすことができるほど高い剛性を確保できない場合も多いため，その力学特性を考慮し，接合部としての剛性の低下を考えた半剛接合としてモデル化を行う必要がある（図3・4b）．一方，筋かいの端部や小梁の端部などは，完全なピン接合になっているわけではないが部材が負担するであろう応力に比べればモーメントの伝達能力は小さいと考えられるため，取り扱いを簡便にするため解析上はピン接合として取り扱うのが一般的である（図3・4c）．

c) 荷重のモデル化

固定荷重，積載荷重，雪荷重などの鉛直荷重は，建築物の実際の使用状態において建物内に生じる応力度が等しくなるような等価な等分布荷重が設計荷重値として与えられている．したがって，鉛直荷重は対応する床面上の等分布荷重に置き換えて扱う（図3・5a）．

風荷重，地震荷重などの水平荷重は，各階の床位置に集中で作用する等価な水平荷重に置き換えて扱う．集中させる床位置は通常，梁の部材芯を基準にした構造用階高を用いる（図3・5b）．

荷重のモデル化の詳細は，第4章を参照のこと．

d) 水平構面のモデル化

基本的にコンクリートスラブは水平方向の面内せん断力に対しては無限大の剛性と耐力を持つ平面要素，すなわち剛床として扱う．ただし，ALC版など，床と骨組が十分な剛性と強度で一体化していないと考えられる場合には，床面内に水平ブレースを配した解析モデルを用い，床の面内せん断挙動を考慮する場合もある．

3・2 基準強度と許容応力度

a) 基準強度（F値）

基準強度は許容応力度や終局強度，あるいは幅厚比規定などを決めるときの基本となる強度である．第2章で学んだとおり，鋼材の特性は降伏点を境にして大きく変化する．構造物に作用する外力によって生じた各部の応力度が鋼材の降伏応力度以下であれば，荷重が取り除かれたあとには構造物は元の形状に戻ることができる．したがって，用いる設計法の種類にかかわらず，鋼材の降伏応力度は部材や骨組の強度を考える上で最も重要な目安となりうる物理量である．こうしたことから，建築構造用鋼材の基準強度は，表3・1のように，降伏応力度の下限値に基づいて鋼材種別ごとに定められている．ただ

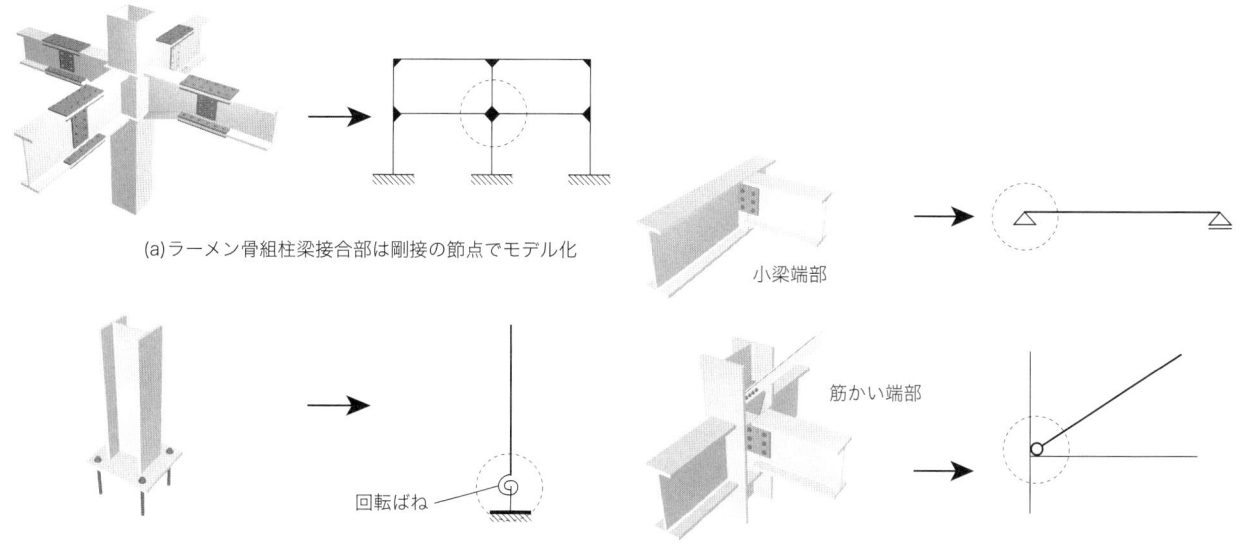

(a)ラーメン骨組柱梁接合部は剛接の節点でモデル化

小梁端部

(b)露出型柱脚の端部は半剛接合でモデル化　回転ばね

筋かい端部

(c)小梁端部や筋かい端部はピン節点でモデル化

図3・4　接合部のモデル化

(a)常時使用状態における床の最大モーメントが等しくなるような等分布荷重に置換

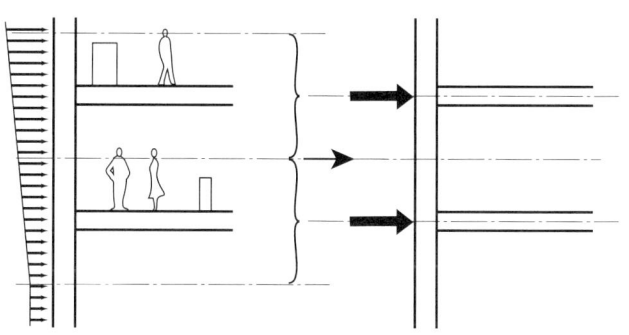

(b)壁面に分布して作用する風荷重を梁芯位置に集中荷重として置換

図3・5　荷重のモデル化

表3・1　基準強度 (F値, N/mm²)

鋼材種別		建築構造用		一般構造用			溶接構造用				国土交通大臣認定品		
		SN400 SNR400 STKN400	SN490 SNR490 STKN490	SS400 STK400 STKR400 SSC400 SWH400	SS490	SS540	SM400 SMA400	SM490 SM490Y SMA490 STKR490 STK490	SM520	SM570	BCR295	BCP235	BCP325
F	厚さ40mm以下	235	325	235	275	375	235	325	355	400	295	235	325
	厚さ40mmを超えるもの	215	295	215	255	—	215	295	335 75mmを超えるものは325	400	—	—	—

し，設計では構造物内に生ずる応力度が降伏応力度を超えてからの挙動，すなわちひずみ硬化による強度の上昇やそれに伴う変形性能なども期待している．したがって，基準強度が引張強度に近い鋼材では同じ規範の設計を行っても想定する安全性が確保できない場合もあり得る．そこで，基準強度は降伏応力度の下限値に加え，引張強度の70%を超えないことも考慮して規定されている（図3・6）．

なお，降伏応力度や引張強度には鋼材を製作する上で避けられない不確定性があり，これらを考慮して下限値を定めている．したがって，基準強度は降伏応力度の実験平均値に比べるとかなり低い値となっている．たとえば SS400 材では，実験平均値が約 300N/mm^2 であるのに対し，基準強度は 235N/mm^2 である．

b）許容応力度

構造用鋼材の許容応力度は，表3・1 で示した基準強度（F 値）に基づいて定められている．長期荷重に対する許容応力度は，引張，圧縮，曲げに対して F/1.5，せん断に対して F/1.5$\sqrt{3}$ である．また，短期荷重に対する許容応力度は，長期許容応力度の 1.5 倍である．各部材に対する許容応力度の詳細は第 5 章にて学ぶ．

3・3 構造設計法

1．許容応力度設計法（1次設計）

モデル化した構造物に対して弾性解析を行い，構造物の中に生ずる応力度の最大値が別途定めた許容される応力度を超えないことを確認する設計法が許容応力度設計法である．1次設計とも呼ばれる．現行の建築基準法で規定されている許容応力度は鋼材の降伏応力度に対応した基準強度（3・2 参照）に基づき，部材が弾性挙動する範囲にとどめることを原則として定められている．

許容応力度設計法で用いられる荷重は，建築物の供用期間中に頻繁に遭遇するであろう大きさが想定される．したがって，3・1 で述べた構造設計の目的に照らせば機能性の確保を目的とした構造設計手法といえる．しかし，許容応力度設計では安全性についてまったく意識していないわけではなく，機能性の確保の中にも暗黙のうちに安全性に対する配慮はなされているし，実際の設計業務の中でも積極的に意識すべきであることに注意して欲しい．

なお，日本建築学会の『鋼構造設計規準・同解説』はこの許容応力度設計法の考え方に則って編纂された設計規準である．本書第 4 章～第 6 章は基本的に許容応力度設計法の枠組みの中で解説を行っている．

2．終局耐力設計法（2次設計）

許容応力度設計法が，建築物が頻繁に遭遇するであろう荷重を対象としていたのに対し，終局耐力設計法では建築物が耐用期間内に極めて稀に遭遇するであろう荷重を対象とし，その荷重下で建物が崩壊に至らないような確認をする．したがって，建物の挙動は弾性範囲を超え，弾塑性挙動をするものと仮定される．設計の流れの中では2次設計とも呼ばれる．具体的な内容は第7章で解説している．

ここで，梁を対象に弾塑性挙動について復習しておこう．図3・7a に示すような H 形断面の梁が曲げモーメント M を受ける場合を考える．弾性範囲では，断面内の曲げ応力度は図3・7b のような三角形分布をしている．このとき，断面の最外縁がちょうど鋼材の降伏点 σ_y に達するときの M を降伏モーメントといい，M_y で表す．M_y は梁の断面係数 Z を用い，次式で求められる．

$$M_y = \sigma_y \times Z \cdots\cdots\cdots\cdots\cdots\cdots\cdots\cdots (3.1)$$

M_y を超えてさらに曲げモーメントを増加し続けると，断面の外側から順に降伏領域が広がり始める．図3・7c はフランジとウェブの一部が部分的に降伏した状態を表している．さらに曲げを加えていくと，最後には図3・7d に示すように全断面が降伏した状態となる．このときの M を全塑性モーメントといい，通常 M_p と表記する．M_p は梁の塑性断面係数 Z_p を用い，次式で求められる．

$$M_p = \sigma_y \times Z_p \cdots\cdots\cdots\cdots\cdots\cdots\cdots\cdots (3.2)$$

終局耐力設計法ではこの M_p を部材の最大耐力の目安として設計を進める．

終局耐力設計法では建築物の弾塑性挙動も考慮しているため，最大耐力だけでなく，最大耐力後のねばり強さ（変形性能）や，建築物のねじれ性状，高さ方向の剛性分布なども考慮する．

終局耐力設計の資料としては，日本建築学会の『鋼構造塑性設計指針』がある．

3．限界状態設計法

許容応力度設計法や終局耐力設計法では，基準強度や荷重の値にあらかじめ余裕を持たせた公称値を用い，この余裕の中に潜在的に安全性を確保させて設計が行われる．これに対し限界状態設計法は，設計の段階で考慮する構造物の限界状態を設定し，荷重や強度などの不確定要因を設計の中に積極的に取り込み，限界状態を超える確率を使って安全の程度を定量的に意識しながら設計を

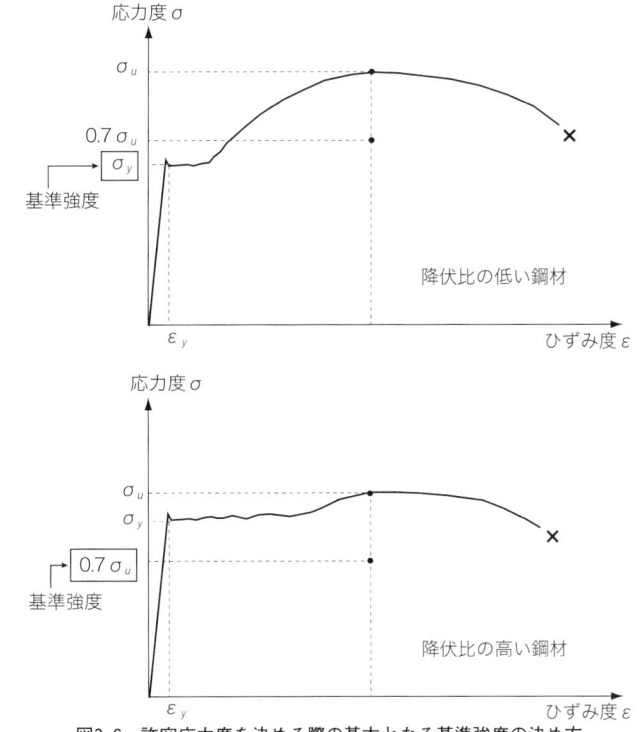

図3・6 許容応力度を決める際の基本となる基準強度の決め方

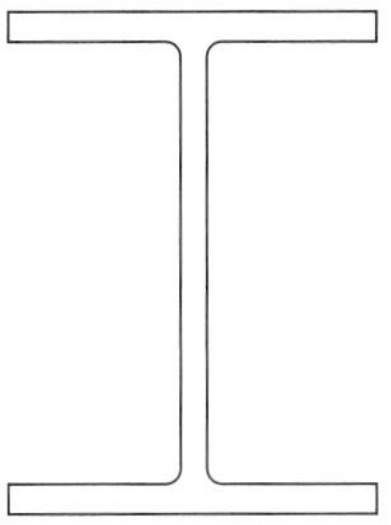

(a) H形断面の梁が曲げモーメントを受ける場合について考える

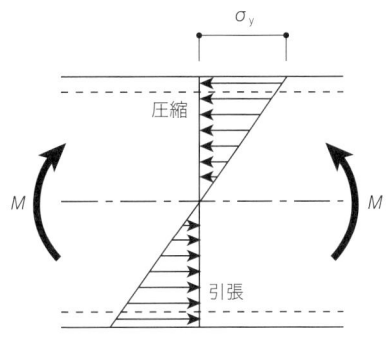

(b) 最外縁,すなわちフランジ表面の曲げ応力度が降伏度σ_yに等しくなったときのMを降伏曲げモーメントM_yという

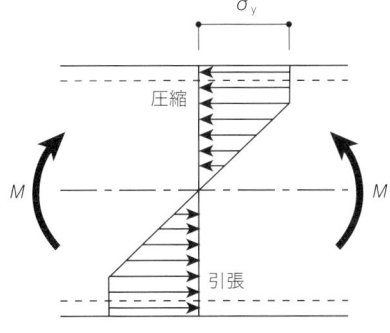

(c) M_yをこえて曲げモーメントを増加させると,最外縁から順に降伏し始める

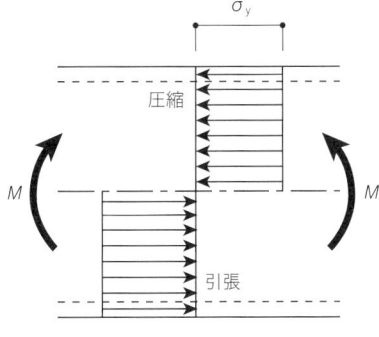

(d) 断面全体が塑性化した状態の曲げモーメントが全塑性曲げモーメントM_pである

図3・7 降伏モーメントと全塑性モーメント

第3章 鉄骨の構造設計

進めていこうという手法である．

安全の程度について，客観的かつ合理的な設計をすることができるが，不確定性を取り扱う上で従来の設計法にはなかった計算過程が発生し，作業量が増える場合が多い．

具体的な手法は，確率論的な背景に基づいて安全の程度を規定する係数（荷重係数，および耐力係数）をあらかじめ準備し，これを従来の設計でも用いられていた公称値に乗ずることで設計を進める荷重耐力係数設計方式が一般的である．詳細は，日本建築学会『鋼構造限界状態設計指針・同解説』，および『建築物の限界状態設計指針・同解説』を参照されたい．

以上3設計法の概念を図3・8で比較する．

4. 性能設計

性能設計は，設計対象とする建築物の性能を施主や使用者との合意の下に定め，この性能を目標性能として設計を進める設計行為自体のことを指す．したがって，許容応力度設計法や終局耐力設計法のような設計技術の一つとして「性能設計手法」というものが存在するわけではないことに注意したい．

性能設計では，建築物の性能を施主や使用者に対して説明する責任が発生する．したがって，今まで技術者だけが理解し合意してきた建築物の性能に関する専門的な内容を施主や使用者にわかりやすく説明するための技術が必要となる．

5. 耐震設計のルート

a）許容応力度等設計

許容応力度に基づく耐震設計法には図3・9に示すように高さ60m以下の建築物について，建物規模により3つのルートがある．

高さが13m，軒高9m，スパン6mおよび階数が3を超えない小規模な建築物は，標準層せん断力係数0.3以上に割り増して許容応力度設計し，筋かい接合部の破断防止と冷間成形角形鋼管柱に対する応力割り増しを行えばよい（ルート1-1）．ただし，階数が2階以下の建物については，偏心率の確認，局部座屈の防止と柱脚部の破断防止の検討を行うことで，スパンが12mまで緩和される（ルート1-2）．

高さ31m以下の中層建築物は許容応力度設計するとともに，層間変形角ならびに剛性率および偏心率の確認を行うほか，筋かい架構の応力割り増し，変形能力の確保などについて確認を行う（ルート2）．この設計の考え方は，高さ方向の剛性の変化や偏心を小さくすることにより，地震入力エネルギーの特定層集中や建築物のねじれ変形による応力付加を防止して，耐震安全性を確保するものである．

高さ31mを超え60m以下の中高層建築物は，層間変形角および保有水平耐力の確認が必要となる（ルート3）．この設計の考え方は，建築構造物の塑性エネルギー吸収能力を地震入力エネルギーより大きくすることにより耐震安全性を確保するものである．

b）限界耐力計算法

許容応力度等設計は本来動的な特性を持つ地震動を等価な静的な荷重に置き換えて検討をしたものである．そこで，地震動による動的な外力特性と建物の振動特性を考慮し，より実挙動に近い耐震性能の検討を目指した計算法として限界耐力計算法による設計ルートも認められている．この方法による場合，a）で示した許容応力度等計算による確認を行う必要はない．限界耐力計算法は，建築物を等価な1質点の振動モデルに置換し，その弾塑性履歴曲線と等価線形化法により求めた固有周期に対応した応答スペクトルの関係から建物の最大応答変位を求める計算方法である．建物が希に受ける地震動，あるいは極めて希に受けるであろう地震動に対し，建築物がどの程度変形を生ずるかが確認できる．建物の使用限界，安全限界に対応した許容層間変形角を設定し，それらを超える変形が生ずるか否かの確認が可能である．

c）時刻歴応答解析

高さ60mを超える鉄骨構造物の耐震設計は，地震応答解析などの特別な耐震安全性の確認を行い，性能評価機関の評価を受け，国土交通省の個別認定を受ける必要がある．

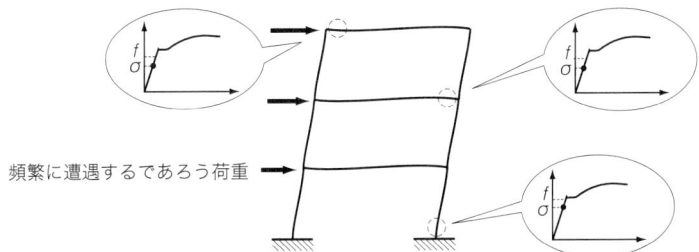

(a) 許容応力度設計法：構造物各部に生じている応力度 σ が，降伏応力度に基づいて定められた許容応力度 f を超えていないことを確認する

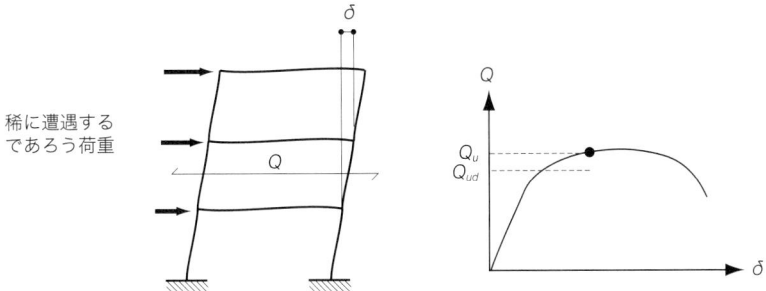

(b) 終局耐力設計法：骨組の最大耐力に基づいて計算される保有耐力 Q_u が，その骨組に対して要求される必要保有水平耐力 Q_{ud} を上回っていることを確認する

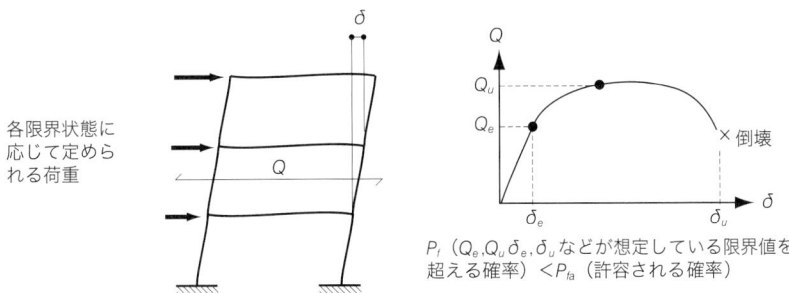

P_f（$Q_e, Q_u, \delta_e, \delta_u$ などが想定している限界値を超える確率）$< P_{fa}$（許容される確率）

(c) 限界状態設計法：応力度，耐力，変形量などが想定した限界値を超える確率 P_f が，許容される確率 P_{fa} を超えないことを確認する

図3・8　各設計法の概念の比較

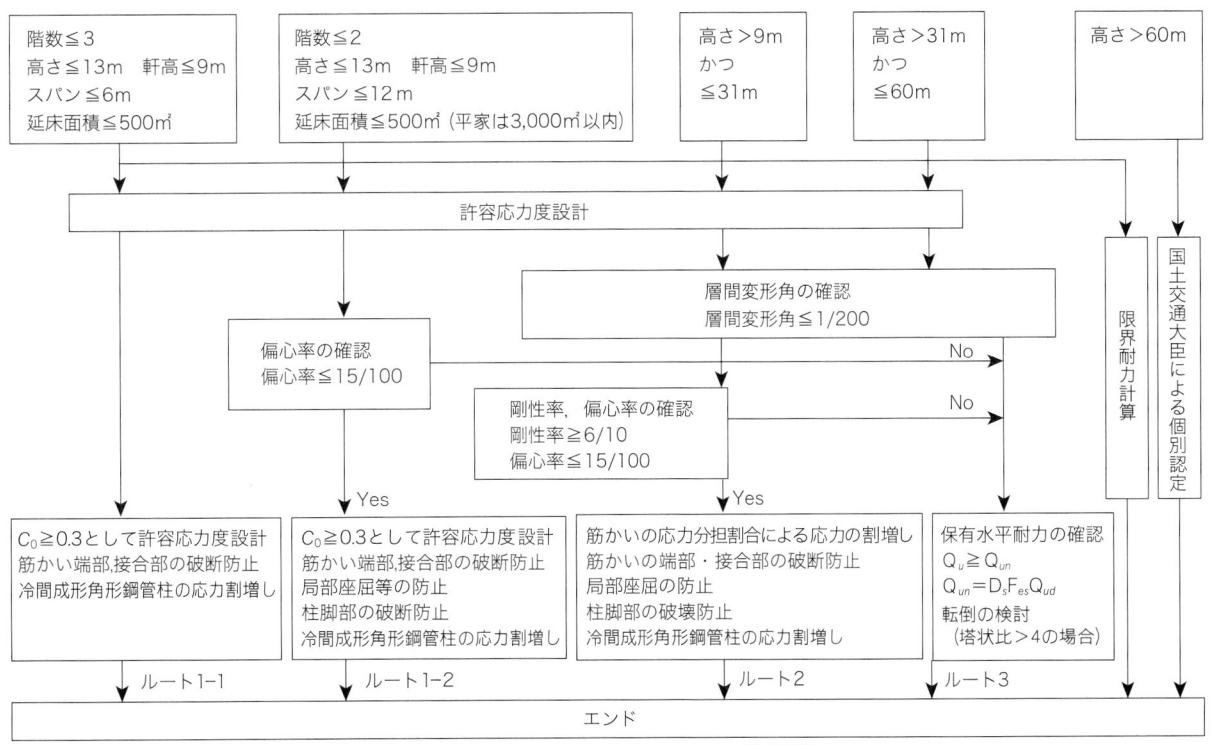

図3・9　高さ60m以下の建築物で規模により分けられる構造計算フローの3ルート

第4章 荷重および外力

4・1 荷重および外力の種類

建築物を構造設計する場合，どのような荷重を想定するかは構造計画の基本である．建築物を構成する構造材や仕上げ材，建築物の使用目的などにより，その大きさは違ってくる．また，自然現象による荷重は，その建設場所や供用期間によっても大きな影響を受ける．長年の基礎研究により，許容応力度設計を行う場合の再現期間50年の荷重および外力について，建築基準法施行令第83条で以下の種類が規定されている．

①固定荷重
②積載荷重
③積雪荷重
④風圧力
⑤地震力

この他にクレーン・生産設備・エレベータを含む構造物では，その衝撃効果や振動を伴う荷重を，また地下室などの地下構造物では，水圧力，土圧力を考慮する必要がある．

1. 固定荷重

固定荷重は，構造体や内外の仕上げ材の自重で実状に沿って積算して求める．標準的な建築各部の重量は建築基準法施行令第84条に示されている表4・1の重量を用いてもよい．

2. 積載荷重

積載荷重は，建築物各室の用途に応じて使用時に収容される人間と家具，調度などの重量である．構造検討の目的別に，床用，軸組・基礎用，地震力算定用と定められている．これらの荷重は，建築基準法施行令第85条に示されている表4・2の荷重を用いてよい．また，上記施行令では柱および基礎の軸方向力の算定をする場合は，柱や基礎が支える床数に応じて表4・3に示すように積載荷重を低減することができる．

3. 積雪荷重

積雪荷重は，積雪の単位重量にその地方での垂直積雪量を乗じて求める．

$$S = \rho \times d \quad \cdots\cdots\cdots(4.1)$$

　　　S：積雪荷重（N/m²）

　　　ρ：積雪の水平面投影面積当たり単位重量
　　　　　　　　（N/cm/m²）
　　　d：垂直積雪量（cm）

積雪の単位重量は，一般地域で20（N/cm/m²）以上と定められている．積雪量が1m以上または積雪期間1カ月以上の多雪地域では30（N/cm/m²）程度とする．

垂直積雪量dは，地域ごとに定められた数値を用いて下式で計算する．ただし，下式はm単位で与えられる．

$$d = \alpha \cdot l_s + \beta \cdot r_s + \gamma \quad \cdots\cdots\cdots(4.2)$$

　　　α, β, γ：区域に応じて定められる数値（表4・4）
　　　l_s：区域の標準的な標高
　　　r_s：区域の標準的な海率（表4・4に示されているRの数値を半径（km）とする円の面積に対する海・湖などの面積の割合）

積雪の単位重量および垂直積雪量が，各地方の条例で決められているときは，その数値を採用する．

また，屋根に雪止めがある場合を除き，屋根勾配βに応じた屋根形状係数μ_bを乗じて低減してもよい．

$$\mu_b = \sqrt{\cos 1.5\beta} \quad \cdots\cdots\cdots(4.3)$$

なお，屋根勾配が60°を超える場合は積雪荷重は考えなくてよい．

山形ラーメンや曲面トラス構造の屋根面の場合，風の吹き溜まりや日光の直射による融雪によって生じる屋根面積雪の偏荷重状態の応力に注意する必要がある．

4. 風圧力

風圧力は，台風などの風により建築物が受ける圧力で，速度圧に風力係数を乗じた次式で求める．

$$W = q \cdot C_f \quad \cdots\cdots\cdots(4.4)$$

　　　W：風圧力（N/m²）
　　　q：速度圧（N/m²）
　　　C_f：風力係数

速度圧qは，次式で求める．

$$q = 0.6 E V_0^2 \quad \cdots\cdots\cdots(4.5)$$

V_0はその地方における過去の台風の記録に基づき「平成12年建設省告示第1454号」で示された基準風速（m/s）で，表4・5に示すように地方区分に応じて30〜46m/秒の範囲で決められている．

Eは，速度圧の高さ方向の分布を表す係数で次式から求める．

$$E = E_r^2 G_f \quad \cdots\cdots\cdots(4.6)$$

表4・1　固定荷重（施行令第84条抜粋）

建築物の部分	種類	単位面積当たり荷重 (N/m²)		備考
屋根	波形鉄板葺	屋根面につき	50	下地・垂木を含み，母屋を含まない
	薄鉄板葺		200	
天井	繊維板張	天井面につき	150	吊木，受木およびその他の下地を含む
	合板張			
	木毛セメント板張		200	
床	フロアリングブロック張	床面につき	150	仕上げ厚さ 1 cm ごとに，その cm の数値を乗ずるものとする
	アスファルト防水層			
壁	モルタル塗および人造石塗	壁面につき	200	
	タイル張			

表4・2　積載荷重（施行令第85条抜粋）

	構造計算の対象	(1) 床の構造計算用 (N/m²)	(2) 大梁・柱または基礎の構造計算用 (N/m²)	(3) 地震力計算用 (N/m²)
(1)	住宅の居室，住宅以外の建築物における寝室または病室	1800	1300	600
(2)	事務室	2900	1800	800
(3)	教室	2300	2100	1100
(4)	百貨店または店舗の売場	2900	2400	1300
(5)	劇場・映画館・演芸場・観覧場・公会堂・集会場その他これらに類する用途に供する建築物の客席または集会室　固定席	2900	2600	1600
	その他	3500	3200	2100
(6)	自動車車庫および自動車道路	5400	3900	2000
(7)	廊下・玄関または階段	(3)から(5)までに掲げる室に連絡するものにあっては，(5)の「その他」の場合の数値による．		
(8)	屋上広場または露台	(1)の数値による．ただし，学校または百貨店の用途に供する建築物にあっては，(4)の数値による．		

（注）倉庫業を営む倉庫の床は3900N/m²以上とする．

表4・3　柱軸力算定時の積載荷重の低減値

支える床の数	2	3	4	5	6	7	8	9以上
低減値	0.95	0.90	0.85	0.80	0.75	0.70	0.65	0.60

表4・5　地方区分に応じて定められる平均風速（平成12年建設省告示第1454号抜粋）

	区域	V_o
(1)	告示1454号で掲げる地方以外の地方	30
(2)	北海道（札幌市），静岡県（静岡市），京都府（京都市），奈良県（奈良市），広島県（広島市）	32
(3)	北海道（室蘭市），青森県，東京都（23区），神奈川県（横浜市），愛知県（名古屋市），大阪府（大阪市），香川県，福岡県（福岡市），長崎県（長崎市）	34
(4)	千葉県（千葉市）	36
(5)	鹿児島（鹿児島市）	38
(6)	高知県（室戸市）	40
(7)	東京都（小笠原村）	42
(8)	鹿児島県（尾久町）	44
(9)	沖縄県	46

表4・4　垂直積雪量を定める数値（平成12年建設省告示第1455号抜粋）

	区域	α	β	γ	R
(1)	北海道（札幌市）	0.0095	0.37	1.40	40
(2)	北海道（函館市）	0.0009	−0.94	1.23	20
(3)	青森県（青森市）	0.0005	−1.05	1.97	20
(4)	宮城県（仙台市）	0.0019	0.15	0.17	40
(5)	東京都 神奈川県 静岡県 愛知県	0.0005	−0.06	0.28	40
(6)	長野県（長野市）	0.0019	0.00	−0.16	0
(7)	富山県 福井県 石川県	0.0035	−2.33	2.72	40
(8)	大阪府 奈良県 京都府（京都市）	0.0009	0.00	0.21	0
(9)	広島県（広島市）	0.0004	−0.21	0.33	40
(10)	香川県	0.0011	−0.42	0.41	20
(11)	福岡県 長崎県	0.0006	−0.09	0.21	20
(12)	鹿児島県	−0.0001	−0.32	0.46	20

G_f は風の時間変動により建築物が揺れた場合に発生する最大の力を算定するための係数であり，ガスト影響係数と呼ぶ．ガスト影響係数は，表4・6に示す地表面粗度区分に応じて決まる．E_r は平均風速の高さ方向の分布を表す係数で次式から求める．

$H \leq Z_b$ の場合　　$E_r = 1.7 \left(\dfrac{Z_b}{Z_G} \right)^\alpha$ ……………(4.7)

$H > Z_b$ の場合　　$E_r = 1.7 \left(\dfrac{H}{Z_G} \right)^\alpha$ ……………(4.8)

　H：建築物の屋根の平均高さ（m）
　Z_b, Z_G および α：地表面粗度区分に応じて
　　　　　　　表4・6に示す数値

建築物の屋根の平均高さと平均風速の高さ方向の分布との関係を，地表面粗度区分ごとに図4・1に示す．

ガスト影響係数および平均風速の高さ方向の分布を表す係数が，各地方の条例で決められているときは，その数値を採用する．

風力係数 C_f は，建築物の屋外から受圧面を垂直に押す方向の外圧係数 C_{pe} と室内から受圧面を垂直に押す方向の内圧係数 C_{pi} との差で次式により求める．

$C_f = C_{pe} - C_{pi}$ ……………………………(4.9)

外圧係数 C_{pe} は，建築物の形状および閉鎖型か開放型かに応じて，また，内圧係数 C_{pi} は，閉鎖型か開放型に応じて係数の値が決められている．代表的な閉鎖型の建築物の外圧係数値を図4・2に示す．風上壁面の外圧係数は，表4・7で計算される高さに応じた係数 k_z を乗じる．

閉鎖型の建築物の内圧係数は，0および-0.2 となる．

風圧力は，建築物の形状に応じて風向ごとに算定する．また，閉鎖型の内圧係数は2つの数値が与えられているので，陸屋根以外の屋根面では，2つの数値に対して風圧力を求め安全性を確認する必要がある．

5. 地震力

地震力は，地震により建築物に生じる慣性力を静的な水平力と考えて設計する．この水平力を建築物のある階（層）に作用する力，すなわち地震層せん断力としている．建築物の地上部分の地震力は次式から求める．

$Q_i = C_i \sum W_i$ ……………………………(4.10)

　$\sum W_i$：i 階より上部の固定荷重と積載荷重の和
　C_i：地震層せん断力係数

地震層せん断力係数は，建設地域，建築物の重量分布や固有周期，地盤の種類などを考慮して次式から求める．

$C_i = Z R_t A_i C_0$ ………………………………(4.11)

　Z：地域係数といい，過去の地震被害の程度
　　　および地震活動状況に応じて地域ごとに
　　　示された図4・3の数値
　R_t：振動特性係数といい，建築物の1次固有
　　　周期と表4・8に示す地盤の種別に応じて定
　　　まる T_c により表4・9から求める
　A_i：地震層せん断力係数の高さ方向の分布を
　　　示す係数で，i 層の係数は次式で求める

$A_i = 1 + \left(\dfrac{1}{\sqrt{\alpha_i}} - \alpha_i \right) \dfrac{2T}{1 + 3T}$ ………(4.12)

　α_i：最上階から i 階までの固定荷重と積載荷
　　　重の和を，建築物の地上部分の固定荷重
　　　と積載荷重の和で除したもの
　C_0：標準せん断力係数で，1次設計（中地震）
　　　で0.2以上，終局耐力設計の2次設計（大
　　　地震）では1.0以上とする
　T：建築物の設計用1次固有周期で次式で求
　　　める
　　$T = h (0.02 + 0.01 \alpha)$（秒）……………(4.13)
　h：建築物の高さ（m）
　α：建築物のうち木造および鉄骨造である階
　　　の高さの合計の h に対する比

建築物の地下部分の地震力は，図4・4に示すように地盤面からの深さに応じた水平震度 k によって計算する．

$k = 0.1 \left(1 - \dfrac{H}{40} \right) Z$ ……………………(4.14)

　H：地下部分の地盤面からの深さ（m）（20を
　　　超えたときは20とする）
　Z：地域係数（前出の図4・3参照）

4・2　荷重の組合せ

それぞれの荷重および外力による応力計算を行い，表4・10のような応力の組み合わせに対して構造体の各部が安全であるように断面設計を行なう．

常時状態の荷重は，建築物に常時あるいは長期間にわたって作用する荷重で長期荷重といい，固定荷重，積載荷重および多雪区域内の積雪荷重である．積雪，暴風，地震時状態の荷重は，常時状態の荷重に加えて，一過性の外力の作用を考慮した荷重で短期荷重といい，多雪区域以外では積雪荷重も含まれる．多雪区域内の積雪荷重は，荷重の状態により設定が異なるので注意する必要がある．長期状態では短期の積雪荷重の70%，暴風および地震状態では短期の積雪荷重の35%となる．また，暴風状態では積雪荷重がない場合についても計算する．

部材に生じる応力は，長期荷重なら長期許容応力度以下に，短期荷重なら短期許容応力度以下とする．

表4・6 地表面粗度区分による係数値

地表面粗度区分		Z_b (m)	Z_G (m)	α	G_f		
					$H\leq 10m$	$10m<H<40m$	$H\geq 40m$
I	都市計画区域外，きわめて平坦で障害物がない地域	5	250	0.10	2.0	$H\leq 10m$と$H\geq 40m$の数値を直線補間した数値	1.8
II	都市計画区域外で，地表面粗度区分I以外の地域，都市計画区域内で，地表面粗度区分IV以外で海岸線または湖岸線での距離が500m以内の地域	5	350	0.15	2.2		2.0
III	地表面粗度区分I・II・IV以外の地域	5	450	0.20	2.5		2.1
IV	都市計画区域内で，都市化がきわめて著しい区域	10	550	0.27	3.1		2.3

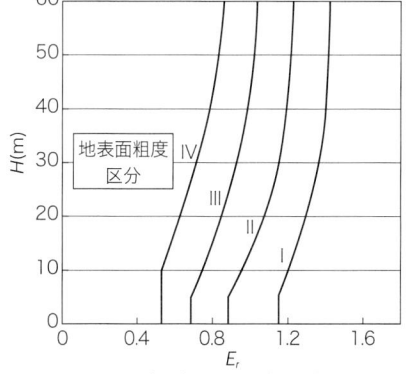

図4・1 地表面粗度区分ごとに決められた平均風速の高さ方向分布

a：BとHの2倍の数値のうち，いずれか小さな数値

$\theta\leq 10°$	30°	45°	90°
C_{pe} 0	0.2	0.4	0.8

（中間の角度は直線補間）

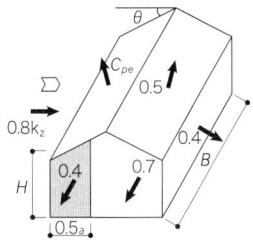 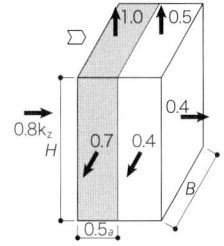 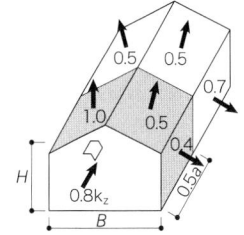 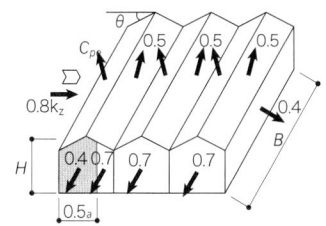

図4・2 代表的な閉鎖型の建築物の風力係数

表4・7 風上壁面の外圧係数に乗じるk_z値

$H\leq Z_b$		$k_z=1.0$
$H>Z_b$	$Z\leq Z_b$	$k_z=(Z_b/H)^{2\alpha}$
	$Z>Z_b$	$k_z=(Z/H)^{2\alpha}$

H：建築物の屋根の平均高さ(m)
Z：当該部分の地盤面からの高さ(m)
Z_b, α：前出の表4・6参照

表4・8 地盤の固有周期

地盤種別		T_c(秒)
第1種	岩盤，硬質れき層，その他，主として第3紀以前の地層によって構成されているもの	0.4
第2種	第1種または第3種以外のもの	0.6
第3種	腐植土，泥土その他これらに類するもので構成されている沖積層で，その深さがおおむね30m以上のもの，沼沢，泥海などを埋め立てた地盤の深さがおおむね3m以上であり，かつ，これらで埋め立てられてからおおむね30年経過していないもの	0.8

表4・9 振動特性係数

条件	振動特性係数（R_t）
$T<T_c$の場合	1
$T_c\leq T<2T_c$の場合	$1-0.2(T/T_c-1)^2$
$2T_c\leq T$の場合	$1.6T_c/T$

T：建築物の一次固有周期
T_c：表4・8に示す地盤の固有周期

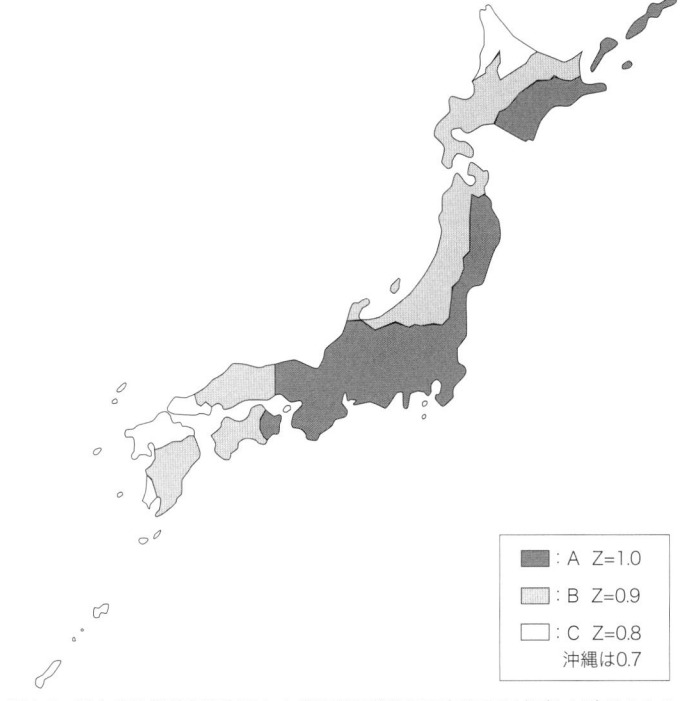

図4・3 過去の地震被害の程度および地震活動状況に応じて地域ごとに決められた地震地域係数

■：A $Z=1.0$
▨：B $Z=0.9$
□：C $Z=0.8$
沖縄は0.7

表4・10 荷重の組合せ

応力の種類	荷重および外力について想定する状態	一般の場合	多雪区域の場合
長期に生ずる応力	常時	$G+P$	$G+P$
			$G+P+0.7S$
短期に生ずる応力	積雪時	$G+P+S$	$G+P+S$
	暴風時	$G+P+W$	$G+P+W$
			$G+P+0.35S+W$
	地震時	$G+P+K$	$G+P+0.35S+K$

（注） G：固定荷重，P：積載荷重，S：積雪荷重，W：風圧力，K：地震力

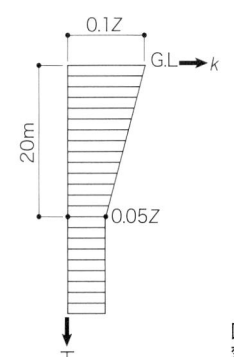

図4・4 地盤面からの深さに応じて変化する地下部の水平震度分布

4·3 設計荷重の計算

建築物に作用する荷重は，荷重作用点から各部の構造部材を経由して地盤に伝達される．この力の流れを把握して構造部材に作用する荷重を求める．

1. 鉛直荷重

鉛直荷重は，固定荷重，積載荷重および積雪荷重などの鉛直方向に作用する荷重である．積載荷重，積雪荷重は，床に等分布に作用するが，固定荷重は建築物各部の重量であるから，設計対象とする部材によって異なってくる．

梁の重量は床面積当たりの分布荷重に換算して加算するのが一般的である．梁にかかる床の重量は，デッキプレート床板の場合，図4·5に示すようにデッキプレートの溝方向の一方向板と考える．すなわち，デッキプレートの溝方向と同じ方向の梁には集中荷重，溝と直交方向の梁には等分布荷重として扱う．

柱の軸力は，図4·6に示すようにスパン中央で分割される床，梁重量による鉛直荷重と柱自重で求められる．建築物各層の柱軸力はその層より上の部分の合計重量である．

2. 水平荷重

水平荷重は，水平方向に作用する地震力と風圧力による荷重である．

地震荷重は，建築物各層で，その層に作用するせん断力として算定する．ある層のせん断力は，図4·7の示すようにその階の中間から上の部分の総重量に層せん断力係数を乗じて求める．また，地下部分は図4·7のように床位置に作用する地震力として，その床の上下階の中間部の重量に震度を乗じて求める．

風荷重は，図4·8に示すように各階床位置に作用する荷重として，上階の下部半分と下階の上部半分の見付け面積の和に風圧力を乗じて求める．風圧力は，速度圧に風力係数を乗じて計算する．

水平荷重としては，地震荷重と風荷重の大きい方の値を採用する．一般に建物高さ60m以下の中規模建築物では地震荷重が風荷重より大きくなる．

3. 荷重計算例

荷重計算の手順を，図4·9～4·12の4階建事務所建築物について以下に示す．

a) 建物概要

荷重計算をするために必要な事項を列記する．

- 建 設 地：名古屋市
- 建物用途：事務所
- 建物規模：地上4階建
- 各階床面積：914.76m^2
- 最高高さ：16.26m
- 軒　　高：14.60m
- 地　　盤：第2種地盤
- 仕上概要
  - 屋根：シート防水
  - 床　：タイルカーペット
  - 天井：岩綿吸音板
  - 外壁：アルミカーテンウォール，ALC板
  - 内壁：軽量鉄骨下地ボード貼り

b) 固定荷重

固定荷重として，屋根，用途別床，階段，外壁，内壁および鉄骨骨組の単位面積当たりの重量を計算する．以下に主な固定荷重を示す．

（ア）床の重量

タイルカーペット	80
フリーアクセスフロア	170
コンクリートスラブ $t=150+15$	3960
型枠デッキプレート	200
天井	220
合計	4630→4700N/m^2

（イ）外壁の重量

①アルミカーテンウォール	400N/m^2
②ALC板	
ALC板 $t=150$	1000
下地鉄骨	100
内装ボード（軽鉄下地共）	270
合計	1370→1400N/m^2

（ウ）内装の重量

内装ボード（軽鉄下地共）	440→500N/m^2

（エ）鉄骨骨組の重量

鉄骨骨組の床単位面積当たりの重量を，仮定断面から計算する．

小梁	400N/m^2
大梁	350N/m^2
柱	200N/m^2

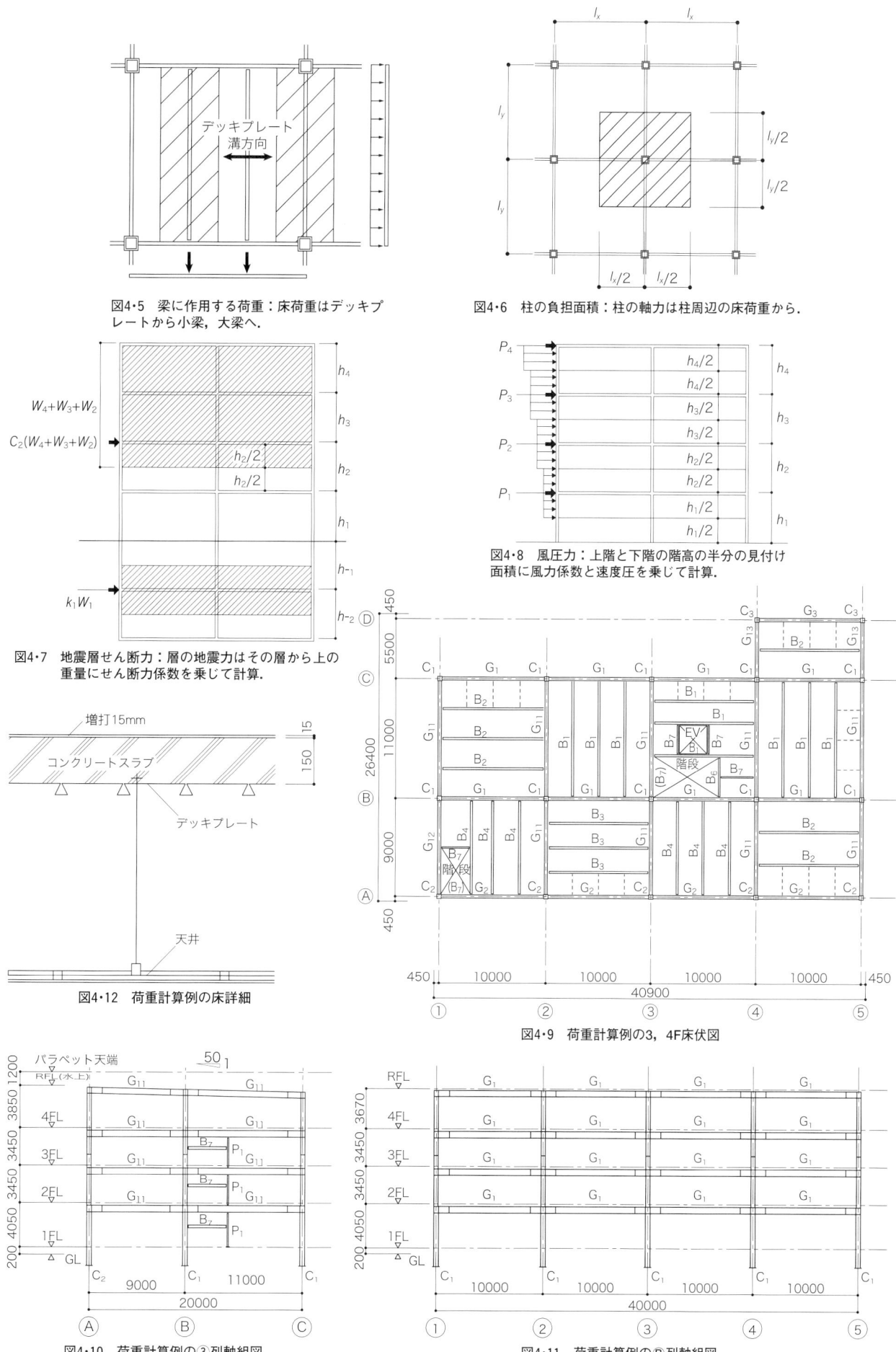

図4・5　梁に作用する荷重：床荷重はデッキプレートから小梁，大梁へ．

図4・6　柱の負担面積：柱の軸力は柱周辺の床荷重から．

図4・7　地震層せん断力：層の地震力はその層から上の重量にせん断力係数を乗じて計算．

図4・8　風圧力：上階と下階の階高の半分の見付け面積に風力係数と速度圧を乗じて計算．

図4・12　荷重計算例の床詳細

図4・9　荷重計算例の3, 4F床伏図

図4・10　荷重計算例の③列軸組図

図4・11　荷重計算例のⒷ列軸組図

第4章　荷重および外力

c) 積載荷重と設計用床荷重

積載荷重を建築基準法施行令第85条により決定する．この設計例では，小梁設計用の積載荷重は床用と架構用の中間値とする．

設計用床荷重は，表4・11のように固定荷重と積載荷重を合算した荷重で，室の種類と構造計算の種類別に計算する．

d) 積雪荷重

名古屋市の場合，愛知県条例により設計垂直積雪量30cm（一般地域）となり，積雪荷重は，$20N/m^2/cm \times 30cm = 600N/m^2$ の短期荷重となる．屋根床荷重と比較して支配的になることはないので，検討を省略する．

e) 風荷重

（ア）速度圧の計算：名古屋市の基準風速 V_0 は，表4・5より34m/sである．また，愛知県条例により地表面粗度区分がⅢであるので，表4・6より $Z_b=5$，$Z_G=450$，$\alpha=0.20$ となる．この事務所の建物高さ16.26m，軒高さ14.60mであるので，平均高さ H は15.43mとなり，ガスト影響係数 G_f を表4・6の値から直線補間して求める．

$$G_f = 2.5 - (2.5 - 2.1) \times \frac{15.43 - 10}{30} = 2.43$$

$H > Z_b$ の場合の平均風速の高さ方向の分布係数 E_r は(4.8)式より，

$$E_r = 1.7 \left(\frac{H}{Z_G}\right)^\alpha = 1.7 \times \left(\frac{15.43}{450}\right)^{0.2} = 0.87$$

よって(4.6)，(4.5)式より，$E = 1.82$ となり，速度圧 q は $1263N/m^2$ となる．

（イ）風力係数の計算：風力係数は内圧係数が相殺され，図4・2に示す風上と風下壁面の外圧係数を合計した値となる．風下は0.4で，風上側は0.8に高さに応じた係数 k_z を乗じた値となる．表4・12に各層ごとの高さ h と風力係数 C_f を示す．

（ウ）風荷重の計算：各層の見付け面積に速度圧と風力係数を乗じて求めた x 方向の風荷重 P_i を表4・12に示す．

f) 地震荷重

（ア）各階の重量

4階

屋根　$5.75kN/m^2 \times 914.76m^2 = 5259.9kN$

外壁　$1.40kN/m^2 \times \left(\frac{3.45m}{2} + 1.66m\right) \times 104.15m$
　　　$= 493.6kN$

　　　$0.40kN/m^2 \times \left(\frac{3.45m}{2} + 1.66m\right) \times 30.45m$
　　　$= 41.2kN$

内壁　$0.50kN/m^2 \times \frac{3.45m}{2} \times 90m = 77.6kN$

パラペット　　　　　　　　　　212.1kN

合計　　　　　　　　　　　　6084.4kN

壁高さは水下側を採用して重量を計算した．

3～1階についても同様にして重量を計算する．各階の重量 W_i を表4・13に示す．

（イ）地震荷重の計算

まず，設計用1次固有周期 T を(4.13)式で計算し，振動特性係数 R_t を求める．

$$T = h(0.02 + 0.01\alpha) = 14.6m \times 0.03 = 0.438秒$$

建設地は第2種地盤で地盤周期 T_c は表4・8に示される0.6秒となり，建築物の1次固有周期より大きいので，表4・9から振動特性係数 R_t は1.0となる．

次に，各階の A_i を(4.12)式で計算する．

$$A_4 = 1 + \left(\frac{1}{\sqrt{\alpha_i}} - \alpha_i\right)\frac{2T}{1+3T}$$

$$= 1 + \left(\frac{1}{\sqrt{0.234}} - 0.234\right)\frac{2 \times 0.438}{1 + 3 \times 0.438}$$

$$= 1.69$$

ここで，$\alpha_4 = \dfrac{\sum_{j=4}^{4} W_j}{\sum_{i=1}^{4} W_i} = \dfrac{6084.4}{25957.1} = 0.234$

3～1階の A_i を同様にして求める．

1次設計の場合の標準せん断力係数 C_0 は0.2，地域係数 Z は名古屋市であるので図4・3より1となり，各階の層せん断力係数 C_i は(4.11)式から求まる．

$$C_4 = ZR_tA_4C_0 = 1 \times 1 \times 1.69 \times 0.2 = 0.34$$

同様に C_3～C_1 を計算する．

各階の地震荷重 Q_i は，(4.10)式から表4・13のように計算される．

表4・11 床荷重表

階	室 名	状態	床用 (N/m²)	小梁用 (N/m²)	架構用 (N/m²)	地震用 (N/m²)	備 考
R階	屋根	固定	4500	4900	5450	5450	
		積載	900	800	650	300	非歩行 表4・2(1)の1/2
		合計	5400	5700	6100	5750	
各階	事務室 通路・ホール	固定	4700	5100	5650	5650	
		積載	2900	2400	1800	800	表4・2(2)
		合計	7600	7500	7450	6450	
各階	機械室・倉庫	固定	4400	4800	5350	5350	
		積載	5000	4500	4000	3000	
		合計	9400	9300	9350	8350	
各階	階段	固定	2400	2800	3350	3350	
		積載	2900	2400	1800	800	表4・2(2)
		合計	5300	5200	5150	4150	

小梁用，架構用，地震用の固定荷重には，鉄骨重量それぞれ 400N/m²，950N/m²，950N/m² を含んでいる．

表4・12 風荷重

階	h (m)	C_f	A (m²)	P_i (kN)	Q_i (kN)
4	14.60	1.200	83.64	126.8	126.8
3	11.15	1.118	72.62	102.5	229.3
2	7.70	1.019	72.62	93.5	322.8
1	4.25	0.921	79.31	92.3	415.1

速度圧 $q = 1263\text{N/m}^2$

表4・13 地震荷重

階	W_i (kN)	ΣW_i (kN)	α_i	A_i	C_i	Q_i (kN)
4	6084.4	6084.4	0.234	1.69	0.34	2069
3	6534.0	12618.4	0.486	1.36	0.27	3407
2	6593.8	19212.2	0.740	1.16	0.23	4419
1	6744.9	25957.1	1.000	1.00	0.20	5191

第5章　部材設計

5・1　部材設計の方針

　構造設計の流れを述べた3・1の2を，もう一度見直してみよう．本章で学ぶ部材設計の作業は，図3・2のフローにおけるプロセス4に該当する．通常，プロセス3までの設計過程が終了した段階では，対象とする部材の応力状態や剛性などが最初の情報として得られている．したがって，これら与えられた情報を用いて3・1の1で述べたような，構造設計の目的（機能性，安全性，経済性）を満足する断面形状とその大きさを定めることが部材設計の基本方針となる．この段階で，プロセス3で用いた解析モデルに影響するような部材の変更があれば，あらためてプロセス1からプロセス3で構造物全体の計画や計算をやり直し，再度部材設計を行うことになる．一般的には，この過程を何度も繰り返すことで機能性，安全性，経済性のいずれもを満足させるような，最適な部材が決められていく．

　第2章で学んだとおり，鋼材は比強度の高い材料である．したがって，材料の効率的な利用という観点から，鉄骨構造の部材は比較的薄い板要素を組み合わせて構成されているものがほとんどであり，また部材全体の形状も長さに比べて幅やせいが小さい場合が多い．この結果，部材に引張力だけが作用している場合を除き，「座屈」と呼ばれる現象が起こる．座屈が生じると材料自体が持つ強度やねばり強さが十分発揮されず，部材耐力の急激な低下をまねく．したがって，鉄骨部材の設計においては，この座屈現象に十分留意しなければならない．本章では，まずこの座屈現象の基本について概説し，その後各種部材の設計を具体的に学んでいくこととする．

5・2　座屈

1. 座屈とは

　図5・1のように，細長い棒の両端を持って棒の長さ方向に圧縮力を働かせる場合を考えてみよう．身近なものでは，プラスチック製の比較的長い定規を使ってみてもよい．それほど大きな力を作用させていない最初のうち（図5・1a）は棒はまっすぐのままであるが，圧縮力を次第に増加させていくと，あるとき突然棒は一方向に曲がり大きく変形する（図5・1b）．このように，部材に対する力の作用のさせ方は同じであるが，あるときから変形のしかたが突然変わり，今までと異なる力の釣合い状態に移行する現象を座屈という．

　鉄骨構造物の設計において問題となる座屈の現象には，曲げ座屈，横座屈，局部座屈，ねじり座屈，曲げねじり座屈などがある．本節では，このうち特に設計上十分な考慮が必要な座屈現象として，曲げ座屈，横座屈，局部座屈の3つを取り上げ，詳細に解説する．

2. 曲げ座屈

　図5・1に見たように，元々まっすぐであった部材が，軸方向の圧縮力によって曲げ変形をともなって破壊する現象を曲げ座屈という．曲げ座屈現象を力学的に理解するため，図5・2に示すように，軸圧縮力Pを受け，わずかにたわんだ状態で釣合っているような長さlの細長い部材を考えよう．たわむ前の部材長さ方向をx軸，x軸と直交したわみが生じた方向をy軸とし，部材x軸方向の任意の点xにおけるy軸方向のたわみ量を$y(x)$とする．このとき，たわんだ部材上の点X'における曲げモーメントの釣合いは図5・3のようになり，X'を回転の中心とするモーメントの釣合い式を立てると，

$$M(x) + P \cdot y(x) = 0 \quad \cdots\cdots (5.1)$$

となる．ここに$M(x)$はX'において部材内に生じている曲げモーメントである．$M(x)$は部材の曲げ剛性とX'における曲げ変形の大きさ，すなわち曲率との関係で次式のように定義することもできる．

$$M(x) = EI \frac{1}{\rho(x)} \quad \cdots\cdots (5.2)$$

ここに，Iはたわみ方向の曲げ変形に関わる部材の断面二次モーメント，Eは材料のヤング係数，$1/\rho(x)$はX'における曲率である．また，$\rho(x)$を曲率半径と呼ぶ．$1/\rho(x)$は，曲率が十分小さい場合には，

$$\frac{1}{\rho(x)} = \frac{d^2 y(x)}{dx^2} \quad \cdots\cdots (5.3)$$

とおいてよい．これらより，(5.2)式，(5.3)式を考慮すると，(5.1)式は以下のような微分方程式となる．

$$EI \frac{d^2 y(x)}{dx^2} + P \cdot y(x) = 0 \quad \cdots\cdots (5.4)$$

この微分方程式の一般解を求めると次式となる．

$$y(x) = C_1 \sin\alpha x + C_2 \cos\alpha x \quad \cdots\cdots (5.5)$$

ただし，

$$\alpha^2 = \frac{P}{EI} \quad \cdots\cdots (5.6)$$

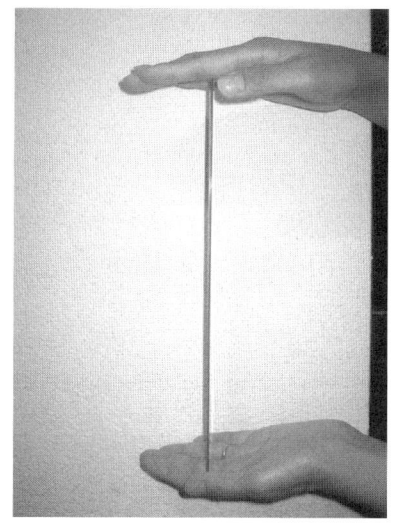

(a) わずかな力で圧縮するときは部材はまっすぐのままである　　(b) 圧縮力を増していくと急に横に曲がる

図5・1　圧縮材の曲げ座屈

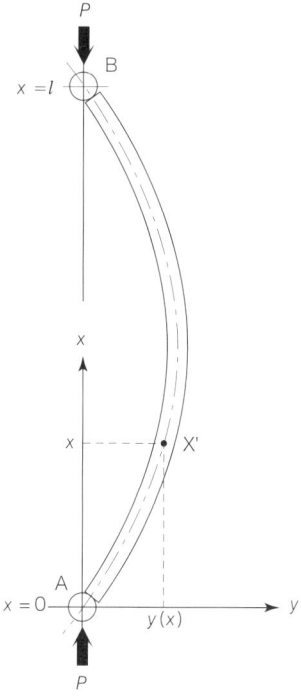

図5・2　曲げ座屈形状：圧縮力を受け，わずかにたわんだ状態での力のつりあいを考える．

図5・3　部材上のある点X'におけるモーメントのつりあい

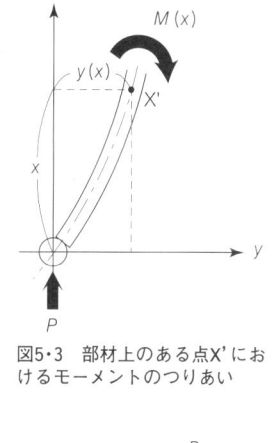

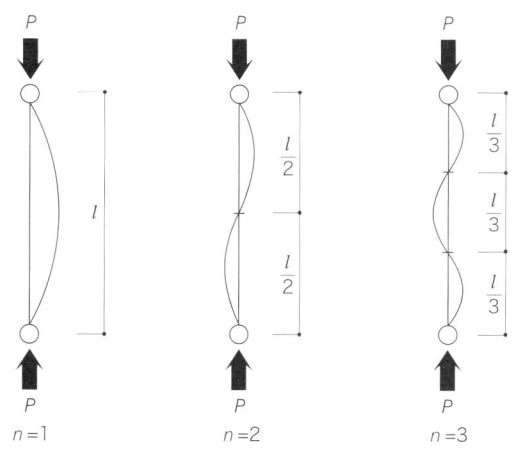

図5・4　(5.11) 式におけるnの値と座屈波形の関係

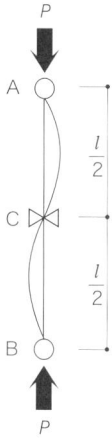

図5・5　中間位置での補剛があるときの曲げ座屈形状

第5章　部材設計　　37

である．(5.5)式中の C_1, C_2 は積分定数であり，部材の支持条件，すなわち支点の境界条件によって定められる．今，図5・2で考えている圧縮材は部材の両端がピン支点であるから，各支点とも座屈後の水平移動はない．つまり，$x=0$（支点 A）のとき，$y(x)=0$，$x=l$（支点 B）のときも，$y(x)=0$ となる．よって，

$$y(0) = y(l) = 0 \quad \cdots\cdots\cdots\cdots (5.7)$$

が成り立つ．この条件式を(5.5)式に代入することによって，C_1 および C_2 の条件式が次式のように求められる．

$$C_1 \sin\alpha l = 0, \text{ および } C_2 = 0 \quad \cdots\cdots (5.8)$$

ここで，$C_1=0$ とすると，$y(x)=0$ となり，たわみがまったくない場合に相当する．したがって，何らかの座屈後形状を調べたい場合には，$C_1 \neq 0$ の場合を検討する必要がある．$C_1 \neq 0$ が成り立つためには，

$$\sin\alpha l = 0 \quad \cdots\cdots\cdots\cdots\cdots\cdots (5.9)$$

であり，この一般解は，

$$\alpha l = n\pi \quad \cdots\cdots\cdots\cdots\cdots\cdots (5.10)$$

となる．(5.6)式を代入し，P を解くことで，中心圧縮柱の弾性曲げ座屈荷重 P_{cr} が，次式のように求められる．

$$P_{cr} = \frac{n^2 \pi^2 EI}{l^2} \quad \cdots\cdots\cdots\cdots (5.11)$$

ここに n は座屈モードの次数に関わる係数であり，正の整数値をとる．n の値と座屈波形の関係を見ると，図5・4（p.37）に示すようになる．実験などで現実に体験できる座屈波形は $n=1$，すなわち図5・1で見た波形であるが，理論的には部材の途中で曲率の入れ替わる $n=2$ 以上の座屈波形も存在することを示す．たとえば図5・5（p.37）のように，部材のちょうど中間位置 C 点に，横方向へのたわみだけを拘束する補剛がある場合を考えてみよう．C 点では部材は横にたわむことができないので，このような場合には図5・4 の $n=2$ のような形状で座屈する．このときの座屈形状は C 点を境にして上下対称な形状をしているため，C 点でのたわみ方向の反力は理論上は発生しない．これが $n=2$ の場合も解として存在することにつながる．しかし C 点の補剛なしで $n=2$ の座屈形状が発生するような状態は不安定な釣合い状態であり，現実にはわずかな初期不整や元たわみの影響で $n=1$ の形状のみが起こりうることになる．

曲げ座屈の現象は，圧縮材の設計式に反映されており，本書では5・4節で学ぶ．

3．座屈長さ係数

5・2の2では両端をピンで支持された中心圧縮材を取り扱った．ピン支点に曲げモーメントは生じないため，(5.1)式の釣合いが成立したが，支点に固定端が含まれるような場合には材端に曲げモーメントが発生するため(5.1)式では不十分であり，わずかにたわんだ状態での微小要素について釣合いを考える必要がある．

微小要素についての釣合い式を立て，両端ピンのときと同じ考え方で与えられた境界条件の解を得ることによって任意の材端条件での座屈荷重を知ることができる．こうして求められた座屈荷重を材端の支持条件ごとに一覧にして示したものが表5・1 である．各材端条件の座屈荷重は，両端ピンの場合の座屈荷重を基準とし，次式のように表現することができる．

$$P_{cr} = \frac{\pi^2 EI}{(kl)^2} \quad \cdots\cdots\cdots\cdots\cdots (5.12)$$

ここに，kl を座屈長さ，k を座屈長さ係数という．これより材端の支持条件ごとに定められる座屈長さ係数を求めれば，支持条件にかかわらず座屈荷重は(5.12)式で求めることができる．

座屈長さ係数が両端ピンの場合を基準にした係数であることは，座屈後の変形形状を考えるとより理解しやすい．表5・1 に示したように，両端ピン（a）の場合の変形形状が，他の支持条件の座屈形状の中でどれだけの部材長さに相当するかを見ると，それが座屈長さ係数に対応していることがわかる．

座屈長さ係数は材端の支持条件で決まることはここまで見てきた通りであるが，実際に骨組の中で使われている圧縮材について座屈長さを決める場合には，骨組全体の性質も考慮しなければならない．例えば，表5・1 の下欄に示すようないくつかの骨組において柱の座屈長さを考えてみよう．骨組㈰と㈱はいずれも柱の支持条件は柱頭柱脚ともに固定である．ところが，鉛直荷重下での座屈形状を考えると，筋かいのない骨組㈱では梁の水平方向移動が生じるため，柱の座屈形状は(e)と等しくなり，座屈長さ係数は1.0 となる．このように，圧縮材の座屈長さを決定するには，部材端部の支持条件だけでなく，水平方向移動の有無についても考慮を忘れてはならない．

4．横座屈

幅に対して，せいの比較的大きい梁を曲げる場合を考えてみよう．荷重をかけ始めた最初のうちは梁は荷重を作用させている方向，つまり荷重面内にたわむだけであるが（図5・6a），荷重を次第に増加させていくとあるとき突然，梁は横方向にねじれを伴って大きく曲がる（図5・6b）．この現象を横座屈という．横座屈は，圧縮側のフランジの曲げ座屈と考えることもできる（図5・7）．したがって，横座屈を防ぐには圧縮側のフランジが横方向にはみださないような横補剛が効果的である．

表5・1 座屈長さ係数

支持条件 （水平移動有無）	両端ピン (a)	両端固定 (b)	一端固定 他端自由 （水平移動有） (c)	一端固定 他端ピン (d)	両端固定 （水平移動有） (e)
座屈形状と 座屈長さ $k \times l = l_k$	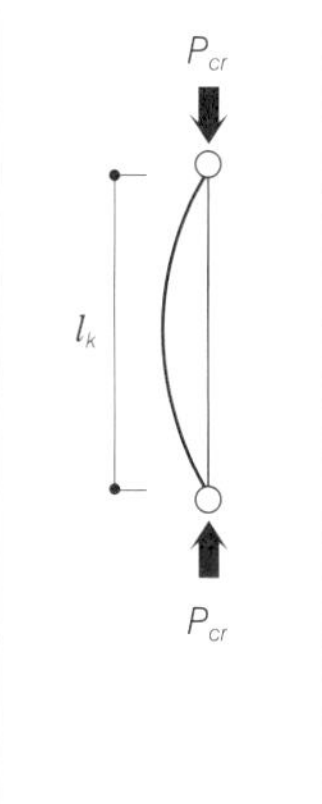	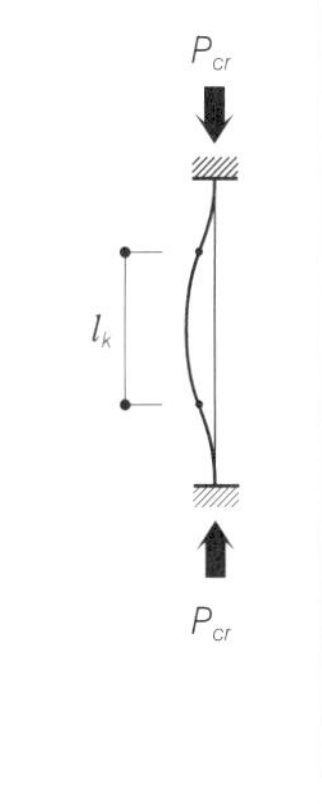	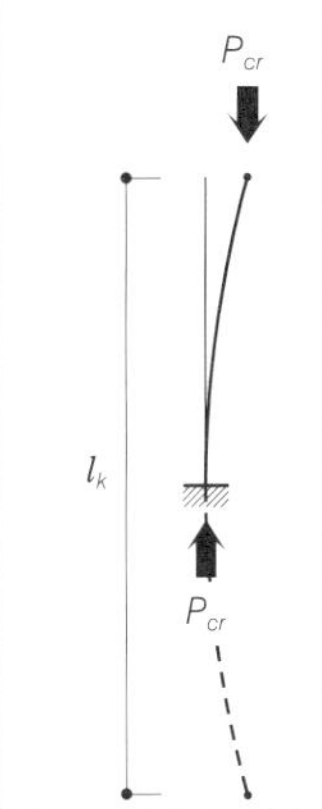	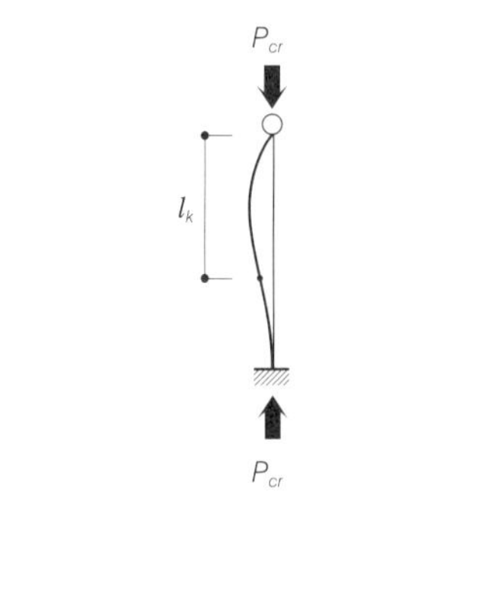	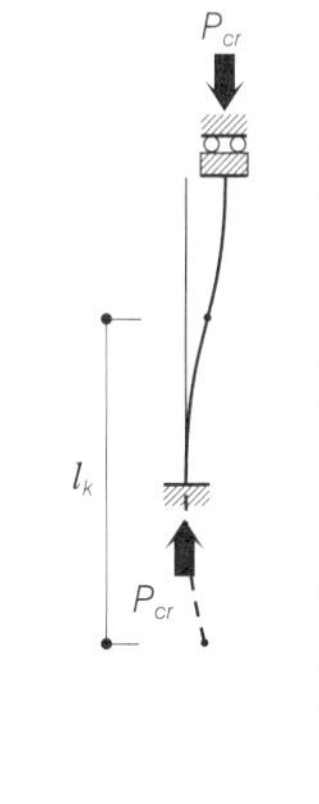
P_{cr}	$\dfrac{\pi^2 EI}{l^2}$	$\dfrac{4\pi^2 EI}{l^2}$	$\dfrac{0.25\pi^2 EI}{l^2}$	$\dfrac{2\pi^2 EI}{l^2}$	$\dfrac{\pi^2 EI}{l^2}$
$\dfrac{\pi^2 EI}{(kl)^2}$ のときのk 座屈長さ係数	1.0	0.5	2.0	0.7	1.0
骨組の座屈形状	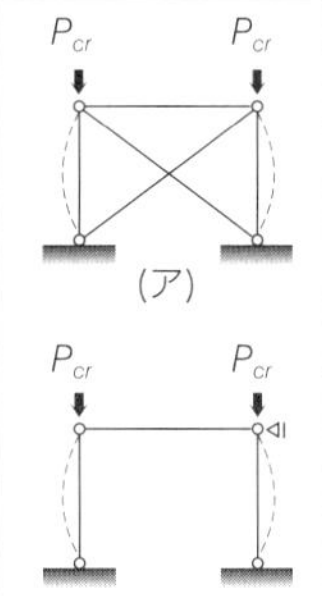 (ア) (イ)	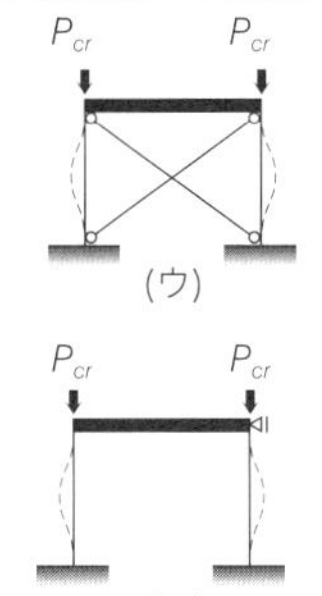 (ウ) (エ)	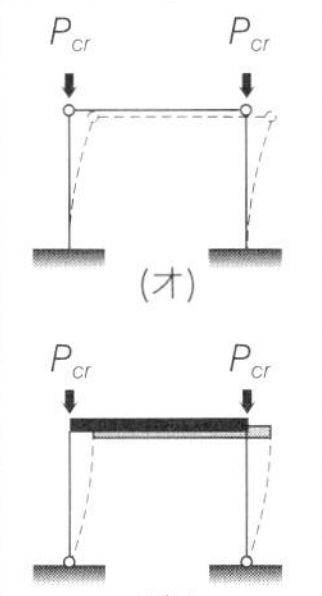 (オ) (カ)	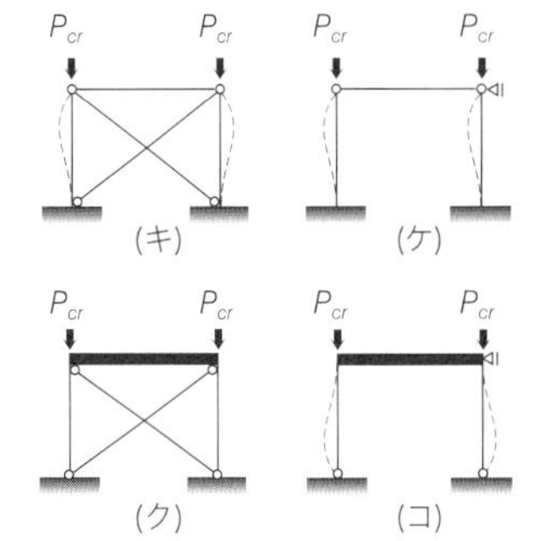 (キ)(ケ) (ク)(コ)	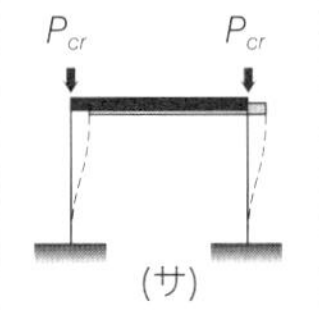 (サ)

(a) 荷重が小さいうちは梁は下方向にわずかに曲がるだけである

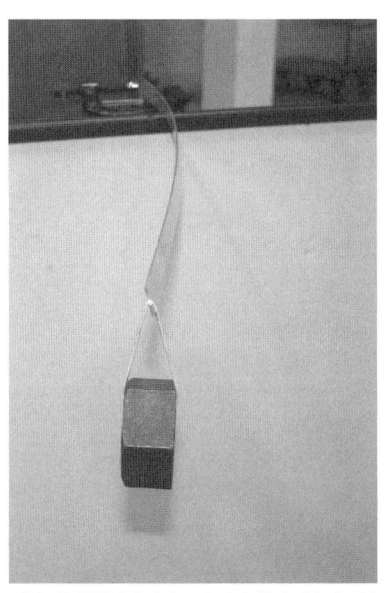

(b) 荷重が大きくなると急に横方向にねじれながら大きく変形する

図5・6 片持ち梁の横座屈

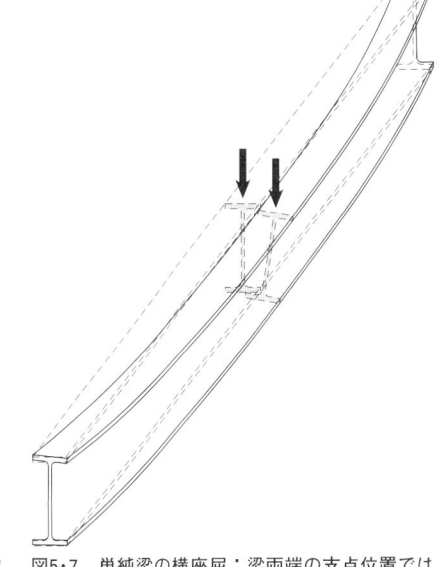

図5・7 単純梁の横座屈：梁両端の支点位置では断面の倒れはないが，スパン中央では断面がねじれながら横方向にたわむ．

曲げ座屈のときと同様，横座屈についても横方向にたわんだ状態での微小要素の釣合い式から微分方程式を求め，それを材端支持条件の下で解くことで横座屈荷重が得られる．等モーメントを受ける梁の横座屈モーメント M_{cr} は，次式で与えられる．

$$M_{cr} = \sqrt{\frac{\pi^2 EI_Y GJ}{l^2} + \frac{\pi^4 E^2 I_Y \Gamma}{l^4}} \quad \cdots\cdots(5.13)$$

ここに G はせん断弾性係数，I_Y は弱軸曲げに対する断面二次モーメント，J はサンブナンのねじり定数，Γ はワーグナーのねじり定数，l は横補剛間隔である．一方，曲げモーメントの大きさが材長に沿って変化するような場合には，モーメント勾配の影響を考慮する係数 C を導入することにより，横座屈モーメントは次式となる．

$$M_{cr} = C\sqrt{\frac{\pi^2 EI_Y GJ}{l^2} + \frac{\pi^4 E^2 I_Y \Gamma}{l^4}} \quad \cdots\cdots(5.14)$$

$$C = 1.75 + 1.05\left(\frac{M_2}{M_1}\right) + 0.30\left(\frac{M_2}{M_1}\right)^2 \quad \cdots\cdots(5.15)$$

ここに，M_1 は材端に生じている最大モーメント，M_2 は最小モーメントである．また，M_2/M_1 は図5・8に示すように，単曲率の場合負，複曲率の場合正となるように定めるものとする．ただし，C は2.3を超えることはできない．なお，部材中央に最大モーメントがある場合は $C=1.0$ とする．

H形断面梁の場合，J, Γ は次式で近似的に求められる．

$$J = \frac{1}{3}(2bt_f^3 + h_w t_w^3) \quad \cdots\cdots(5.16)$$

$$\Gamma = \frac{I_f h_f^2}{2} \quad \cdots\cdots(5.17)$$

ここに，b：フランジ幅，t_f：フランジ厚，I_f：片側フランジのY軸回りの断面二次モーメント（$= t_f b^3/12$），h_f：上下フランジの重心間距離，h_w：ウェブせい，t_w：ウェブ厚である．

横座屈の現象は梁の設計式に反映されており，本書では5・5節で学ぶ．

5. 局部座屈と幅厚比制限

比強度が高いという鋼材の特長を生かすため，鉄骨構造部材は一般には板を組み合わせた形で構成されている．断面性能の効率という観点から見れば，板の厚さは薄いほど効率的であるが，薄い板が圧縮やせん断応力を受けると局部的に波打つような変形をすることがある（図5・9）．このような現象を局部座屈という．部材全体が曲げ座屈や横座屈を起こさないように考慮されていても，局部座屈が発生すると鋼材自体がもつ材料の強度が有効に発揮されないだけでなく，部材の変形能力も低下する．

したがって，設計では局部座屈の影響も十分考慮する必要がある．

板の座屈についても曲げ座屈のところで学んだのと同じように，板がわずかにたわんだ状態での微小要素の力の釣合い式から微分方程式を立て，それを与えられた境界条件の下で解くことによって座屈荷重が求められる．一般に，板の座屈応力度 σ_{cr} は次式で表される．

$$\sigma_{cr} = k\frac{\pi^2 E}{12(1-\nu^2)}\cdot\left(\frac{t}{d}\right)^2 \quad \cdots\cdots(5.18)$$

ここに，k：板の支持条件・応力分布・および板の幅と長さの比により決まる係数，ν：ポアソン比，t：板厚，d：板幅である．特に板の幅と厚さの比 d/t を幅厚比という．k の値については，圧縮力を受ける板，曲げを受ける板，およびせん断を受ける板のそれぞれについて，作用荷重に対して平行な辺の支持条件に応じて表5・2に示す値が用いられている．

実際の鉄骨部材における板要素の境界条件は，他の板要素と連続している場合がほとんどである．したがって，完全に剛な支持条件を期待するのは難しいことから，安全側となるようにピン支持としたときの k の値を用いて評価する．

(5.18)式は板の弾性座屈耐力であり，d/t との関係を書くと図5・10の曲線B-D-Cのようになる．σ_{cr} は材料強度 σ_y を超えることはできないので，理想的にはA-B-D-Cを結ぶ線が σ_{cr} と d/t との関係を示す．しかし，現実的には板要素内の残留応力度や初期不整（5・4節参照）のため，B付近の耐力は σ_{cr} よりもかなり低下する．そこで，板の弾性挙動は板内の応力度が $0.6\sigma_y$ 以下の時と仮定し，これを超える場合の σ_{cr} と d/t の関係は $\sigma_{cr}=0.6$ の位置（D点）で(5.18)式に接線を引き，これと σ_{cr} の交わった点を結ぶ線分で表すものとする．この考え方に基づけば，E点の $(d/t)_t$ 以下の幅厚比を持つ板要素は応力度が σ_y に達するまで局部座屈は発生しない．許容応力度設計では，用いることができる最大の幅厚比としてこの $(d/t)_t$ を規定し，弾性設計の範囲で局部座屈が生じないようにしている．このようにして規定された幅厚比を表5・3に各断面ごとに示す．

なお，表5・3に示した幅厚比制限を超える板要素を用いる場合には，制限値を超える幅分を無効とし，制限値内の板要素だけからなる断面とみなしてもよい．例えば，図5・11に示す断面形の場合，表5・3の幅厚比制限値に板厚を乗じた斜線部分の断面幅だけが存在する材と見なしてもよい．このとき，斜線部分の板要素の幅を有効幅 b_e という．

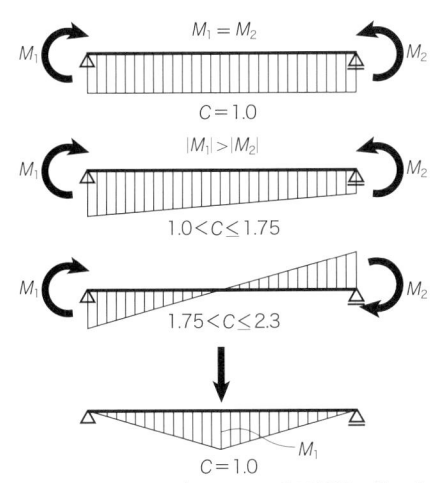

図5・8 モーメント勾配による修正係数：梁に生ずるモーメントの分布状態によって横座屈のしやすさがかわるので、それを考慮するための係数である。

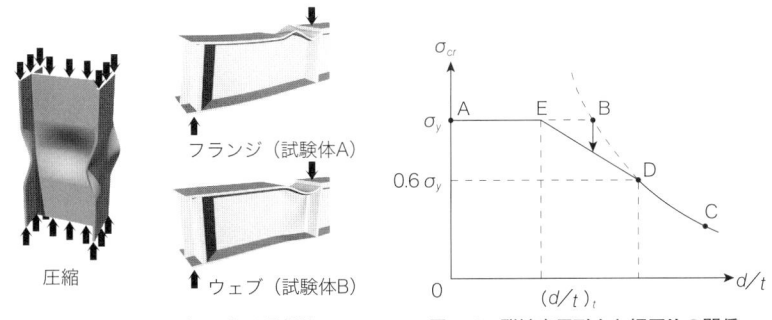

図5・9 局部座屈：板要素が局部的に波打つように変形するため、部材耐力の低下要因となる。

図5・10 弾性座屈耐力と幅厚比の関係

表5・2 板要素の座屈応力度

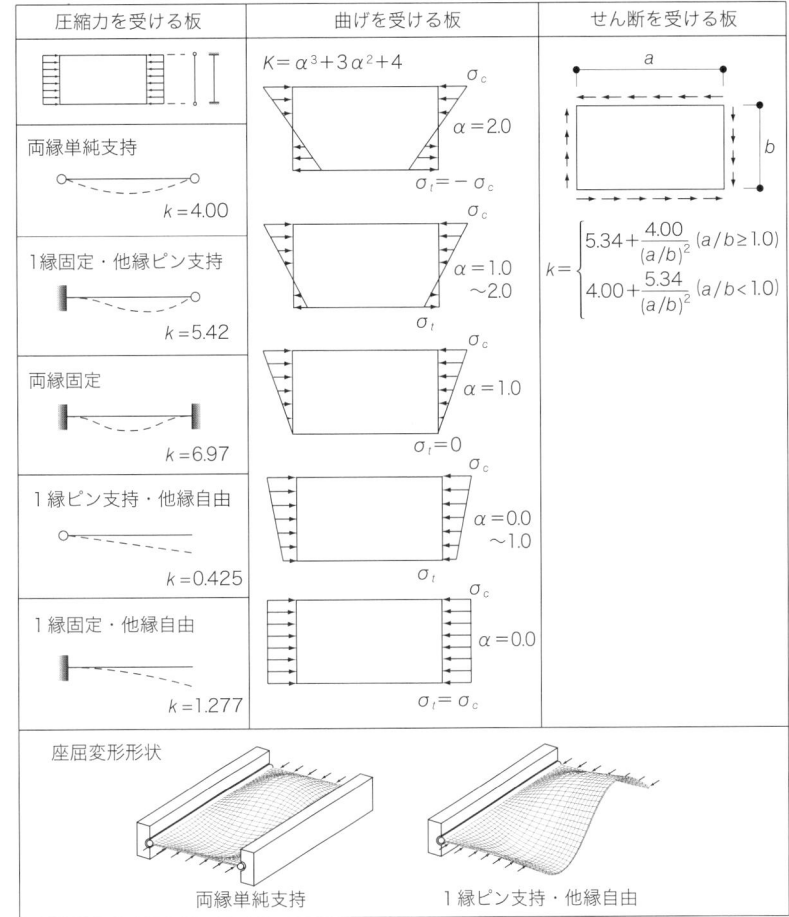

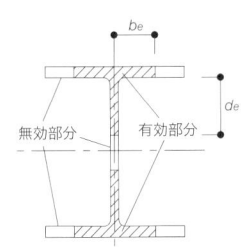

圧縮力を受ける板	曲げを受ける板	せん断を受ける板
両縁単純支持 $k=4.00$	$K=\alpha^3+3\alpha^2+4$ $\alpha=2.0$ $\sigma_t=-\sigma_c$	$k=\begin{cases}5.34+\dfrac{4.00}{(a/b)^2}\ (a/b\geq 1.0)\\ 4.00+\dfrac{5.34}{(a/b)^2}\ (a/b<1.0)\end{cases}$
1縁固定・他縁ピン支持 $k=5.42$	$\alpha=1.0\sim 2.0$	
両縁固定 $k=6.97$	$\alpha=1.0$ $\sigma_t=0$	
1縁ピン支持・他縁自由 $k=0.425$	$\alpha=0.0\sim 1.0$	
1縁固定・他縁自由 $k=1.277$	$\alpha=0.0$ $\sigma_t=\sigma_c$	

座屈変形形状：両縁単純支持／1縁ピン支持・他縁自由

図5・11 有効断面積のとりかた

表5・3 板要素の幅厚比、径厚比

	1縁支持、他縁自由		2縁支持の板要素		鋼管
断面形	(L形、T形)	(H形、C形、T形)	圧縮材	梁のウェブプレート	(円形、角形)
幅厚比	$\dfrac{b}{t}\leq 0.44\sqrt{\dfrac{E}{F}}$	$\dfrac{b}{t}\leq 0.53\sqrt{\dfrac{E}{F}}$	$\dfrac{d}{t}\leq 1.6\sqrt{\dfrac{E}{F}}$	$\dfrac{d}{t}\leq 2.4\sqrt{\dfrac{E}{F}}$	$\dfrac{D}{t}\leq 0.114\dfrac{E}{F}$
$F=235\text{N/mm}^2$ $t\leq 40\text{mm}, E=205000\text{N/mm}^2$ の場合	13	16	48	71	100

第5章 部材設計

5・3 引張材

1. 引張材の設計

主として引張力だけを受けるような部材を引張材という．トラス部材，純筋かい構造の柱や引張筋かいなどがこれに相当する．引張材には図5・12に示すように平鋼，丸棒，形鋼，鋼管などが用いられ，それらを複数組み合わせる場合もある．

引張材の検討をする場合には，骨組の解析によって得られた部材の引張軸力を用いて部材内に生じている引張応力度 σ_t を計算し，これが許容引張応力度 f_t を超えていないことを確認する．

$$\frac{N_t}{A_n} = \sigma_t < f_t \quad \cdots\cdots (5.19)$$

ここに，N_t は引張軸力，A_n は部材有効断面積である．接合のためボルトや高力ボルトを用いた場合，引張材にはボルト孔による断面欠損がある．また，形鋼を用いた接合などの場合，断面の重心と接合の中心が離れていると引張応力が全断面に均等に分布しないことも考えられる．有効断面積はこのような点を考慮して決定する必要がある．

2. 有効断面積

図5・13に示すようなボルト孔を有する部材を引っ張った場合，孔の部分は引張応力度を負担できないことを考慮し，有効断面積 A_n は次式で求める．

$$A_n = A - ndt \quad \cdots\cdots (5.20)$$

ここに，A は引張材の全断面積，d は孔径，t は孔部の板厚，n はボルトの列数である．

孔配置が不規則になった場合には，図5・14に示すように孔の位置関係に応じて部材を引張破断せしめるような破断線を考える．これらの各破断線について有効断面積を求め，そのうち最小のものをその部材の有効断面積とする．各破断線に沿った有効断面積 A_n は，次式で計算する．

$$A_n = A - \Sigma \alpha dt \quad \cdots\cdots (5.21)$$

ここに，α は隣接する孔との位置関係によって決まる係数であり，次式によって算出する．

$$\alpha = \begin{cases} 1.0 & (b/g \leq 0.5 \text{ のとき}) \\ 1.5 - (b/g) & (0.5 < b/g \leq 1.5 \text{ のとき}) \\ 0 & (1.5 < b/g \text{ のとき}) \end{cases}$$

$$\cdots\cdots (5.22)$$

3. 引張材の偏心

引張材の接合部においては，断面の重心線と接合要素（ボルトや溶接）の中心は可能な限り一致させ，二次的な曲げ応力度が発生しないように注意する．ただし，通常形鋼を単材で使用する場合には，断面の重心と接合要素の力学的な重心位置を一致させるのは難しい．そこで，このような断面の部材を引張材としてやむを得ず用いる場合には，図5・15に示すように，接合された板要素から突出した断面の1/2を無視した断面を有効断面と考えて設計を行ってもよい．なお，山形鋼やみぞ形鋼をだき合わせ，接合中心と断面の重心を一致させた場合には，この考え方によらなくてもよい．

4. 設計例題

図5・16に山形鋼を用いた引張材の設計例を示す．

❶ ボルトの穴欠損および突出した部分を考慮し，有効断面積 A_n を計算している．

❷ 引張応力度 σ_t が，許容引張応力度 f_t を越えていないことを確認している．

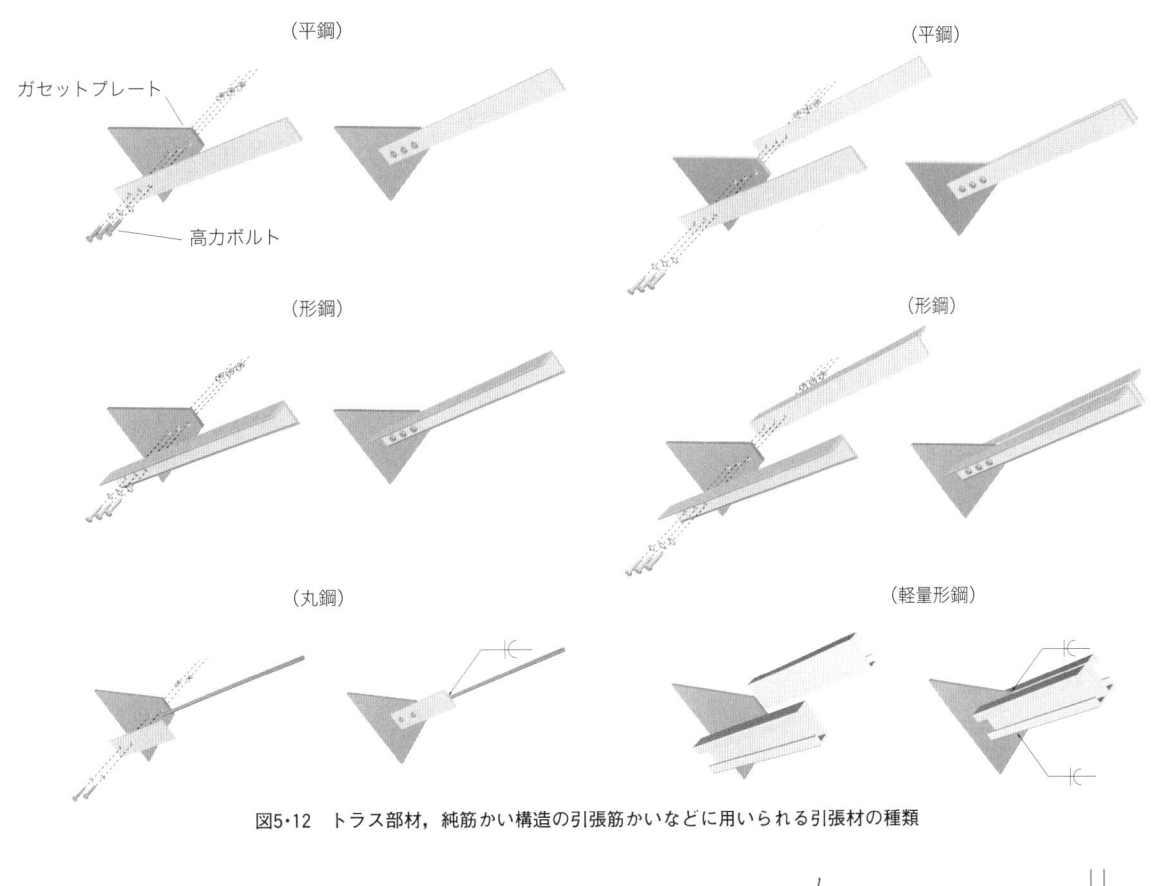

図5·12　トラス部材，純筋かい構造の引張筋かいなどに用いられる引張材の種類

図5·13　ボルト孔を有する部材を引っ張った場合の有効断面積の考え方

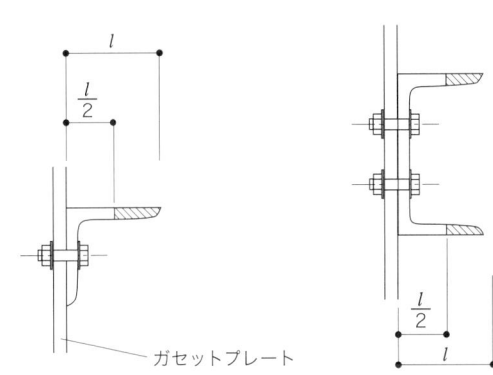

図5·15　接合された板要素から突出した部分のある断面の有効断面積の取り方（斜線部分を欠損部と考え，無視する）

図5·14　孔の位置関係に応じて生じる破断線と有効断面積の考え方

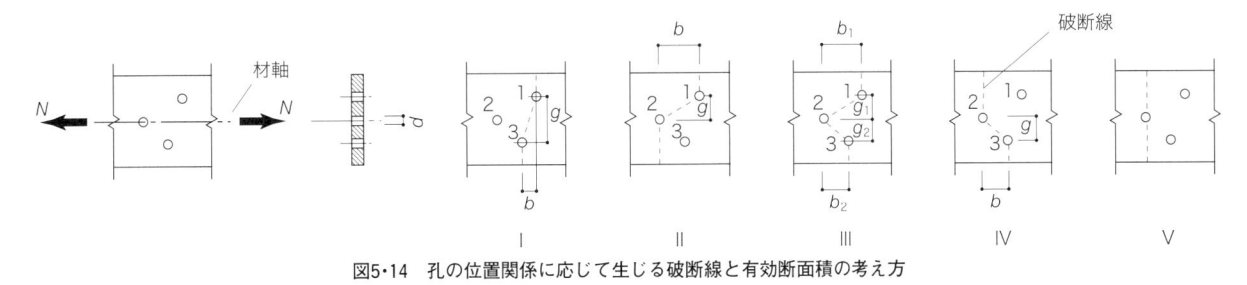

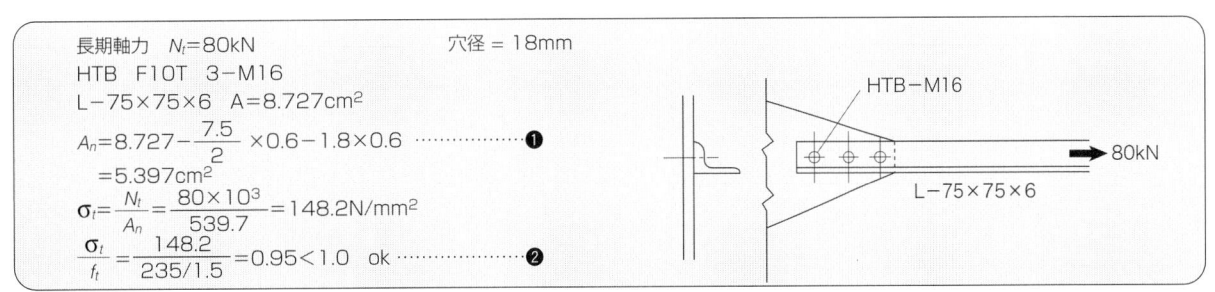

```
長期軸力　Nt=80kN          穴径 = 18mm
HTB　F10T　3-M16
L-75×75×6　A=8.727cm²
An=8.727 - 7.5/2 ×0.6 - 1.8×0.6 ……❶
  =5.397cm²
σt = Nt/An = 80×10³/539.7 = 148.2N/mm²
σt/ft = 148.2/(235/1.5) = 0.95<1.0　ok ……❷
```

図5·16　山形鋼を用いた引張材の構造計算書

5・4 圧縮材

1. 圧縮材の設計方針

トラス部材，純筋かい構造の柱や圧縮筋かいなど，おもに材軸方向の圧縮力だけを受けるような部材のことを圧縮材という．本節では，この圧縮材について学ぶ．ラーメン骨組の柱や部材の中間点に荷重が作用するような圧縮材については，曲げと圧縮を同時に受けるので，本節ではなく5・6の柱のところで述べている．

圧縮材の検討をする場合には，骨組の解析によって得られた部材の圧縮軸力を用いて部材内に生じている圧縮応力度 σ_c を計算し，これが許容圧縮応力度 f_c を超えていないことを確認する．

$$\frac{N_c}{A} = \sigma_c < f_c \quad \cdots\cdots\cdots (5.23)$$

ここに，N_c は圧縮軸力，A は部材断面積である．なお，A は引張材のところで述べたような有効断面の考え方を用いる必要はないが，板要素が幅厚比制限を超える場合には，超えた部分の断面を考慮せずに考える．

5・2で詳細に学んだとおり，圧縮を受ける細長い部材は座屈現象が生じるため，部材の支持条件や断面の性能を設計の段階で適切に判断する必要がある．特に，材端の支持条件などは厳密に判断できない場合が多く，安全側に適切なモデル化をして設計を行っていく工学的な判断力が要求される．

2. 圧縮材の許容応力度

5・2の2で学んだとおり，圧縮材の弾性曲げ座屈荷重（オイラー座屈荷重）は，

$$P_{cr} = \frac{\pi^2 EI}{(kl)^2} \quad \cdots\cdots\cdots (5.24)$$

で求められる．ここで，$i = \sqrt{I/A}$（i：断面二次半径，I：断面二次モーメント）の関係を用いると，$I = i^2 A$ より，

$$P_{cr} = \frac{\pi^2 E i^2 A}{(kl)^2} \quad \cdots\cdots\cdots (5.25)$$

となり，応力度は，

$$\sigma_{cr} = \frac{P_{cr}}{A} = \frac{\pi^2 E i^2}{(kl)^2} \quad \cdots\cdots\cdots (5.26)$$

となる．ここで，細長比 $\lambda = kl/i$ を定義すると，

$$\sigma_{cr} = \frac{\pi^2 E}{\lambda^2} \quad \cdots\cdots\cdots (5.27)$$

となる．上式における λ と σ_{cr} の関係は図5・17に示す曲線 B-C-D である．ただし，σ_{cr} は材料強度である σ_y を超えることはできない．したがって，A-B-C-D の線で λ と σ_{cr} は関係づけられる．

ところで，ここまで述べた圧縮材の耐力は，部材に初期不整のまったくない理想的な部材を対象として考えたものである．しかし，現実に使われる鉄骨部材では，部材製作上避けられない初期たわみ（図5・18）や残留応力度（図5・19）の影響のため，細長比が $\lambda = \pi\sqrt{E/\sigma_y}$（B点）近辺の圧縮材は軸応力度が σ_y に到達するかなり前から座屈を生じ耐力を失う．そこで，設計では耐力が降伏軸力の60%に達したC点の段階で(5.26)式の曲線から離れるものと仮定し，C点で(5.26)式に接する二次式（Johnson式）を耐力式として用いる．このときのC点での細長比，

$$\Lambda = \pi \sqrt{\frac{E}{0.6\sigma_y}} \quad \cdots\cdots\cdots (5.28)$$

を限界細長比と呼ぶ．

以上のような考え方に基づき，長期荷重に対する圧縮材の許容応力度 f_c は降伏応力度 σ_y を F 値に対応させることによって，図5・20のように与えられる．ここに ν は安全率であり，$\lambda = 0$ のときに 1.5，λ が大きくなるほど座屈現象における各種不確定要因の影響が現われることを考慮して 1.5 より大きな安全率となるように設定されている．なお，限界細長比 Λ のときの ν は 13/6 である．これらの設計式は図5・17内に図示してある．弾性座屈曲線や降伏応力度との位置関係も含め，設計式の導かれた理論的背景を理解しておこう．

3. 圧縮材の座屈長さ

圧縮材の座屈長さは，座屈長さ係数 k と支点間距離 l で決まる．

座屈長さ係数については5・2の3で学んだとおりである．支点の水平移動の有無にも注意し，実際の設計では危険側にならないよう，十分な配慮が必要である．

また，一般的に柱部材の支点間距離 l は構造芯間の距離をとるようにする．

4. 設計例題

図5・21に示す構造計算書に従って圧縮材の設計例題の解説を行う．

❶ 部材断面を確認し，断面積 A，断面二次半径 i_y を計算する．付録の断面性能表を用いてもよい．両端ピン支持であるので，座屈長さ係数 k を 1.0 として細長比 λ_c を算定する．

❷ 図5・20に示す f_c を算出し，存在応力 σ_c よりも大きいことを確認する．

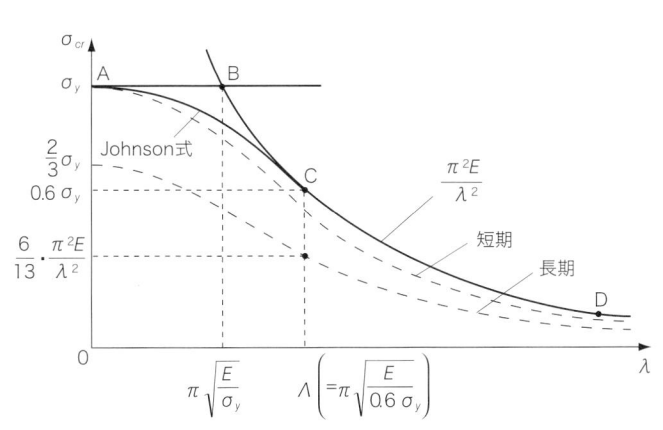

図5・17 圧縮材の座屈耐力曲線：圧縮材の強度は，弾性座屈耐力を表すEuler曲線と限界細長比以下の耐力を近似したJohnsonの放物線で表すことができる．

図5・18 初期たわみ：鉄骨部材には製作上避けられない初期たわみがある．部材内の最大たわみ量を部材長で割った値の平均値は1/2000程度である．

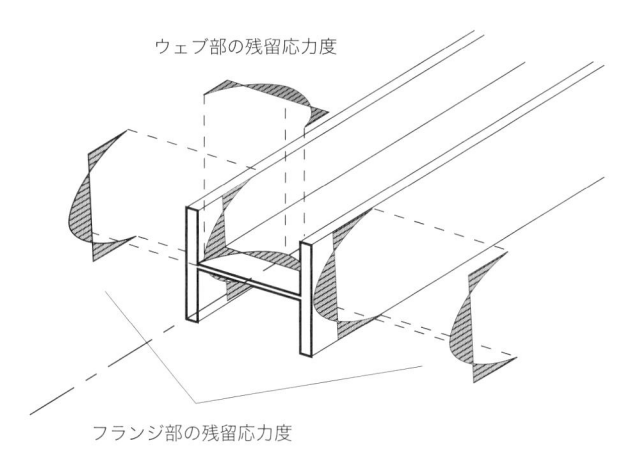

図5・19 残留応力度：圧延形鋼であっても圧延後の冷却時に板の端部と中央部では温度差が生じるため，冷却が完了するとこのような残留応力度が生ずる．板を溶接して製作した組み立て部材でも溶接の熱影響によって残留応力度が生ずる．

許容圧縮応力度

$\lambda \leq \Lambda$ のとき

$$f_c = \frac{\left\{1 - 0.4\left(\frac{\lambda}{\Lambda}\right)^2\right\}F}{\nu}$$

$\lambda > \Lambda$ のとき

$$f_c = \frac{0.277F}{\left(\frac{\lambda}{\Lambda}\right)^2}$$

記号　f_c：許容圧縮応力度
　　　λ：圧縮材の細長比（$=l_k/i$）
　　　l_k：座屈長さ
　　　i：座屈軸についての断面二次半径
　　　Λ：限界細長比 $\left(=\sqrt{\dfrac{\pi^2 E}{0.6F}}\right)$
　　　E：ヤング係数
　　　ν：曲げ座屈に関わる安全率 $\left(=\dfrac{3}{2}+\dfrac{2}{3}\left(\dfrac{\lambda}{\Lambda}\right)^2\right)$

図5・20 圧縮材の許容応力度

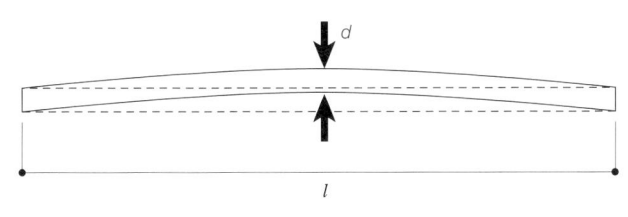

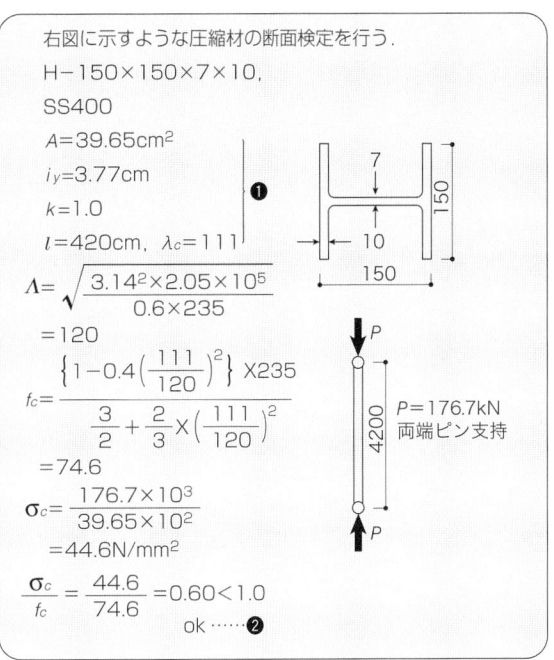

右図に示すような圧縮材の断面検定を行う．
H-150×150×7×10，SS400
$A = 39.65 \text{cm}^2$
$i_y = 3.77 \text{cm}$
$k = 1.0$
$l = 420 \text{cm}, \lambda_c = 111$ ❶

$\Lambda = \sqrt{\dfrac{3.14^2 \times 2.05 \times 10^5}{0.6 \times 235}}$
$= 120$

$f_c = \dfrac{\left\{1 - 0.4\left(\dfrac{111}{120}\right)^2\right\} \times 235}{\dfrac{3}{2} + \dfrac{2}{3} \times \left(\dfrac{111}{120}\right)^2}$
$= 74.6$

$\sigma_c = \dfrac{176.7 \times 10^3}{39.65 \times 10^2}$
$= 44.6 \text{N/mm}^2$

$\dfrac{\sigma_c}{f_c} = \dfrac{44.6}{74.6} = 0.60 < 1.0$
ok …… ❷

$P = 176.7 \text{kN}$
両端ピン支持

図5・21 圧縮材の構造計算書

5・5 梁

1. 梁の設計方針

主として，曲げモーメントとせん断力を受ける部材のことを梁という．図5・22に梁の断面形状の例を示す．一般的には，曲げモーメントに対する断面性能を高めたH形断面材が用いられる．また，トラス梁のような組み立て梁も用いられる．

梁は床に作用する鉛直荷重を支えると同時に，ラーメン構造では柱と一体となって水平力に抵抗する重要な部材となる．一方，梁の断面サイズは柱スパンや階高といった建築物の根本的な規模に大きく影響する．したがって，適切な梁断面を選択することは構造設計上極めて重要といえる．また，一般的に梁は人間が直接接する床を支持しているため，耐力的な問題だけでなくたわみや振動などによって人間の生活に不快感を与えたり，室の用途に悪影響を及ぼすようなことがあってはならない．これも梁に必要とされる重要な性能である．

梁の検討を行う場合には，骨組の解析によって得られた梁の曲げモーメントとせん断力を用い，部材内に生じている最大応力度 $_c\sigma_b$，$_t\sigma_b$ と τ_{max} を計算する．これらが，各許容応力度を超えないことを確認する．具体的には，下記の各式が満たされることを確認すればよい．

$$_c\sigma_b = \frac{M}{Z_c} < f_b \quad \cdots\cdots (5.29)$$

$$_t\sigma_b = \frac{M}{Z_t} < f_t \quad \cdots\cdots (5.30)$$

$$\tau_{max} = \frac{QS}{t_w I} < f_s \quad \cdots\cdots (5.31)$$

ここに，$_c\sigma_b$：圧縮側曲げ応力度，$_t\sigma_b$：引張側曲げ応力度，M：梁に生じる曲げモーメント，Z_c：圧縮側断面係数，Z_t：引張側断面係数，Q：せん断力，S：中立軸の片側部分の断面の中立軸に関する断面一次モーメント，t_w：ウェブ厚，I：梁の断面二次モーメント，f_b：許容曲げ応力度，f_t：許容引張応力度，f_s：許容せん断応力度である．

また，ボルト接合部においてはボルト孔による断面欠損があるため，ボルト孔を差し引いた有効断面を用いて存在する最大応力度を計算する必要がある．

2. 梁の許容応力度

5・2 の 4 で学んだとおり，曲げを受ける材は横座屈を考慮して曲げ耐力を評価する必要がある．以下，図5・23に示す梁部材について考える．(5.13)式で与えられる一般的な荷重条件の梁の横座屈耐力を次式のように応力度の形に書き改める．

$$\sigma_{cr} = \sqrt{\left(\frac{\pi\sqrt{EI_y GJ}}{l_b Z}\right)^2 + \left(\frac{\pi^2 E\sqrt{I_y \Gamma}}{l_b^2 Z}\right)^2} \quad \cdots\cdots (5.32)$$

ここに l_b は横補剛間隔であり，圧縮フランジの面外変形を拘束するような小梁などの間隔に相当する（図5・23）．

平方根内の第1項を $_s\sigma_{cr}^2$，第2項を $_w\sigma_{cr}^2$ とおくと，

$$\sigma_{cr} = \sqrt{_s\sigma_{cr}^2 + _w\sigma_{cr}^2} \quad \cdots\cdots (5.33)$$

となる．ここで，横座屈を圧縮側フランジの曲げ座屈と考えると，第1項において次式のような近似式が導入できる．

$$\left.\begin{array}{l} I_y \fallingdotseq \dfrac{t_f b^3}{6} = \dfrac{A_f b^2}{6} \\ J \fallingdotseq \dfrac{1}{3}(2bt_f^3) = \dfrac{2}{3}(A_f t_f^2) \\ Z \fallingdotseq A_f h_f \end{array}\right\} \quad \cdots\cdots (5.34)$$

ここに，t_f：フランジ厚，b：フランジ幅，A_f：フランジ断面積，h_f：上下フランジの重心間距離である．

これを用いれば，$_s\sigma_{cr}$ は次式となる．

$$_s\sigma_{cr} = \frac{\pi\sqrt{EI_y GJ}}{lZ} = \frac{0.65E}{\dfrac{lh_f}{A_f}} \quad \cdots\cdots (5.35)$$

上式の展開においては，E と G の関係として，

$$G = \frac{E}{2(1+\nu)} \quad \cdots\cdots (5.36)$$

を用いている．ここに ν は鋼材のポアソン比である．

一方，(5.32)式の第2項において，

$$\left.\begin{array}{l} \Gamma = \dfrac{1}{2}I_f h_f^2 \\ I_f = \dfrac{t_f b^3}{12} \\ I_y = 2I_f \\ \sqrt{I_y \Gamma} = I_f h_f \\ Z = A_f h_f + \dfrac{1}{6}t_w h_f^2 = \left(A_f + \dfrac{1}{6}A_w\right)h_f \\ A_w \fallingdotseq t_w h_f \end{array}\right\} \quad \cdots\cdots (5.37)$$

とおけば，

$$_w\sigma_{cr} = \frac{\pi^2 E\sqrt{I_y \Gamma}}{l^2 Z} = \frac{\pi^2 E}{\left(\dfrac{l}{i}\right)^2} \quad \cdots\cdots (5.38)$$

となる．上式における i は，圧縮側のフランジとそれに接続するウェブの1/6を加えた断面（図5・23）についての断面二次半径であり，

$$i = \sqrt{\frac{I_f}{A_f + \dfrac{1}{6}A_w}} \quad \cdots\cdots (5.39)$$

で表される．

(5.38)式は，図5・23に示す T 形断面を圧縮材と考え，

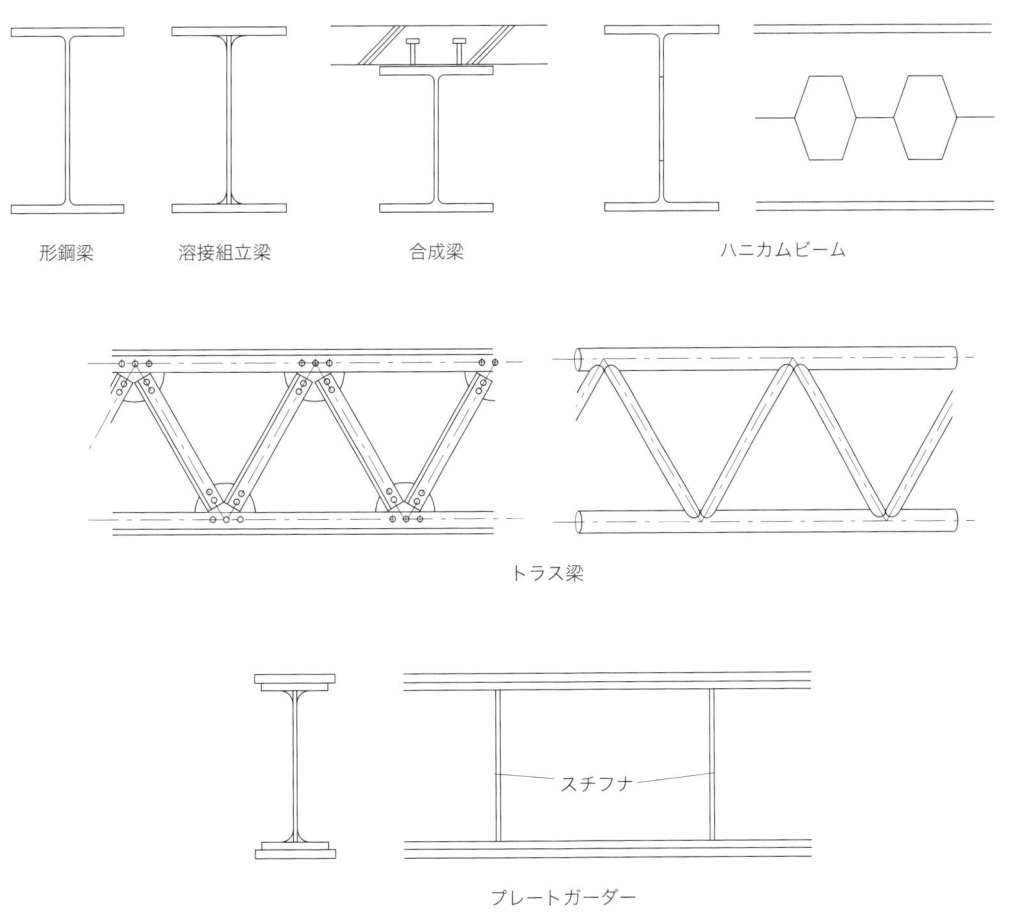

形鋼梁　　　溶接組立梁　　　合成梁　　　　　　　ハニカムビーム

トラス梁

プレートガーダー

図5·22　断面形状による主な梁材の分類

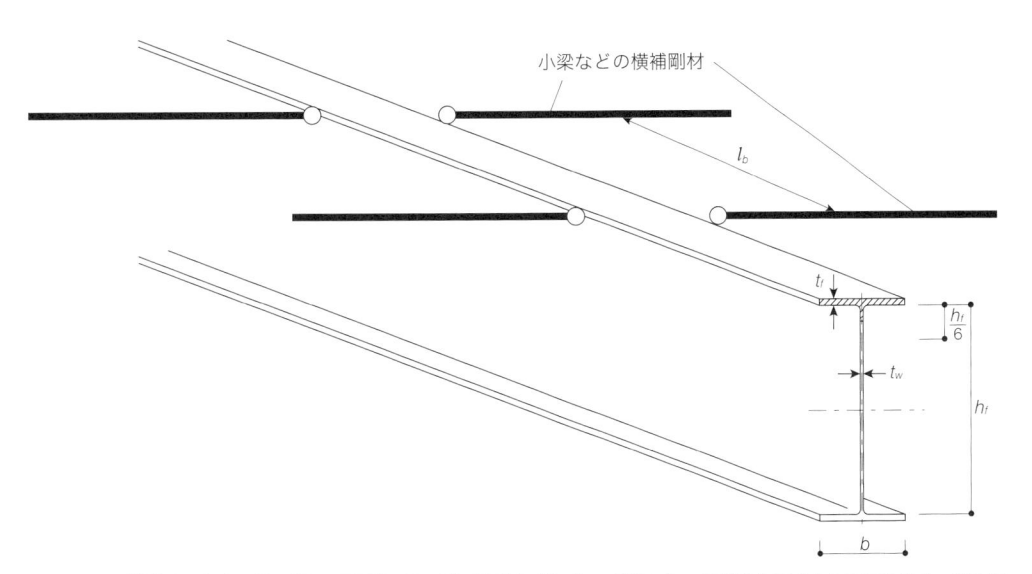

図5·23　横補剛を有する梁：梁の圧縮側フランジが小梁などによって横方向への変形を拘束されている場合，横座屈耐力を計算するための支点間距離は横補剛材の間隔となる．

第5章　部材設計

これが x 方向に曲げ座屈すると考えたときの弾性曲げ座屈荷重を表している．したがって，圧縮材のところで考えたのと同様に，残留応力度や初期たわみの影響を考慮すると，非弾性域の $_w\sigma_{cr}$ は次式となる．

$$_w\sigma_{cr} = \left[1.0 - 0.4\left\{\frac{(\frac{l}{i})}{\Lambda}\right\}^2\right]\sigma_y \quad \cdots\cdots (5.40)$$

Λ は限界細長比であり，圧縮材で定義した(5.28)式を用いて計算する．

こうして評価された $_s\sigma_{cr}$ と $_w\sigma_{cr}$ を(5.33)式に用いれば，横座屈に対する許容応力度が定められることになる．しかし，(5.33)式は実設計での利便性を考えるとやや煩雑である．そこで，

$$\sqrt{_s\sigma_{cr}^2 + _w\sigma_{cr}^2} \geq \max(_s\sigma_{cr}, _w\sigma_{cr}) \quad \cdots\cdots (5.41)$$

という近似を用いて，図5・24・1に示す安全側かつ簡便な設計式が用いられている．

3. 座屈長さ

梁の支点間に，梁の面外変形を拘束するような補剛がある場合には，その補剛区間の長さを横座屈を考えるときの座屈長さとする．ただし，横座屈補剛材は次式を満足するものとし，これを満たさない場合はその剛性や耐力の低下の割合に応じて座屈長さを十分割り増す必要がある．

$$F \geq 0.02C \quad \cdots\cdots\cdots\cdots\cdots\cdots\cdots (5.42)$$

$$k \geq 5.0\frac{C}{l_b} \quad \cdots\cdots\cdots\cdots\cdots\cdots\cdots (5.43)$$

ここで，F：横座屈補剛材の強度，C：梁断面に生ずる曲げ応力による圧縮側合力，k：横座屈補剛材の剛性，l_b：横座屈補剛材の間隔である．なお，C の計算にあたっては，設計では $C = A\sigma_y/2$ とする場合が多い．

4. たわみ，振動

人が直接接する構造要素は床であり，その床を支える構造要素が梁である．したがって，梁は床に要求されるたわみ制限や居住性などの性能に大きく影響を与えることから，たわみと振動に対して十分注意する．

a) たわみ

梁のたわみが過大になると，屋根や天井などの仕上げ材の損傷，あるいは床の傾斜による不快感や床上に設置された機器への悪影響等が発生する．したがって，仕上げ材や床に要求される性能に応じて梁に過大なたわみが生じないように留意すべきである．静的な外力に対する梁のたわみは，両端支持の梁ではスパンの1/300以下，片持梁の場合は1/250以下とする．

また，クレーン走行梁では，過大なたわみがスリップ，自走，クレーン作業への支障などにつながることがあるので，クレーンの走行速度に応じて以下のような制限を満たすように設計する．

① 走行速度 60m/min 以下での軽微なもの
　　　　　　　　　　　　　　　1/500〜1/800
② 走行速度 90m/min 以下での一般クレーン
　　　　　　　　　　　　　　　1/800〜1/1000
③ 走行速度 90m/min 以上または製鉄・製鋼用クレーンなど
　　　　　　　　　　　　　　　1/800〜1/1200

b) 振動

積載荷重の動的な効果によって梁が振動し，人に不快感を与えたり，精密作業や機器の動作に悪影響を及ぼす場合がある．したがって，梁はたわみについてだけではなく，振動についても検討しなければならない．一般に人間は鉛直方向の振動の場合 2.4Hz 程度が最も敏感であり，通常の床の固有振動数の範囲では振動数が低いほど感じやすいと言われる．また，床の固有振動数が 10Hz 以下だと，人間の歩行，小走りなどの動作との共振の可能性もある．したがって，梁にはこのような振動障害を防ぐため適切な剛性を持たせておくことが必要である．剛性とたわみの制限も一義的に数値を与えることは困難であり，加振源の特定とそれによって生じる梁の振動について実状にあわせた対策が必要である．

5. 設計例題1

第8章のモデル建物における小梁の設計例を示す．対象とする小梁は部材 B1（各階事務室）である．構造計算書を図5・25に示す．床面に作用する鉛直荷重，すなわち床および小梁の自重と積載荷重に対する検討を行う．使用鋼材は SN400A とする．

❶ 小梁に作用している単位長さあたりの等分布荷重の大きさ w を算出する．4・3で学んだとおり，小梁が負担する床面を決め，そこに作用する鉛直荷重（床の固定荷重＋積載荷重＋小梁自重）を分布荷重として作用させる．

❷ 小梁の配置間隔が 2.5m なので，図5・26のように床の支配幅も 2.5m となる．したがって，小梁の等分布荷重の大きさは単位面積あたりの床荷重 7.5kN/m² に支配幅をかけて求められる．

❸ ❷で得られた等分布荷重が小梁全体に作用するときの最大モーメント M_0 を計算する．スパン l の単純梁に等分布荷重 w が作用したときの梁中央の最大モーメ

許容曲げ応力度

a) 荷重面内に対称軸を有する圧延形鋼，プレートガーダー，その他の組立材で，幅厚比の制限を満足するものが，強軸周りに曲げを受ける場合（箱形断面を除く），材の圧縮側許容応力度は，次式のうちの大きい方をとる．ただし，圧縮側応力度，引張側応力度とも f_t を超えることはできない．

$$f_b = \left\{1 - 0.4 \frac{(l_b/i)^2}{C\Lambda^2}\right\} f_t \quad \cdots\cdots (a.1)$$

$$f_b = \frac{89000}{\left(\frac{l_b h}{A_f}\right)} \quad \cdots\cdots (a.2)$$

b) 鋼管，箱形断面材および荷重面内に対称軸を有し，かつ弱軸まわりに曲げを受ける材で幅厚比の制限に従う場合ならびに面内に曲げを受けるガセットプレートの圧縮および引張側許容曲げ応力度は f_t とする．

c) みぞ形断面材および荷重面内に対称軸を有しない材で幅厚比の制限に従う場合，材の圧縮側許容曲げ応力度は (a.2) 式による．ただし f_t を超えてはならない．

f_b：許容曲げ応力度（N/mm²）
l_b：圧縮フランジの支点間距離（mm）
i：圧縮フランジと梁せいの1/6とからなるT形断面の，ウェブ軸まわりの断面二次半径

$$C = 1.75 + 1.05\left(\frac{M_2}{M_1}\right) + 0.3\left(\frac{M_2}{M_1}\right)^2 \leq 2.30$$

M_2, M_1 はそれぞれ座屈区間端部における小さい方および大きい方の強軸まわりの曲げモーメント．(M_2/M_1) は単曲率の場合負，複曲率の場合正とする．区間中間のモーメントが M_1 ，より大きい場合には $C=1.0$ とする．

h：梁のせい（mm）
A_f：圧縮フランジの断面積（mm²） $\Lambda = \sqrt{\frac{\pi^2 E}{0.6 F}}$：限界細長比
E：ヤング係数（N/mm²）

図5・24・1 梁の許容曲げ応力度（建築基準法）

なお，図5・24・1に示す許容曲げ応力度は建築基準法に定められている鋼構造曲げ材の許容応力度である．日本建築学会では，(5.14)式で示した弾性横座屈荷重を使った細長比 λ_b に応じて図5・24・2のように許容曲げ応力度を与えている．

---

a) 強軸まわりに曲げを受ける材（矩形中空断面を除く）の圧縮側許容曲げ応力度は，❶～❸式による．

$\lambda_b \leq {}_p\lambda_b$ のとき，$f_b = \frac{F}{\nu}$ ❶

${}_p\lambda_b < \lambda_b \leq {}_e\lambda_b$ のとき，
$f_b = \frac{\left\{1 - 0.4 \frac{\lambda_b - {}_p\lambda_b}{{}_e\lambda_b - {}_p\lambda_b}\right\} F}{\nu}$ ❷

${}_e\lambda_b < \lambda_b$ のとき，$f_b = \frac{1}{\lambda_b^2} \frac{F}{2.17}$ ❸

ここに $\lambda_b = \sqrt{\frac{M_y}{M_e}}$ ❹ ${}_e\lambda_b = \frac{1}{\sqrt{0.6}}$ ❺

i) 補剛区間内で曲げモーメントが直線的に変化する場合
${}_p\lambda_b = 0.6 + 0.3\left(\frac{M_2}{M_1}\right)$ ❻

ii) 補剛区間内で曲げモーメントが最大となる場合
${}_p\lambda_b = 0.3$ ❼ $C = 1.0$ ❽

$M_e = C\sqrt{\frac{\pi^4 E I_y \cdot E I_w}{l_b^4} + \frac{\pi^2 E I_y \cdot GJ}{l_b^2}}$ ❾

記号
f_b：許容曲げ応力度，λ_b：曲げ材の細長比
l_b：圧縮フランジの支点間距離 $\nu = \frac{3}{2} + \frac{2}{3}\left(\frac{\lambda_b}{{}_e\lambda_b}\right)^2$
${}_e\lambda_b$：弾性限界細長比，${}_p\lambda_b$：塑性限界細長比
C：許容曲げ応力度の補正係数（(5.15)式）
M_e：弾性横座屈モーメント（(5.14)式の M_{cr} と同じ）
Z：断面係数，I_y：弱軸まわりの断面2次モーメント
I_w：曲げねじり定数（(5.17)式の Γ と同じ）
G：せん断弾性係数
J：サンブナンのねじり定数（(5.16)式）
M_y：降伏モーメント（$M_y = F \cdot Z$）
M_1, M_2：それぞれ座屈区間端部における大きいほう，小さいほうの，強軸まわりの曲げモーメント．(M_2/M_1) は複曲率の場合正，単曲率の場合負とする．

図5・24・2 梁の許容曲げ応力度（日本建築学会鋼構造許容応力度設計規準）

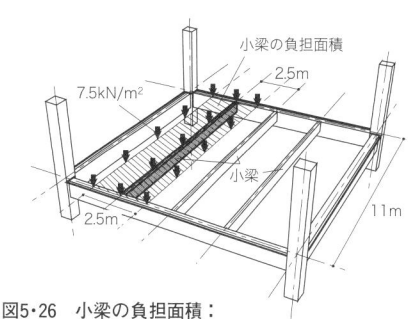

図5・26 小梁の負担面積：
1本の小梁が負担する床荷重の範囲は，隣接する小梁または大梁との中間までの範囲とする（デッキの方向が小梁と直交の場合．4.3の1参照のこと）．

鋼材は SN400A とする．
スラブ荷重は等分布荷重として算定する． ❶

一般の事務室 11mスパン B1 梁にて検討する．
床支配幅 2.50m
$w = 7.50 \times 2.50 = 18.75$ kN/m ❷

$M_0 = \frac{1}{8} \times 18.75 \times 11.0^2 = 283.6$ kN·m ❸

$Q = \frac{1}{2} \times 18.75 \times 11.0 = 103.1$ kN ❹

H-550×200×9×19（フィレット $r=13$mm）

$\frac{b}{t} = \frac{100}{19} = 5.3 < 16$

$\frac{d}{t} = \frac{(550 - 2 \times 19 - 2 \times 13)}{9} = 54.0 < 71$ ❺

r：フィレット半径

幅厚比を満足しているので，全断面有効とする．$I = 64600$ cm⁴，$Z = 2350$ cm³，$A = 123.5$ cm² ❻

圧縮フランジ（上端）はコンクリート床にて拘束されているので，
$f_b = f_t = 235/1.5 = 156$ N/mm² とする． ❼

$\frac{\sigma_b}{f_b} = \frac{283.6 \times 10^6}{2350 \times 10^3 \times 156} = 0.77 < 1.00$ ❽

$\delta = \frac{5 \times 18.75 \times 11.0^4 \times 10^9}{384 \times 205 \times 64600 \times 10^4} = 27.0$ mm $= \frac{l}{408} < \frac{l}{300}$ ❾

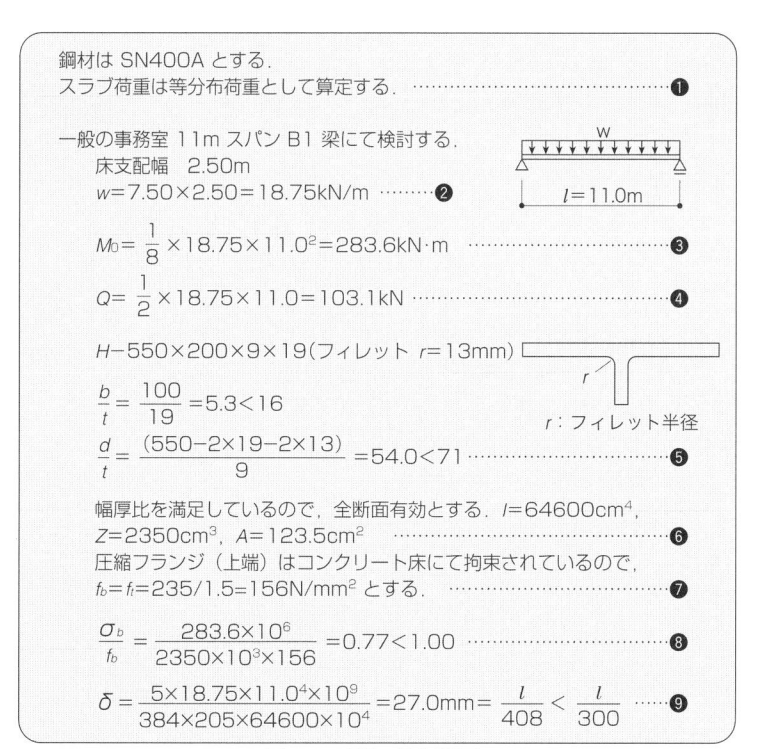

図5・25 小梁の構造計算書

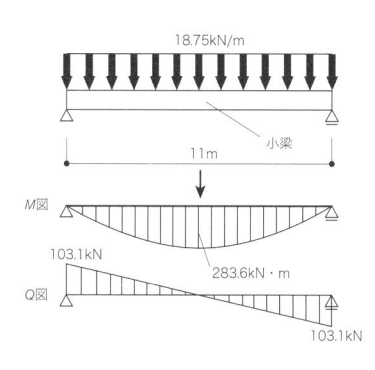

図5・27 等分布荷重が作用するときの小梁のモーメント図とせん断力

第5章 部材設計

ントは $wl^2/8$ で与えられる.

❹ 同様に, ❷で得られた等分布荷重が作用するときの最大せん断力 Q を計算する. この小梁のモーメント図およびせん断力図は図5·27（p.49）となる.

❺ 圧延 H 形鋼ではフランジとウェブの取り合い部にフィレットがあるので, ウェブの幅厚比を検討するときにその分を差し引いてもよい.

❻ 小梁の断面サイズを確認し, 断面二次モーメント I, 断面係数 Z, 断面積 A を算出する. このとき, 全断面有効かどうかを幅厚比規定に照らして確認する.

❼ この小梁は等分布荷重を受ける単純梁でモデル化できる. しかし, 横座屈によって面外に変形すると考えられる圧縮側のフランジ, つまり上フランジにはコンクリートの床スラブが取り付いているため, この小梁は横座屈せず, 曲げに対する許容応力度は横座屈を考慮しないときの許容応力度 f_t で評価できるものと仮定する.

❽ 以上の情報から, 小梁内に生ずる最大曲げ応力度 σ_b が梁の許容曲げ応力度 f_b を超えていないかを確認する. σ_b は,

$$\sigma_b = \frac{M_0}{Z} \quad \cdots\cdots\cdots\cdots\cdots\cdots\cdots\cdots (5.44)$$

で計算し, 長期許容曲げ応力度 f_b は図5.24 から求められる. σ_b と f_b の比が 1.0 以下になるかどうかをチェックすればよい.

❾ 同様に, 小梁に生ずる最大たわみ δ が梁のたわみの許容値 $l/300$ を超えていないかを確認する. δ は等分布荷重下の単純梁の中央たわみ量であるから,

$$\delta = \frac{5wl^4}{384EI} \quad \cdots\cdots\cdots\cdots\cdots\cdots\cdots\cdots (5.45)$$

で計算する.

以上の検討により, 小梁の部材断面について確認が終了した. 一般的にはこのあと梁端のせん断応力度の確認と仕口の検討が行われる.

6. 設計例題 2

第8章のモデル建物における大梁の設計例題を図5·28 に示す. 対象とする部材は2階2列 B-C 間の大梁である.

❶ 大梁端部ではウェブも柱に接合されているため, 厳密にはウェブの効果も考慮すべきである. しかし, ウェブが接合されている鋼管柱の位置にはフランジと違ってダイアフラムのような補強板が入っておらず, 柱鋼管板要素の面外曲げ変形が容易に生ずること, また, その効果を厳密に考慮するにはかなり煩雑な計算が必要となり, ウェブを無視しても安全側であることから, 部材端部での断面係数はフランジのみを有効として算定している.

❷ 骨組での応力解析の結果を示したものである. 曲げモーメントとせん断力を部材の端部（B端, C端）と中央それぞれについて一覧表示している. M は曲げモーメント, Q はせん断力であり, 添え字の L は長期荷重時, E は地震荷重時, S は長期と地震時を足し合わせた短期荷重時を表す. 地震力については, 左方向から加力した場合と, 右方向から加力した場合について計算する. さらに, それぞれの応力を長期荷重時の応力と足し合わせ, 絶対値の大きい方の応力をチェックの対象とする.

❸ 幅厚比規定に基づいて全断面有効であることを確認し, 母材の断面係数と座屈長さを算出している.

❹ ❶を受けて, 曲げモーメントに対してフランジのみを有効としたときの断面係数 Z_f を算出している.

❺ 仕口の詳細は図5·29 に示すとおりである. スカラップによるウェブの断面欠損は, スカラップ部の鉛直方向のせい2カ所分をウェブのせいから差し引いたものとなる. それを用い, せん断力を負担できるウェブの有効断面積 A_s を算出している.

❻ 梁の許容応力度 f_b の算定に際し, モーメント勾配による修正係数 C を求める必要がある. 梁に生ずる曲げモーメントを長期荷重時, 地震荷重時（右方向加力）, それらの足し合わせ時について表示したものが, 図5·30 である. 大梁間に3本の小梁を等間隔で入れていることから, 横補剛位置は梁スパンの4等分点となる. この各補剛区間について求められる C を用いて f_b を計算する. 通常はモーメントの大きい梁両端についてチェックすればよい. 図5.24（a.1）式, （a.2）式から梁の左端の区間について f_b を計算すると（a.2）式が f_t を超えるため, ここでは $f_b = f_t$ となる.

❼ 存在応力度 σ_b が❻で求めた許容応力度を下回っているかを確認する.

❽ ❼と同様に, 存在せん断応力度 τ が許容せん断応力度 f_s を超えていないかを確認する. τ はせん断力が最大となる右方向加力時 B 端の Q_s を用いる. $f_s = f_t/\sqrt{3}$, $\tau = Q/A_s$ より, $\tau/f_s = Q/(A_s \times f_t/\sqrt{3})$ を計算している. なお, 厳密には, せん断応力度 τ は(5.31)式を用いて算定すべきであるが, 一般的な H 形断面では(5.31)式と Q/A_s の差はわずかなため, 実用上は Q/A_s で検討して差しつかえない.

求められた応力により大梁の断面検討を行う．端部断面の断面係数はフランジのみを有効として算定する．　　　　　　　　　　　　　　　　　　　　　　❶

2階2列B-C間

位置	B端	中央	C端
M_L(kN·m)	470.5	−306.4	315.5
M_E,左(kN·m)（左加力）	−692.1	70.1	832.3
M_E,右(kN·m)（右加力）	692.1	−70.1	−832.3
M_S(kN·m)（左加力）	−221.6	−236.3	1147.8
M_S(kN·m)（右加力）	1162.6	−376.5	−516.8
Q_L(kN)	221.5	14.1	−193.3
Q_E,左(kN)（左加力）	−138.6	−138.6	−138.6
Q_E,右(kN·m)（右加力）	138.6	138.6	138.6
Q_S,左(kN·m)（左加力）	82.9	−124.5	−331.9
Q_S,右(kN)（右加力）	360.1	152.7	−54.7

❷

H−600×300×12×28 （フィレット　r=13mm）
SN490B材

$$\frac{b}{t}=\frac{150}{28}=5.4<13$$

$$\frac{d}{t}=\frac{(600-28\times2-13\times2)}{12}=43.2<61$$

幅厚比を満足していることより，全断面有効である．
$Z=5160\text{cm}^3$, $l_b=275\text{cm}$, $i_b=8.22\text{cm}$　　　　　　　❸

$$Z_f=\left\{\frac{30\times60^3}{12}-\frac{30\times(60-2\times2.8)^3}{12}\right\}\times\frac{1}{30}=4580\text{cm}^3 \quad ❹$$

仕口部スカラップは35mmとする．
$A_S=(60-2.8\times2-3.5\times2)\times1.2=56.88\text{cm}^2$　　　　❺
右加力時B端短期にて検討する．
　　短期許容曲げ応力度　　　　　　　　　　　　　　　　❻

$$\Lambda=\sqrt{\frac{\pi^2E}{0.6F}}=\sqrt{\frac{3.14^2\times2.05\times10^5}{0.6\times325}}=101.9$$

$$\lambda_b=\frac{l_b}{i_b}=\frac{275}{8.22}=33.5$$

$$C=1.75+1.05\left(\frac{M_2}{M_1}\right)+0.3\left(\frac{M_2}{M_1}\right)^2$$

$$=1.75+1.05\times\left(\frac{-218.2}{1162.6}\right)+0.3\times\left(\frac{-218.2}{1162.6}\right)^2=1.56$$

短期　$f_{b1}=\left(1-0.4\times\frac{33.5^2}{1.56\times101.9^2}\right)\times\frac{325}{1.5}\times1.5=316$

短期　$f_{b2}=\frac{89000\cdot A_f}{l_b\cdot h}\times1.5=\frac{89000\times300\times28}{2750\times600}\times1.5=680$

$f_b>f_t$ より　短期　$f_b=325\text{N/mm}^2$

$\frac{\sigma_b}{f_b}=\frac{1162.6\times10^6}{4580\times10^3\times325}=0.78<1.00$　　　　　　❼

$\frac{\tau}{f_s}=\frac{360.1\times10^3}{56.88\times10^2\times187}=0.34<1.00$　　　　　　❽

図5・28　大梁の構造計算書

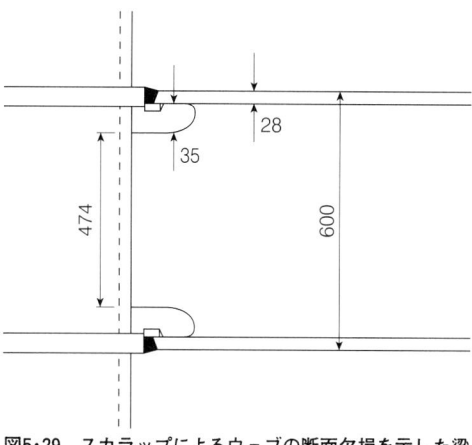

図5・29　スカラップによるウェブの断面欠損を示した梁端部仕口の仕様

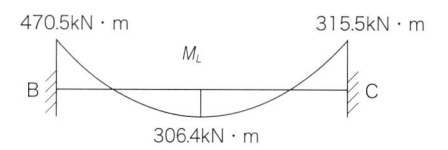

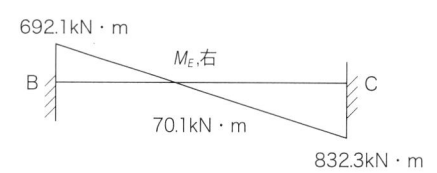

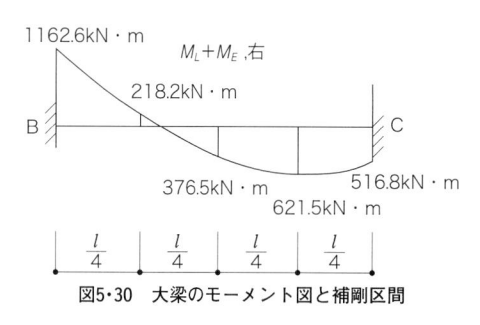

図5・30　大梁のモーメント図と補剛区間

以上で大梁断面の検討は終了し，次に，大梁の横補剛について検討を行う．構造計算書を図5·31に示す．

❶部材の調達を効率的に行うため，本設計例の場合は横補剛材をすべての梁について同一断面とする方針である．よって，最も高い補剛性能を必要とするであろう最大断面の梁を代表させて確認する．

❷梁断面の$A/2$にσ_yの軸力が入った場合を想定して，Fを（5.42）式から算出している．

❸同様に，必要剛性を（5.43）式から算出する．

❹用いる補剛材断面をSTKR400，□-100×100×2.3と仮定し，幅厚比制限を満足することから，全断面有効であることを確認している．それに基づいてAとiを算出している．

❺補剛材の細長比から，圧縮材としての短期許容応力度f_cを図5·20より計算している．

❻❷の軸力時の圧縮応力度σ_cが❺で求めたf_cを超えないことを確認している．

❼補剛材の軸剛性$A \cdot E/l$が❸で求めた必要剛性を満たしているかを確認している．

5·6 柱

1. 柱の設計方針

圧縮力と曲げモーメントを同時に受ける部材を柱という．ラーメン構造の柱がこれに相当する．柱の断面材には図5·32に示すようなものが用いられる．また，比較的高層の建物では，曲げ性能に対する方向性やねじりに対して閉断面が有利なことなどから，角形鋼管が一般的に用いられている．

柱は長期荷重としての鉛直力を支持するとともに，短期荷重時には水平力による曲げモーメントと軸力が長期荷重に加算される．したがって，柱は軸力と曲げモーメントの組み合わせ応力に対して安全でなくてはならない．曲げ耐力は軸力変動の影響を受けるため，これを適切に評価することが重要である．

2. 軸力と曲げを受ける材

a) 軸圧縮力と曲げモーメントを同時に受ける材

圧縮と曲げを同時に受ける部材をモデル化すると図5·33のようになる．部材には曲げ応力度と圧縮応力度が同時に作用すること，および曲げによって生じたたわみと軸圧縮力による付加的な曲げモーメントが作用することの2点が柱の特徴である．

この力学モデルにおいて，軸力Pと曲げモーメントMの相関関係を表すと，次式となる．

$$\frac{P}{P_y} + \frac{M}{M_y} \cdot \frac{1}{1 - \frac{P}{P_E}} \leq 1 \quad \cdots\cdots（5.46）$$

ここに，Pは作用軸力，Mは作用曲げモーメント，P_yは降伏軸力（$=A \cdot \sigma_y$），M_yは軸力のない場合の降伏曲げモーメント（$=Z \cdot \sigma_y$），P_Eは中心圧縮柱のオイラーの座屈荷重$P_E = \pi^2 EI/l^2$である．細長比l/iが大きくなるほどPとMの関係は直線から離れ，P/P_Eの影響が顕著となる．図5·34は上式の限界時を図示したものである．一般的に用いられている柱の細長比では，P/P_Eの項の影響は小さいことから，（5.46）式は次式で近似できる．

$$\frac{P}{P_y} + \frac{M}{M_y} \leq 1 \quad \cdots\cdots（5.47）$$

b) 軸力と曲げを受ける材の設計式

（5.47）式のP_y，M_yを座屈を考慮した耐力P_{cr}，M_{cr}で置きかえると，次式となる．

$$\frac{P}{P_{cr}} + \frac{M}{M_{cr}} \leq 1 \quad \cdots\cdots（5.48）$$

設計では，上式のP_{cr}，M_{cr}をそれぞれ圧縮材および梁の許容応力度f_c，f_bで置きかえた式が用いられている．軸力と曲げを受ける材の設計式を図5·35に示す．

c) 柱の座屈長さ

5·2の3で学んだように，圧縮材の座屈長さは材端の支持条件によって変化する．したがって柱の場合，柱に連続する梁の曲げ剛性に応じて座屈長さを考える必要がある．水平移動が拘束されないラーメンの柱の座屈長さについては，付図3(p.117)に示してある．

横補剛材を各階共通の断面とするため，最大の梁断面である．
H-600×300×12×28
(SN490B, $A=234.7cm^2$, $i_y=7.33cm$)
に対して検討する． …… ❶
梁補剛間隔最小値 $l_b=250cm$
横補剛材設計軸力
$F = 0.02 \cdot \dfrac{A \cdot \sigma_y}{2}$
$= \dfrac{0.02 \times 234.7 \times 10^2 \times 325}{2} \times 10^{-3} = 76.3 kN$ …… ❷

必要剛性
$k = 5.0 \cdot \dfrac{A \cdot \sigma_y}{2 \cdot l_b} = 5.0 \times \dfrac{234.7 \times 10^2 \times 325}{2 \times 2500} \times 10^{-3}$
$= 7.63 kN/mm$ …… ❸

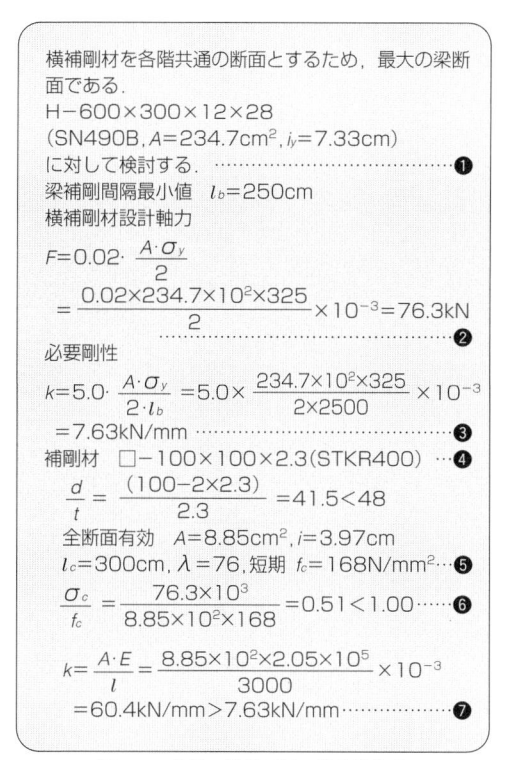

補剛材 □-100×100×2.3 (STKR400) …… ❹
$\dfrac{d}{t} = \dfrac{(100 - 2 \times 2.3)}{2.3} = 41.5 < 48$
全断面有効 $A = 8.85cm^2$, $i = 3.97cm$
$l_c = 300cm$, $\lambda = 76$, 短期 $f_c = 168 N/mm^2$ …… ❺
$\dfrac{\sigma_c}{f_c} = \dfrac{76.3 \times 10^3}{8.85 \times 10^2 \times 168} = 0.51 < 1.00$ …… ❻

$k = \dfrac{A \cdot E}{l} = \dfrac{8.85 \times 10^2 \times 2.05 \times 10^5}{3000} \times 10^{-3}$
$= 60.4 kN/mm > 7.63 kN/mm$ …… ❼

図5・31　大梁の横補剛材の構造計算書

図5・32　柱に用いられる各種断面形：比較的高層の建物では角形鋼管が一般的．

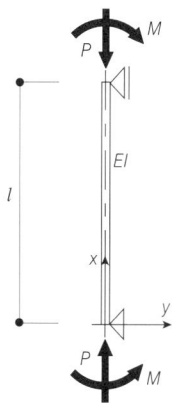

図5・33　曲げ応力度と圧縮応力度を同時に受ける材（柱）の力学モデル

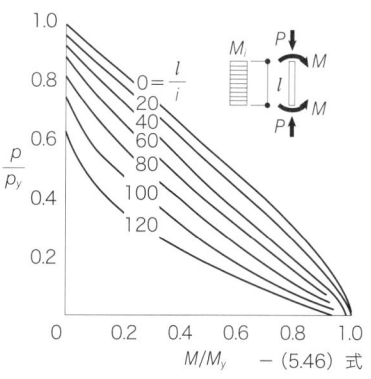

図5・34　柱の圧縮耐力 P と曲げ耐力 M の相関関係：P, M ともに，降伏軸力 P_y と降伏曲げモーメント M_y で無次元化して示している．

a）圧縮力と曲げモーメント
　圧縮力 N と曲げモーメント M を受ける部材の断面は，次式を満足するように定める．
$$\dfrac{\sigma_c}{f_c} + \dfrac{{}_c\sigma_b}{f_b} \leq 1$$
かつ,
$$\dfrac{{}_t\sigma_b - \sigma_c}{f_t} \leq 1$$
ここに，
　f_c：許容圧縮応力度
　f_b：許容曲げ応力度
　f_t：許容引張応力度
　σ_c：平均圧縮応力度（$=N/A$）
　${}_c\sigma_b$：圧縮縁曲げ応力度（$=M/Z_c$）
　${}_t\sigma_b$：引張縁曲げ応力度（$=M/Z_t$）
　A：全断面積
　Z_c：圧縮側断面係数
　Z_t：引張側断面係数

b）引張力と曲げモーメント
　引張力 T と曲げモーメント M を受ける部材の断面は，次式を満足するように定める．
$$\dfrac{\sigma_t + {}_t\sigma_b}{f_t} \leq 1$$
かつ,
$$\dfrac{{}_c\sigma_b - \sigma_t}{f_b} \leq 1$$
ここに，
　σ_t：平均引張応力度（$=T/A_e$）
　A_e：有効断面積

c）圧縮力と2軸曲げを受ける場合
　圧縮力 N と，断面の2つの主軸まわりに同時に曲げモーメント M_x, M_y を受ける柱材の断面は，次式を満足するように定める．
$$\dfrac{\sigma_c}{f_c} + \dfrac{{}_c\sigma_{bx}}{f_{bx}} + \dfrac{{}_c\sigma_{by}}{f_{by}} \leq 1$$
かつ,
$$\dfrac{{}_t\sigma_{bx} + {}_t\sigma_{by} - \sigma_c}{f_t} \leq 1$$
ここに
　f_{bx}：主軸xまわりの許容曲げ応力度
　f_{by}：主軸yまわりの許容曲げ応力度
　${}_c\sigma_{bx}$：主軸xまわりの曲げに対する圧縮縁曲げ応力度（$=M_x/Z_{xc}$）
　${}_c\sigma_{by}$：主軸yまわりの曲げに対する圧縮縁曲げ応力度（$=M_y/Z_{yc}$）
　${}_t\sigma_{bx}$：主軸xまわりの曲げに対する引張縁曲げ応力度（$=M_x/Z_{xt}$）
　${}_t\sigma_{by}$：主軸yまわりの曲げに対する引張縁曲げ応力度（$=M_y/Z_{yt}$）

図5・35　軸力と曲げモーメントを同時に受ける材の設計式

第5章　部材設計

3. 設計例題

第8章のモデル建物における1階2-C柱について断面検討を行う．構造計算書は図5・36に示す通りである．

❶骨組の構造解析を行った段階では，各部材は線材にモデル化されているため，得られている柱脚のモーメントは図5・37に示すとおり，基礎梁芯位置のモーメントである．実際には基礎梁内の柱部分の座屈を考慮する必要はないため，鉄骨断面としては基礎梁上端位置で検討している．このことを最初に確認している．

❷x方向，y方向それぞれの方向の曲げに対し，柱頭と柱脚における軸力N, 曲げモーメントM, せん断力Qを一覧にしたものである．添え字のLは長期鉛直荷重，Eは地震時荷重を表す．

❸幅厚比を確認し，全断面が有効であることを明記している．

❹純ラーメン構造であるから，梁の水平移動は拘束されていない．また，接続する梁の剛性との関係から，柱の有効座屈長さを求めている（付図3(p.117)参照）．

なお，梁の剛性にはスラブ有効幅による剛性の割増し効果（ϕ）を見込んでいる．ϕの考え方の詳細については，日本建築学会による各種合成構造設計指針を参照のこと．

❺柱の有効座屈長さから求められる許容圧縮応力度f_c, および箱型断面の許容曲げ応力度f_bを計算している．f_bは図5・24より，f_tに等しくなる．

❻図5・35に示す圧縮力と曲げモーメントを受ける場合の検討を行っている．

求められた応力により柱の断面検討を行う．
地震時柱脚部モーメントは基礎梁面の値を用いる．………………………………………❶

1階2-C柱

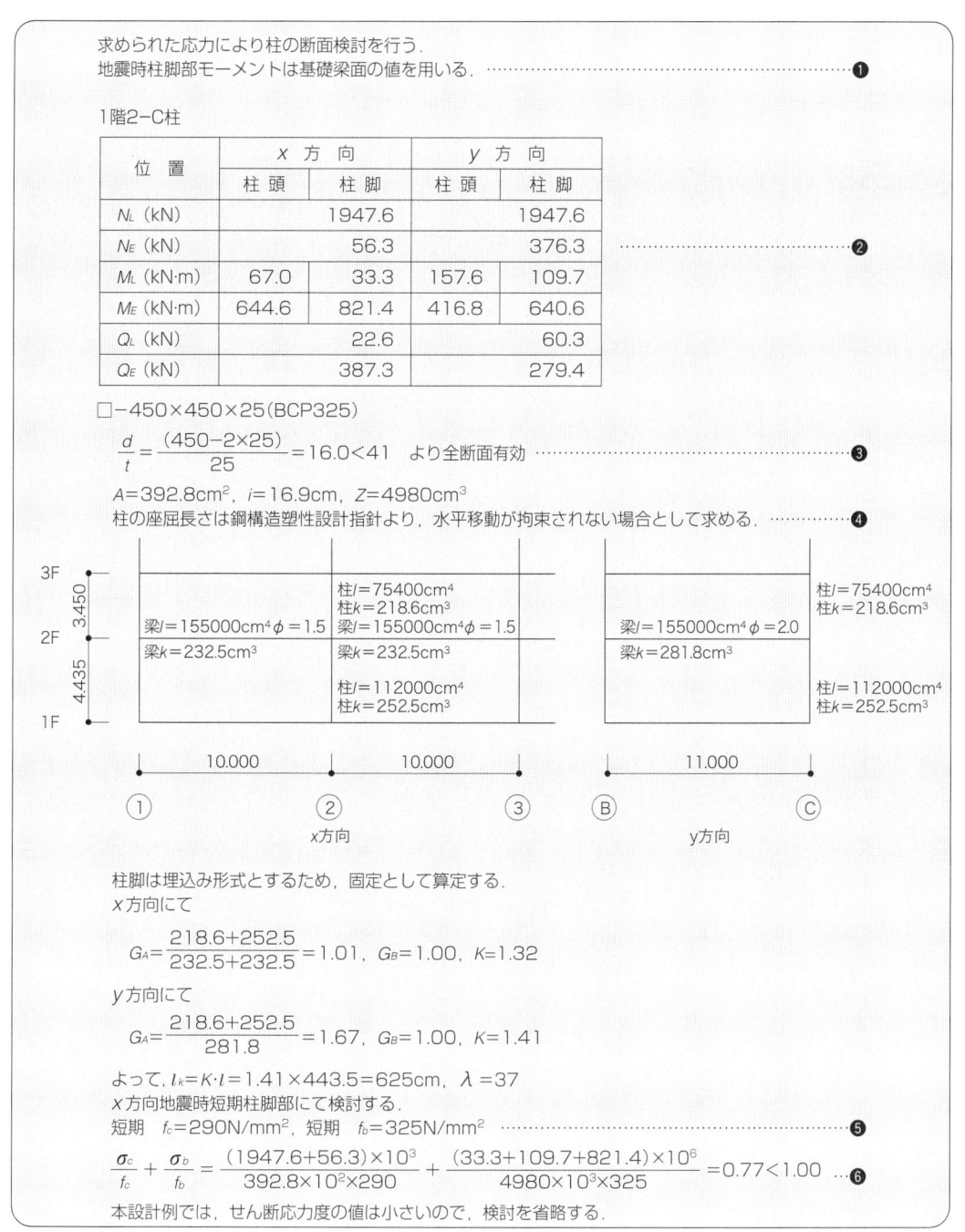

位　置	x 方 向		y 方 向	
	柱頭	柱脚	柱頭	柱脚
N_L (kN)	1947.6		1947.6	
N_E (kN)	56.3		376.3	
M_L (kN·m)	67.0	33.3	157.6	109.7
M_E (kN·m)	644.6	821.4	416.8	640.6
Q_L (kN)	22.6		60.3	
Q_E (kN)	387.3		279.4	

❷

□-450×450×25(BCP325)

$$\frac{d}{t}=\frac{(450-2\times25)}{25}=16.0<41 \quad \text{より全断面有効} \cdots❸$$

$A=392.8\text{cm}^2, i=16.9\text{cm}, Z=4980\text{cm}^3$

柱の座屈長さは鋼構造塑性設計指針より，水平移動が拘束されない場合として求める．………❹

(図：骨組モデル　x方向・y方向
3F―2F 間 3.450，2F―1F 間 4.435
x方向 スパン 10.000, 10.000（①②③）
y方向 スパン 11.000（Ⓑ Ⓒ）
柱I=75400cm⁴, 柱k=218.6cm³
梁I=155000cm⁴ φ=1.5, 梁k=232.5cm³
柱I=112000cm⁴, 柱k=252.5cm³
y方向 梁I=155000cm⁴ φ=2.0, 梁k=281.8cm³)

柱脚は埋込み形式とするため，固定として算定する．
x方向にて

$$G_A=\frac{218.6+252.5}{232.5+232.5}=1.01, \quad G_B=1.00, \quad K=1.32$$

y方向にて

$$G_A=\frac{218.6+252.5}{281.8}=1.67, \quad G_B=1.00, \quad K=1.41$$

よって，$l_k=K\cdot l=1.41\times443.5=625\text{cm}, \lambda=37$
x方向地震時短期柱脚部にて検討する．
短期 $f_c=290\text{N/mm}^2$，短期 $f_b=325\text{N/mm}^2$ ………………………………………❺

$$\frac{\sigma_c}{f_c}+\frac{\sigma_b}{f_b}=\frac{(1947.6+56.3)\times10^3}{392.8\times10^2\times290}+\frac{(33.3+109.7+821.4)\times10^6}{4980\times10^3\times325}=0.77<1.00 \cdots❻$$

本設計例では，せん断応力度の値は小さいので，検討を省略する．

図5・36　柱の構造計算書

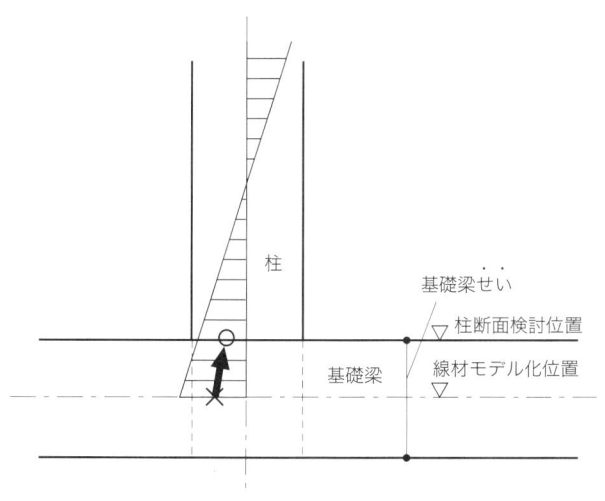

図5・37　基礎梁芯位置における柱脚モーメントの取り方

第6章 接合部設計

6・1 概説

　鋼材は均質で方向性がほとんどなく，品質の高い材料である．したがって，建築物全体に対して材料の連続性を保持して応力伝達をなめらかにし，局所的な弱点を作らないことが効率的に鉄骨構造物の安全性を高める上で重要となる．こうした意味から，鉄骨部材どうしをつなぎ合わせる接合部は建築物全体の安全性を左右する極めて重要な部位である．

　しかし，接合部は設計，加工，施工のいずれの段階においても手間と時間がかかる．設計では，力学的に見て合理的であり，かつ加工や施工をやりやすくする納まりが要求される．また，加工の段階では施工を問題なく進めるための高い精度と，溶接部の信頼性が要求される．特に，溶接部は人為的な不確定要因が入りやすい箇所であり，この品質管理の良否が建築物全体の安全性を大きく左右することを忘れてはならない．いずれにしても，接合部がもつべき役割と加工や施工上の制約，問題点を充分理解した上で接合部設計を進めることが必要である．

　現在，鉄骨構造物で一般的に用いられる接合方法は，高力ボルト接合と溶接接合である．胴縁や外壁下地材などの構造上主要でない部分にはボルト接合も用いられる．

6・2 高力ボルト接合

1. 高力ボルトの種類

　高力ボルト接合では，所定のボルト張力を適切に発生させることが性能を確保する上で最も重要である．したがって，表6・1に示すように，使用材料の機械的な性質に応じてボルト，ナット，座金の組み合わせがJIS B 1186に定められている．鉄骨建築物では一般にF10Tが用いられ，F8Tは溶融亜鉛めっきボルトとして用いられることが多い．なお，この表に示したもの以外にF11Tが存在するが，遅れ破壊（ある年数経過した後，外見上ほとんど変形を伴わず脆性的に破断する現象）が指摘されて現在ではほとんど使用されていない．ボルト軸径については，メートルねじであることを表すMをつけ，M12，M16等と呼称する．JISに定められている高力ボルトは六角ボルトセットであるが，これ以外に日本鋼構造協会規格（JSS II-09）に定められているトルシア型高力ボルトがある（図6・1）．トルシア型高力ボルトでは，所定のトルクでピンテールが破断する機構になっており，導入軸力の管理が容易なため現在では主流となっている．

2. 高力ボルト摩擦接合

a) 概要

　図6・2に示すように，接合する板要素を高いボルト張力で締め付けて摩擦力を発生させ，この摩擦力によって部材どうしを接合する方法を高力ボルト摩擦接合という．摩擦力が応力の伝達方法であるため，以下のような利点がある．

①接合板要素間の滑りが生じないため，高い初期剛性が得られる．

②繰り返し荷重が作用してもボルト張力に変動が生じないため，疲労強度が高い．

③過大な外力によって接合部に滑りが生じても，ボルトのせん断抵抗により高い耐力を発揮する（図6・3）．

④高力ボルト，ナット，座金は適切な設計張力が発生するように品質管理されているため，強度のばらつきが少なく，人為的な不確定要因が発生する確率が低い．

　一方，注意すべき点としては以下のような項目が挙げられる．

①導入されたボルト軸力によって充分な摩擦力が発生するように，摩擦面の処理を適切に行わなくてはならない．摩擦面は黒皮を除去し，赤さびが浮いた状態を保っておくことが重要である（図6・3）．

②必要なボルト軸力が導入されているかを適切に管理しなければならない．ナット締め付け時に，締め付けトルクを確認することで管理できる．

b) 摩擦接合の許容耐力

　摩擦接合の許容耐力 S_f は次式で与えられる．

$$S_f = \frac{1}{\nu} \cdot n \cdot \mu \cdot B_0 \quad \cdots \cdots \cdots (6.1)$$

　ここに，B_0：設計ボルト張力，μ：滑り係数，ν：滑りに対する安全率，n：摩擦面の数である．摩擦面の数とは図6・4に示すように，接合する板要素が接触している面の数である．

　ボルトとの表現上の整合をとるため，鋼構造設計規準では（6.1）式に $\nu=1.5$，$n=1$，$\mu=0.45$ を代入し，得られた S_f を便宜上高力ボルトの軸部断面積で除して表6・2に示すような許容応力度を与えている．なお，接合

表6・1 高力ボルトの種類

| 機械的性質による種類 | 等級の組み合わせ |||
	ボルト	ナット	座金
1種	F8T	F10 (F8)	F35
2種	F10T	F10	

( ) 内はなるべく使用しない

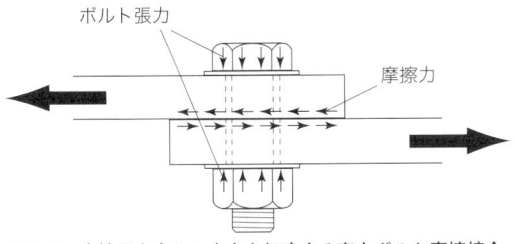

図6・2 摩擦面を介して応力を伝達する高力ボルト摩擦接合

図6・1 所定のトルクでピンテールが破断するトルシア型高力ボルト（左）とJISに定められている六角高力ボルト（右）

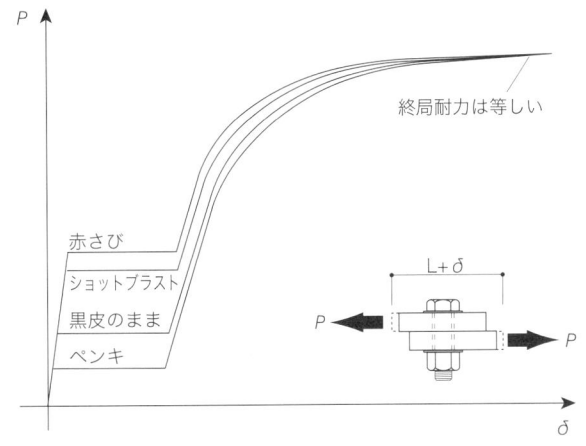

図6・3 高力ボルト摩擦接合による引張力と変形量の関係：摩擦面を介して応力伝達が行われている範囲では，摩擦面の状態によって滑り係数が変わるが，ボルトの支圧によって応力を伝達するメカニズムに変わってから終局状態を迎えるため，終局耐力は摩擦面の状態にかかわらず等しくなる．

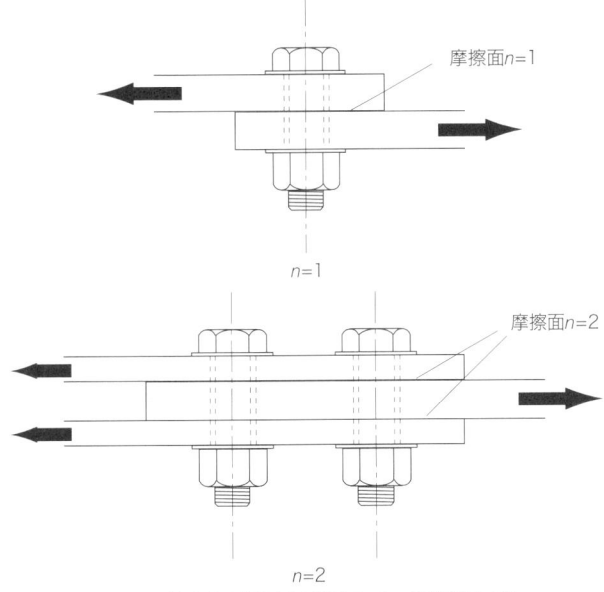

図6・4 接合する板要素が接触している摩擦面の数

表6・2 高力ボルトおよびボルトの長期応力に対する許容応力度および破断応力度（N/mm²）

材料		引張	せん断	支圧	破断応力度
高力ボルト	F8T	250	120	—	800
	F10T	310	150	—	1000
ボルト	SS400 SM400のボルト	120	70	293	400

第6章 接合部設計

部の破断防止の検討において必要となる破断応力度の値も表中に併せて示した.

設計実務にあたっては,ボルトサイズに応じて1本あたりの許容耐力表を用いると便利である.長期応力に対する許容耐力をF10Tの場合について表6・3に示す.なお,短期応力に対する許容耐力は長期許容耐力の1.5倍である.

この許容耐力を適用するには,表6・4に示す設計ボルト張力が確保されていなければならない.なお,施工時にはボルト張力のばらつきを考慮し,設計ボルト張力の10%増に相当する張力で締付けを行っている.

3. 引張接合

図6・5に示すように,接合面の摩擦ではなく高力ボルト自身に引張力が作用するような用い方をする場合がある.これを,高力ボルトの引張接合と呼ぶ.この接合部の引張力とボルト張力の関係を模式的に示すと図6・6のようになる.図中,B_0 は高力ボルトに導入された初期軸力,P_{sep} は接合された板が面外変形を全くしないと仮定したときに接合面が離れ始める瞬間の荷重(離間荷重)である.引張荷重の増加に従い,ボルトの軸力はボルトの軸剛性と板接触面の圧縮剛性に比例して増加する.

実際の接合部では,高力ボルトの軸剛性に比べ板接触面の圧縮剛性はかなり高いので,ボルトの軸力増分はごくわずかとなる.接合された板要素の面外変形がないと考えると,ボルト軸力と引張力が等しくなった時点で接触している板の離間が生じる.しかし,現実には接合されている板の面外変形が生じ,この面外変形に伴い図6・7のようなてこ反力が生じる.このてこ反力はボルト軸力を増加させる方向に働くため,実際の接合部では図6・6の ab'c' のような関係を示し,離間荷重は P_{sep} よりも1割程度小さくなる.したがって,鋼構造設計規準ではボルトの初期導入軸力の90%を安全率1.5で除した値を長期応力に対する許容応力度として表6・2のように定めている.また,許容引張力は表6・3に示すとおりである.

なお,引張力とせん断力が同時に作用する場合には,それぞれの応力の足し合わせ効果を考慮する.

6・3 ボルト接合

1. 一般事項

高力ボルト接合が接触面の摩擦力によって応力を伝達するしくみであったのに対し,接触面の摩擦には期待せず,図6・8のようにボルトのせん断抵抗力によって応力を伝達するものをボルト接合という.

ボルト接合にはボルト軸部と孔との隙間(クリアランスと呼ぶ)分だけ遊びが存在し,初期すべりが発生する.したがって,ボルト接合には以下のような使用上の制限が設けられている.

① 振動や繰り返し応力が作用する部分では,ナットの緩みが生じる可能性があるため,使用してはならない.
② 軒の高さが9mを超え,またはスパンが13mを超える鉄骨構造物の構造上主要な部分には用いてはならない.
③ ただし,ボルト孔の径をボルトの公称軸径の+0.2mm以下にした場合には②の制約を受けない.

2. ボルトの種類

建築構造物で一般的に用いられるボルトは六角ボルトである.六角ボルトの形状および寸法は,JIS B 1180 および JIS B 1181 に規格が定められている.機械的性質は SS400,SM400 等の構造用鋼材とほぼ同等である.

3. ボルトの許容耐力

ボルト接合部では,板要素に作用する応力は孔の側壁とボルト軸部の支圧力を介してボルトにせん断力を発生させる.したがって,図6・9に示すような3つの破壊モードが存在する.ボルト接合部の耐力は,この3つの破壊モードのうち,耐力の最も小さいものとなる.

ボルトの許容耐力は許容せん断耐力 R_s,および接合板要素の許容支圧力 R_p で次式のように与えられている.

$$R_s = \frac{\pi d^2}{4} \cdot f_s \ (1面せん断) \quad \cdots\cdots (6.2)$$

$$R_s = \frac{\pi d^2}{2} \cdot f_s \ (2面せん断) \quad \cdots\cdots (6.3)$$

$$R_p = d \cdot t \cdot f_p \quad \cdots\cdots (6.4)$$

ここに,d はボルトの軸径,t は接合材の板厚のうち薄い方の値(2面せん断の場合は一方の板厚は2枚の板厚の和となる)である.また,f_s,f_p は許容せん断応力度および許容支圧応力度であり,表6・2に示す.

なお,設計実務に当たっては,表6・5に示す許容耐力の一覧表を用いると便利である.高力ボルトと同様,短期応力に対する許容耐力は長期の1.5倍である.

6・4 高力ボルトおよびボルトの設計留意点

1. 孔径

ボルト,および高力ボルトの孔径は表6・6に示す値とする.建て方時の施工性を考えるとボルト孔径は大きい

表6・3 高力ボルトの長期応力に対する許容耐力 (kN)

高力ボルトの種類	ボルトの呼び	ボルト軸径 (mm)	ボルト孔径 (mm)	ボルト軸断面積 (mm²)	ボルト有効断面積 (mm²)	設計ボルト張力 (kN)	許容せん断力 1面摩擦 (kN)	許容せん断力 2面摩擦 (kN)	許容引張力 (kN)
F10T	M12	12	14.0	113	84	56.5	17.0	33.9	35.1
	M16	16	18.0	201	157	101	30.2	60.3	62.3
	M20	20	22.0	314	245	157	47.1	94.2	97.4
	M22	22	24.0	380	303	190	57.0	114	118
	M24	24	26.0	452	353	226	67.9	136	140
	M27	27	30.0	573	459	286	85.9	172	177
	M30	30	33.0	707	561	353	106	212	219

表6・4 高力ボルトの設計ボルト張力 (kN)

高力ボルトの種類 \ 呼び径	M12	M16	M20	M22	M24	M27	M30
F8T	45.2	80.4	126	152	181	229	283
F10T	56.5	101	157	190	226	286	353

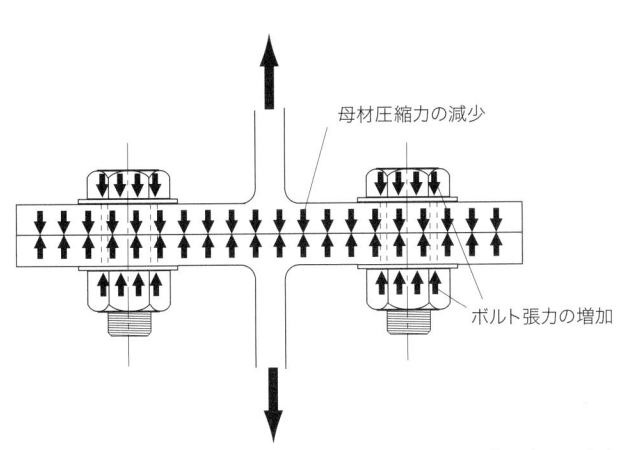

図6・5 接合面の摩擦ではなく高力ボルト自身に引張力を作用させる高力ボルト引張接合

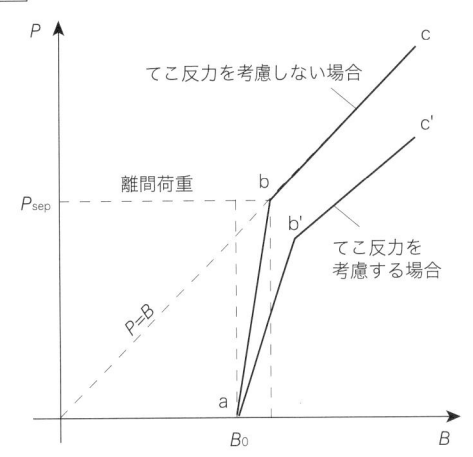

図6・6 高力ボルト引張接合における引張力とボルト張力の関係

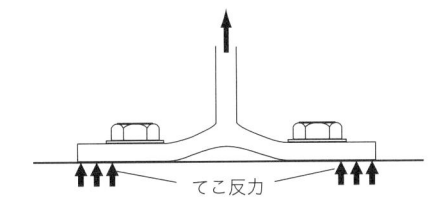

図6・7 接合された板の面外変形によって生じるてこ反力

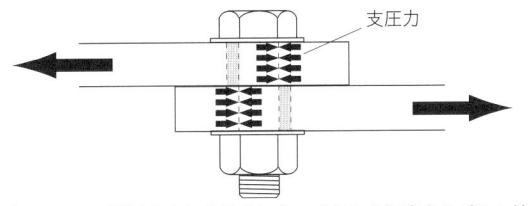

図6・8 ボルトのせん断抵抗力と支圧力によって応力を伝達するボルト接合

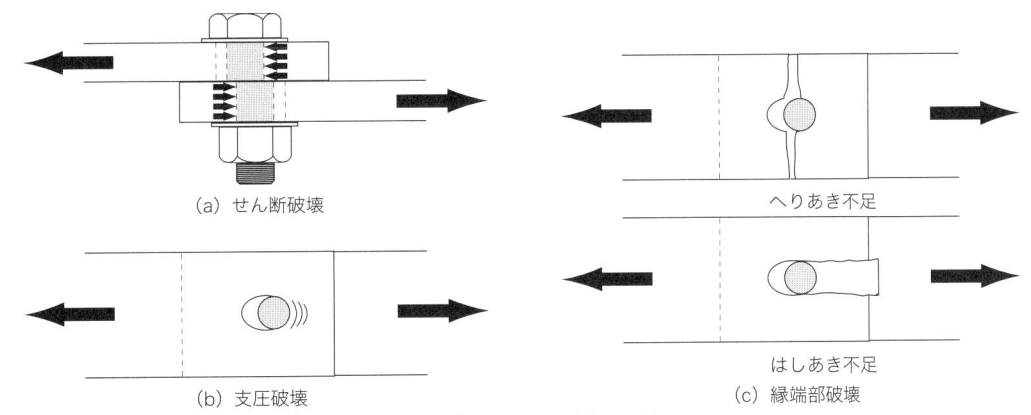

(a) せん断破壊
(b) 支圧破壊
(c) 縁端部破壊
へりあき不足
はしあき不足

図6・9 ボルトの3つの破壊モード

表6・5 長期応力に対するボルトの許容耐力 (F=235N/mm²の鋼材を接合する場合)

ボルトの呼び	ボルト軸径 (mm)	ボルト孔径 (mm)	ボルト軸断面積 (mm²)	許容せん断力 (kN) 1面せん断	許容せん断力 (kN) 2面せん断	許容支圧力 (kN) 板厚 (mm) 1.6	2.3	3.2	4.0	4.5	6.0	8.0	9.0	10.0	12.0	許容引張力 (kN)
M12	12	12.5	113	7.9	15.8	5.6	8.1	11.3	14.1	15.9	21.2	—	—	—	—	13.6
M16	16	16.5	201	14.1	28.1	7.5	10.8	15	18.8	21.2	28.2	37.6	—	—	—	24.1
M20	20	20.5	314	22.0	44.0	9.4	13.5	18.8	23.5	26.4	35.3	47	52.9	58.8	—	37.7
M22	22	22.5	380	26.6	53.2	10.3	14.9	20.7	25.9	29.1	38.8	51.7	58.2	64.6	77.6	45.6
M24	24	24.5	452	31.7	63.3	11.3	16.2	22.6	28.2	31.7	42.3	56.4	63.5	70.5	84.6	54.3

表6・6 ボルト, 高力ボルトの孔径

種類	孔径	
ボルト	$d+0.5$	
高力ボルト	$d<27$mm	$d+2.0$
	$d>27$mm	$d+3.0$

第6章 接合部設計

方が楽であるが，過大な孔は剛性や耐力の低下につながるため，安易に孔径を大きくしたり施工時に孔を開け直したりすることは厳禁である．

2. 最小縁端距離

図6·9に示した破壊モードを生じにくくするため，孔の縁端距離を十分にとる必要がある．縁端距離については，孔径に応じて表6·7の値を確保する．ただし，引張材の接合部においてせん断を受けるボルトおよび高力ボルトが応力方向に3本以上並ばない場合は，端部ボルトおよび高力ボルト孔中心から応力方向の接合部端部までの距離は公称軸径の2.5倍以上とする．

3. ピッチ，ゲージ

複数のボルトで効率よく応力の伝達を行うためには，各ボルトが負担する応力を可能な限り均一にすることが重要である．特にボルト列線上の本数を多くすると応力の分担は不均等になり，外側のボルトほど大きな応力を負担する傾向がある．したがって，一列上のボルト本数が多くなる場合にはボルトサイズを大きくするか，あるいは列数を増やすなどの対策を講じる．

また，隣接するボルトとの間隔は支圧力による孔間板要素の破壊や施工性の面でも適切な距離にしておくことが重要である．力方向のボルト間隔をピッチ，ゲージラインの間隔をゲージと呼ぶ．ピッチの最小値は，ボルト公称軸径の2.5倍以上としなければならない．また，より円滑な応力の伝達を行うには，最小値を割り増す．鋼構造設計規準では，この考え方に基づきゲージ，ピッチおよびゲージとピッチの位置関係について表6·8〜表6·10が推奨されている．ただし，必要以上の間隔はピッチ間での板座屈を発生させるため，最小板厚の$330/\sqrt{F}$倍以下，かつ300mm以下でなくてはならない．

4. フィラー

スプライスプレートを2枚用いた2面せん断形式のボルト接合の場合，接合する板の厚さに差があるときは図6·10aのようなフィラーを挿入する．

また，フランジ厚に勾配のついた溝形鋼などでは，厚さの変化に応じた勾配付きの座金を用い，ボルトに付加曲げが作用しないようにする（図6·10b）．

5. その他

前項までに示した項目以外に，高力ボルト接合あるいはボルト接合においては以下の点にも留意することが必要である．

図6·11に示すように比較的厚い板を少ない本数のボルトで1面せん断接合させる場合，2枚の板の図心軸と荷重の作用軸線が一致しないためボルトには引張力が付加される．また，板要素にも面外方向の曲げ力が作用する．このような付加力は接合部の剛性を低下させるとともに，降伏や破断を早める一因となるため，可能な限り接合要素の図心軸を一致させるようにする．

同一接合部におけるフランジとウェブのボルト径は，なるべく揃えておくと施工性が高い．

6·5 溶接接合

1. 概要

2つの金属材料の接合部を加熱溶融して結合させる方法を溶接という．等方性，均質性の高い鋼材という材料を連続的に結合させる方法であるため，以下のような長所がある．

①力学的な連続性が保てることから，高い剛性，耐力が得られる．
②高力ボルト接合，ボルト接合のようなメカニカルな接合方法に比べると接合部設計の自由度が高い．
③スプライスプレート，ガセットプレート，フィラーなどが必要ないため，材料が節約できる．
④穴をあける必要がない．

一方，短所としては，以下のような点が挙げられる．
①溶接時の熱影響によって鋼材の材質が変化し，靱性が大きく低下することがある．
②溶接環境，溶接技能者の技術など，不確定要因，人為的要因が溶接性能に及ぼす影響が大きい．
③溶着金属冷却時に残留応力が発生する．
④局所的な高温のために，板要素にそりが発生する．

溶接接合部の脆性的な破断現象は古くから指摘はされていたが，1995年の兵庫県南部地震では実構造物において多発し，あらためて品質管理が問題となった．熱影響による材質の変化はある程度避けられないものであり，人為的な不確定性も多く含まれる可能性があることを理解した上で接合部の設計を行い，比較的品質管理の容易な高力ボルト接合やボルト接合との適切な使い分けが重要である．

2. 溶接の種類

溶接には図6·12に示すような種類がある．このうち，建築構造物によく使われる溶接の種類として，被覆アーク溶接，サブマージアーク溶接，ガスシールドアーク溶接の3種類について解説する．

表6・7　縁端距離

ボルト径 (mm)	縁端の種類	
	せん断縁 手動ガス切断縁	圧延縁・自動ガス切断縁・のこ引き縁・機械仕上げ縁
12	22	18
16	28	22
20	34	26
22	38	28
24	44	32
27	49	36
30	54	40

表6・9　ピッチ　（単位：mm）

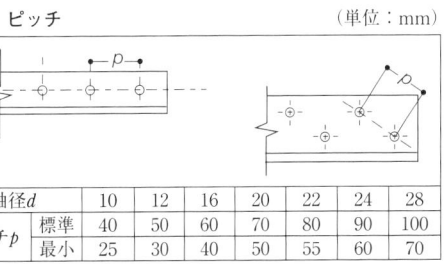

軸径 d	10	12	16	20	22	24	28
ピッチ p 標準	40	50	60	70	80	90	100
ピッチ p 最小	25	30	40	50	55	60	70

表6・8　形鋼のゲージ　（単位：mm）

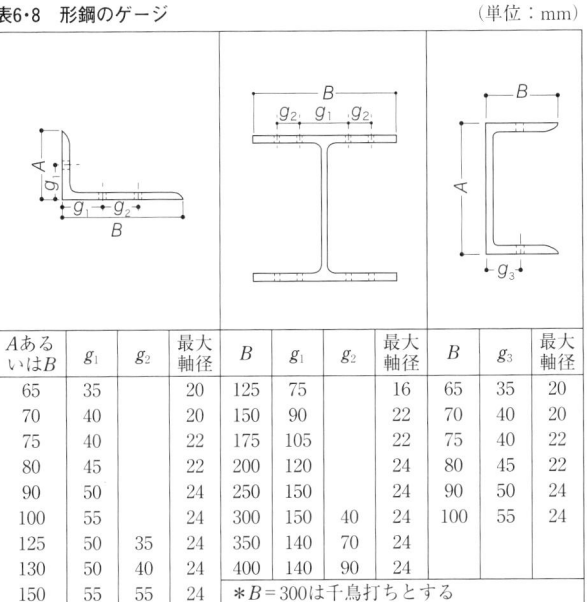

AあるいはB	g_1	g_2	最大軸径	B	g_1	g_2	最大軸径	B	g_3	最大軸径
65	35		20	125	75		16	65	35	20
70	40		20	150	90		22	70	40	20
75	40		22	175	105		22	75	40	22
80	45		22	200	120		24	80	45	22
90	50		24	250	150		24	90	50	24
100	55		24	300	150	40	24	100	55	24
125	50	35	24	350	140	70	24			
130	50	40	24	400	140	90	24			
150	55	55	24	*B＝300は千鳥打ちとする						
175	60	70	24							
200	60	90	24							

表6・10　千鳥打ちのゲージとピッチ　（単位：mm）

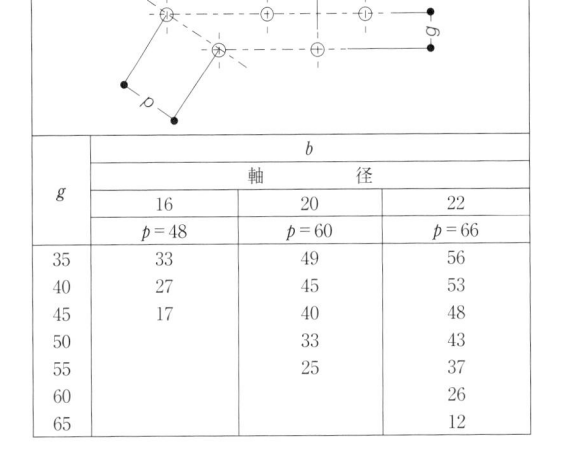

g	b 軸径		
	16 $p=48$	20 $p=60$	22 $p=66$
35	33	49	56
40	27	45	53
45	17	40	48
50		33	43
55		25	37
60			26
65			12

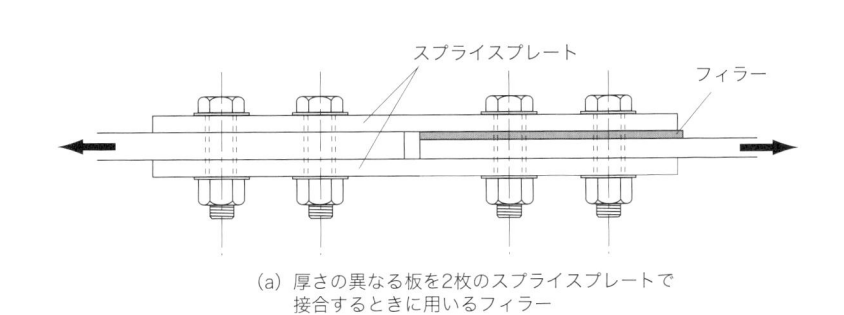

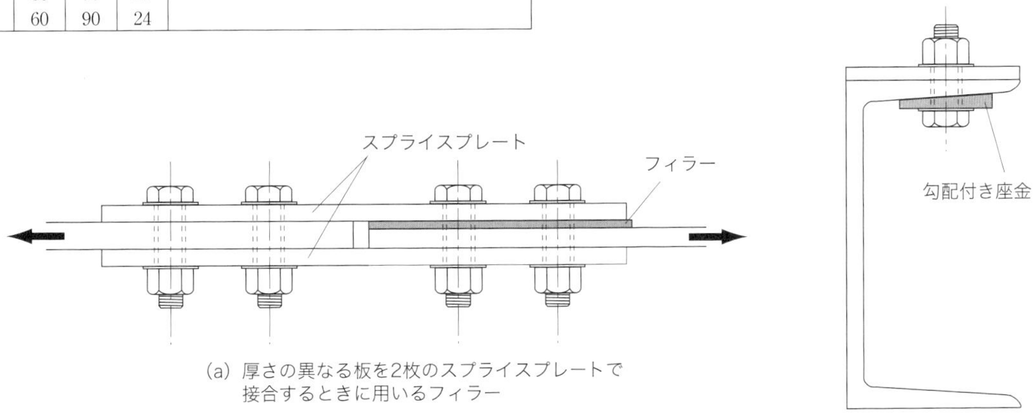

(a) 厚さの異なる板を2枚のスプライスプレートで接合するときに用いるフィラー

(b) 板厚の変化した部分をボルトで接合するときに用いる勾配付き座金

図6・10　板厚差を埋めるために用いる，フィラー，勾配付きの座金

図6・11　厚い板を少ないボルト本数で1面せん断接合させる場合の板要素間の図心のずれ

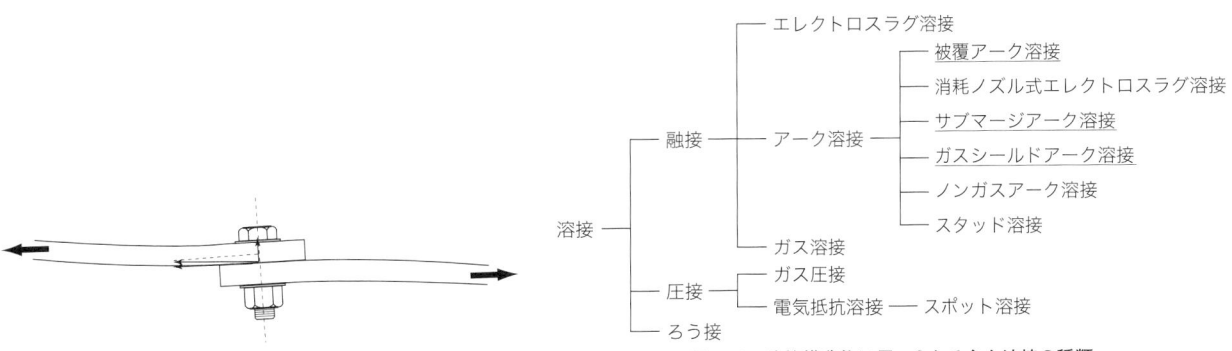

図6・12　建築構造物に用いられる主な溶接の種類

第6章　接合部設計

a）被覆アーク溶接

溶接棒と母材の間に高圧電流によるアーク（電弧）を発生させ，そのアークの高熱（6,000度前後）で溶けた母材（溶融池）の中に溶接棒の心線を溶け落とすことで溶着金属を形成し母材を接合する．これがアーク溶接と呼ばれる溶接の方法である．アーク溶接では，アークを大気と遮断して安定させること，溶着金属中に炭素や窒素，あるいは有害な物質が混じらないようにすることが品質を確保する上で重要である．

被覆アーク溶接は，図6·13に示すように溶着金属となる心線の回りを固形フラックスで被覆した溶接棒を用いる方法であり，固形フラックスが燃焼するときに CO_2 等のガスを発生して大気とアークを遮断する．また，溶融池表面にスラグを作って溶着金属を覆い，急速な凝固や冷却を押さえる働きがある．

溶接棒は母材の材質や作業状態に応じて適したものを選択する必要があり，JIS Z 3211, JIS Z 3212 に品質が規定されている．また，溶接棒を保管するときは湿気を避け，開封後は乾燥器に入れる．

b）ガスシールドアーク溶接

固形フラックスの代わりに炭酸ガス，アルゴン，ヘリウムなどの不活性ガスを溶接棒周囲のノズルから吹き出し，アークが大気に触れるのを防ぐ方法がガスシールドアーク溶接である．鉄骨加工工場における溶接方法として最も一般的に用いられている．

c）サブマージアーク溶接

粉状，あるいは粒状のフラックスを溶接する部分に盛り上げておき，その中に電極を繋いだ溶接棒を突っ込んでフラックスの中でアークを発生させる溶接方法である．アークの熱で溶けたフラックスは被覆アーク溶接と同様の効果をもたらす．大気との遮断効果が高く，大電流の使用による高い作業性と良好な品質確保が特徴である．ロボット溶接に主に用いられる（図6·14）．

3．溶接継目の種類

建築でよく用いられる溶接継目の種類には，完全溶込み溶接（突合せ溶接），隅肉溶接，部分溶込み溶接，プラグ溶接，スロット溶接などがある．ここでは，最もよく用いられる方法として，完全溶込み溶接，隅肉溶接，部分溶込み溶接について述べる．

a）許容応力度

各溶接継目の許容応力度は表6·11に示す通りである．完全溶込み溶接，隅肉溶接ともに溶接部に作用する力は有効断面積で負担するものと考える．有効断面積は（有効のど厚）×（有効長さ）で計算する．

b）完全溶込み溶接

溶接する板の厚さ全体に渡って溶着金属を溶込ませる溶接方法である．溶接に先立って板の端面を図6·15に示すような開先加工をし，この溝部分に溶着金属を盛り上げて溶接する．

開先の種類には，図6·16に示すような種類がある．板厚が厚くなると開先内の体積も増えるため，溶接棒を複数回移動させて必要十分な溶着金属を盛り上げる．溶接部の始端から終端まで溶接棒を1回移動させることをパスという．第一パスは溶接欠陥を生じやすいため，溶接が終わったら板の裏側から不良部分を削り取り（裏はつり），再度溶接を行う．図6·17aのように裏当て金を用いた場合には，裏当て金を溶接部に密着させておき，これも含めて十分溶込むようにする．パスを連続させる場合には溶接部が高温にならないような温度管理が必要である．

図6·17aのように溶接部分は接合した板の厚さよりもやや盛り上がる．これを余盛りという．余盛りは適切な量が必要であるが，設計では余盛り部分は無視したのど厚を有効厚さ（有効のど厚）とする．有効厚さは，溶接する板要素のうち薄い方の板厚を超えることはできない．また，有効長さは，材軸に直角に測った溶接部の幅とする．

完全溶込み溶接部に作用する引張応力度 σ_t の検討は，以下の式で行う．

$$\sigma_t = \frac{N}{al} \leq f_t$$

ここに，N は作用引張力，a は有効のど厚，l は有効長さ，f_t は許容引張応力度である．

パスの始端と終端では溶接欠陥が生じやすいため，図6·17bのようなエンドタブを取り付け，始端と終端が母材の溶接区間に入らないようにする．エンドタブは通常母材と同等の材を用いる．なお，スチール製のエンドタブの代わりに，フラックスタブを使用する場合もある．

c）隅肉溶接

図6·18に示すように，接合する板要素の直交する2表面にまたがって溶接を行う方法である．溶接部分は図6·19に示すような三角形となり，その大きさはサイズで指定する．サイズとは，隅肉の断面内に内接してできる最大の2等辺3角形の底辺の長さをいう．また，隅肉

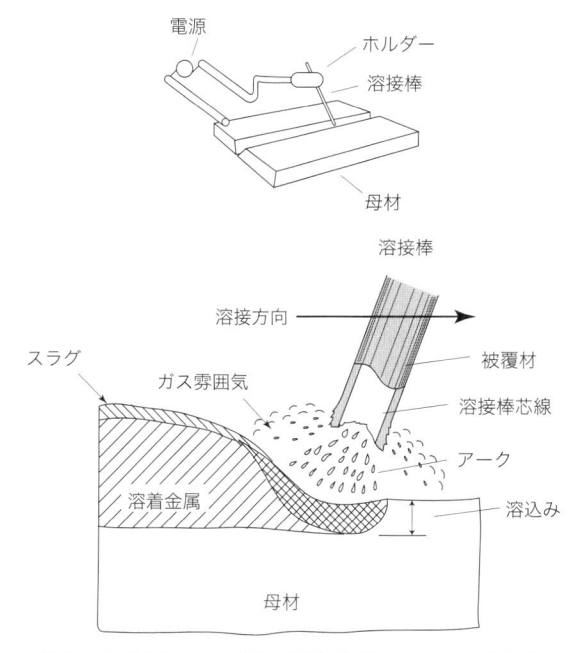

図6・13 溶着金属となる心線の回りを固形フラックスで被覆した溶接棒を用いる被覆アーク溶接

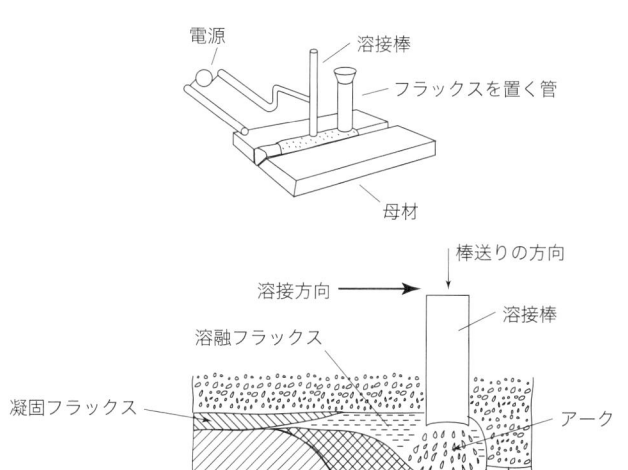

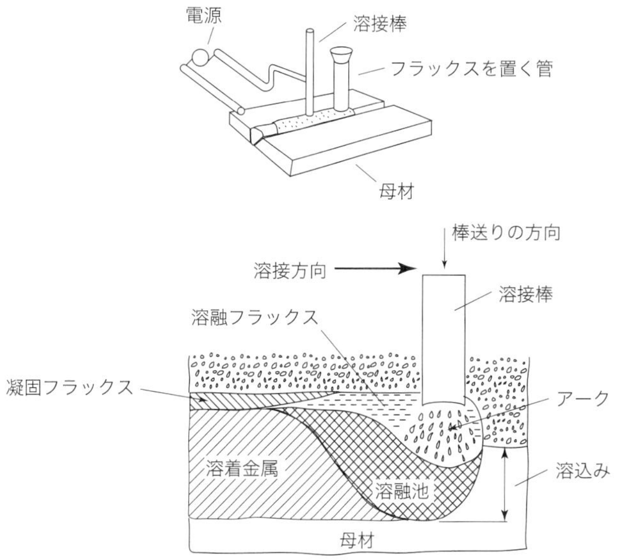

図6・14 電極を繋いだ溶接棒を用いてフラックスの中でアークを発生させるサブマージアーク溶接

表6・11 溶接継目の許容応力度

継目の形式	長期応力に対する許容応力度				短期応力に対する許容応力度			
	圧縮	引張り	曲げ	せん断	圧縮	引張り	曲げ	せん断
突合せ	$\dfrac{F}{1.5}$			$\dfrac{F}{1.5\sqrt{3}}$	長期応力に対する圧縮，引張り，曲げまたはせん断の許容応力度のそれぞれの数値の1.5倍とする．			
突合せ以外のもの	$\dfrac{F}{1.5\sqrt{3}}$			$\dfrac{F}{1.5\sqrt{3}}$				

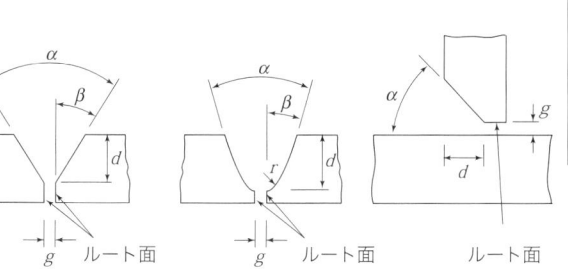

α：開先角度　　g：ルート間隔
β：ベベル角度　r：ルート半径
d：開先の深さ

図6・15 溶接に先立ち板の端面にほどこす開先加工

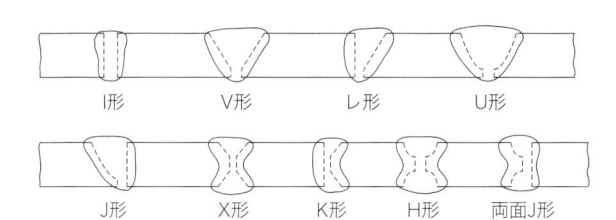

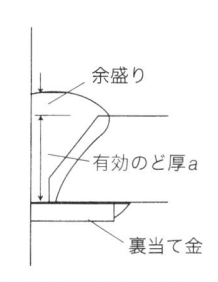

I形　V形　レ形　U形
J形　X形　K形　H形　両面J形

図6・16 開先の種類

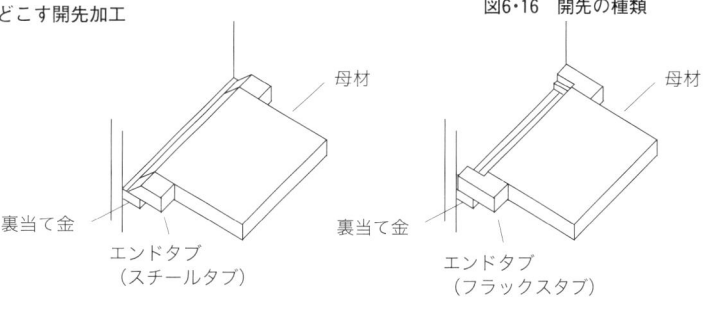

(a) 設計では余盛り部分は無視したのど厚を有効長さ(有効のど厚)とする

(b) 溶接の始端と終端には溶接欠陥が発生しやすいため，溶接欠陥が母材の溶接区間に入らないようにエンドタブを設ける．用いる材質に応じて，スチールタブ，フラックスタブなどがある

図6・17 裏当て金とエンドタブ

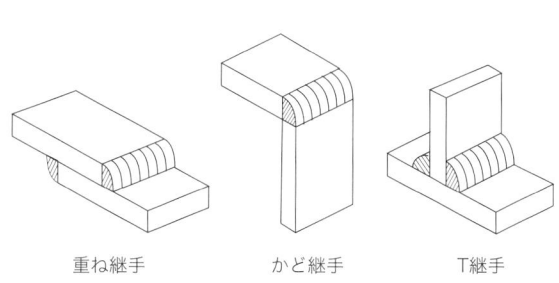

重ね継手　かど継手　T継手

図6・18 接合する板要素の直交する2表面にまたがって行う隅肉溶接

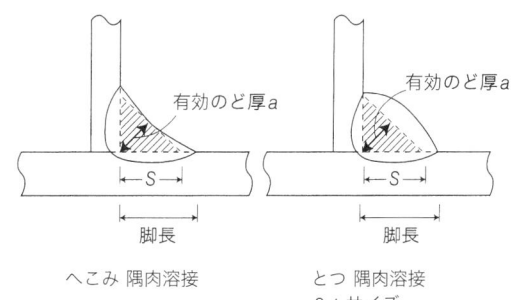

へこみ 隅肉溶接　とつ 隅肉溶接
S：サイズ

図6・19 隅肉溶接のサイズS：サイズは隅肉断面内に内接する最大の2等辺3角形の底辺の長さで定義される．

第6章 接合部設計

の継手ルートから測った三角形の高さを有効のど厚と呼ぶ．サイズ S は薄いほうの母材の厚さ以下とする．ただし，板厚が 6mm 以下の T 継手では，$S \leq 1.5t$ かつ 6mm 以下とする．

また，板厚が 10mm 未満のときは，$S \geq 4mm$ かつ $1.3\sqrt{t_1}$ mm とする．

ここに，t_1：接合する板要素のうち厚い方の板厚 (mm)，t_2：接合する板要素のうち薄い方の板厚 (mm) である．隅肉溶接の有効長さは，図6・20 に示すように溶接の全長から，隅肉サイズ S の 2 倍を差し引いたものとする．また，重ね継手においてまわし溶接の長さは S の 2 倍以上を原則とする．長さについても，以下の項目を守るようにする．

・有効長さはサイズの 10 倍以上かつ 40mm 以上．
・有効長さがサイズの 30 倍を超えるときには，応力の不均等分布を考慮して許容応力度を低減する．
・平鋼を用いた引張材の端部溶接に長手方向の隅肉溶接のみが使われる場合には，各溶接の長さはその平鋼の幅以下であってはならない．

隅肉溶接部に作用するせん断応力度 τ の検討は，以下の式で行う．

$$\tau = \frac{Q}{al} \leq f_s$$

ここに，Q は作用せん断力，a は有効のど厚，l は有効長さ，f_s は許容せん断応力度である．

d）部分溶込み溶接

図6・21 に示すように板厚全体に渡って溶着金属を溶込まさず，部分的な溶込みで板を接合する方法を部分溶込み溶接という．溶接線と直交する方向に引張力が作用する場合，あるいは溶接線を軸とする曲げが作用する場合には用いてはならない．また，繰り返し応力が作用する場所にも用いないようにする．

4．溶接欠陥と検査

溶接部は溶接作業環境や溶接技術，あるいは人為的な影響を受けやすい．また，溶接によって生じた欠陥はねばり強さや耐力の低下をもたらす．そこで，溶接欠陥の発生を抑えるだけでなく，欠陥の検査と補修を適切に行うことが溶接部の品質管理を行う上で極めて重要である．

溶接継目の欠陥としては，図6・22 に示すような種類がある．検査は，溶接部の外観を目視で検査する方法と，超音波，X 線などを用いた非破壊検査とがある．

6・6 継手

1．継手の種類と設計の考え方

柱と柱，梁と梁のように，同一種類の部材どうしの接合部分のことを一般に継手という．継手は組み合わせ荷重時に継手に発生する存在応力を伝達するに十分な剛性と耐力を持てばよい．しかし，構造物の実挙動の中で継手位置での正確な応力の把握が容易でないこと，継手位置に部材のような高いねばり強さを持たせることが困難なことなどを考慮し，部材よりも大きな余裕を持たせた設計が望ましい．

2．梁継手

梁継手の代表的なものを，図6・23 に示す．継手部には一般に曲げモーメント M とせん断力 Q が作用する．したがって，M と Q を接合する梁間で伝達するに十分な設計がなされていなければならない．

厳密に考えれば，M，Q はともに継手のフランジ部分とウェブ部分がそれぞれの剛性に応じて分担して負担する．しかし，設計においては計算の簡便さを考慮し，M はすべてフランジが，Q はすべてウェブが負担するものとして扱うのが一般的である．

3．柱継手

柱継手の形式には，図6・24 に示すような種類がある．柱継手の位置は，運搬，施工上の問題から，2～3 層分の柱を工場で製作し，床上 1 m 前後の高さに継手を設けて現場で取り付けることが多い．

柱継手には，曲げモーメント M，せん断力 Q，および軸力 N が作用する．H 形断面の柱を用いる場合には，梁継手と同様にフランジが M を，ウェブが Q を負担するものとして設計する．

図6・20　隅肉溶接の有効長さ

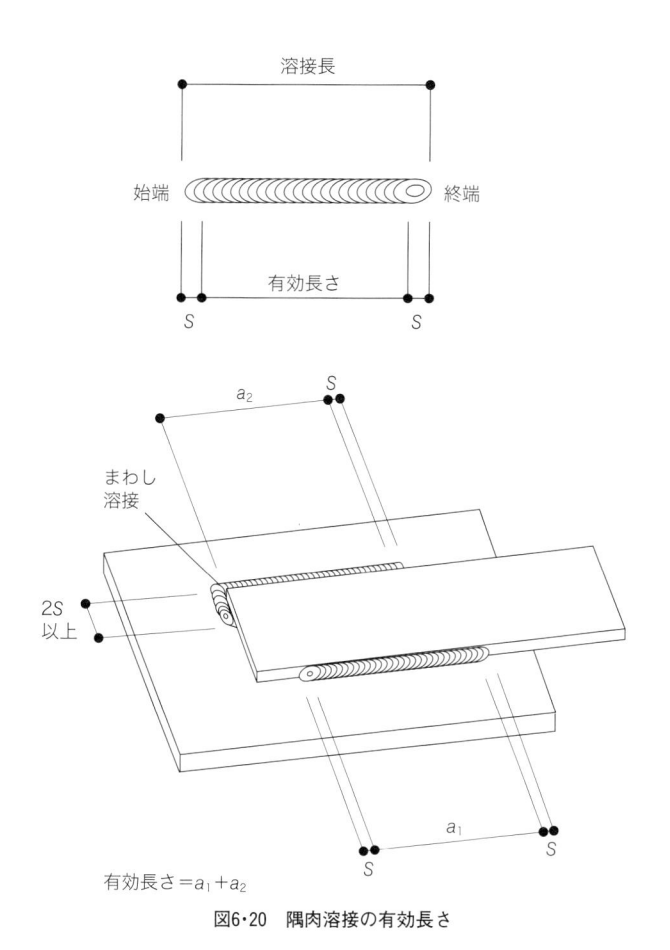

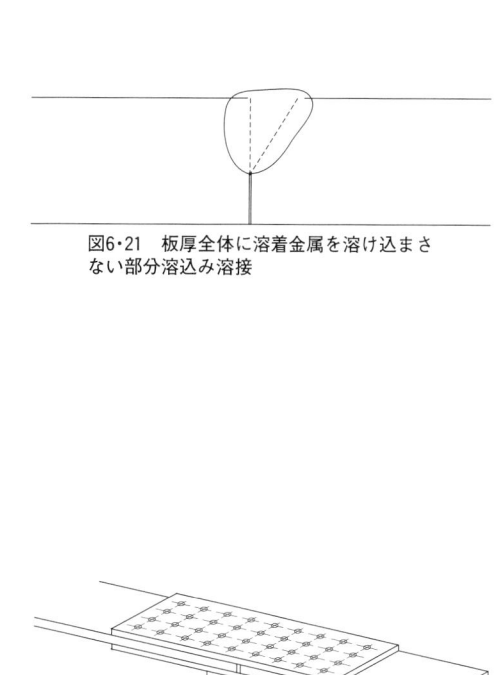

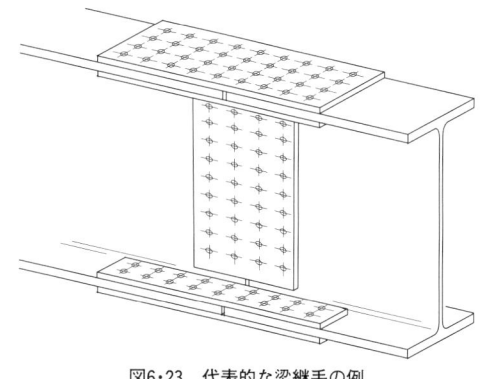

図6・21　板厚全体に溶着金属を溶け込まさない部分溶込み溶接

図6・22　ねばり強さや耐力の低下をもたらす溶接欠陥の種類

図6・23　代表的な梁継手の例

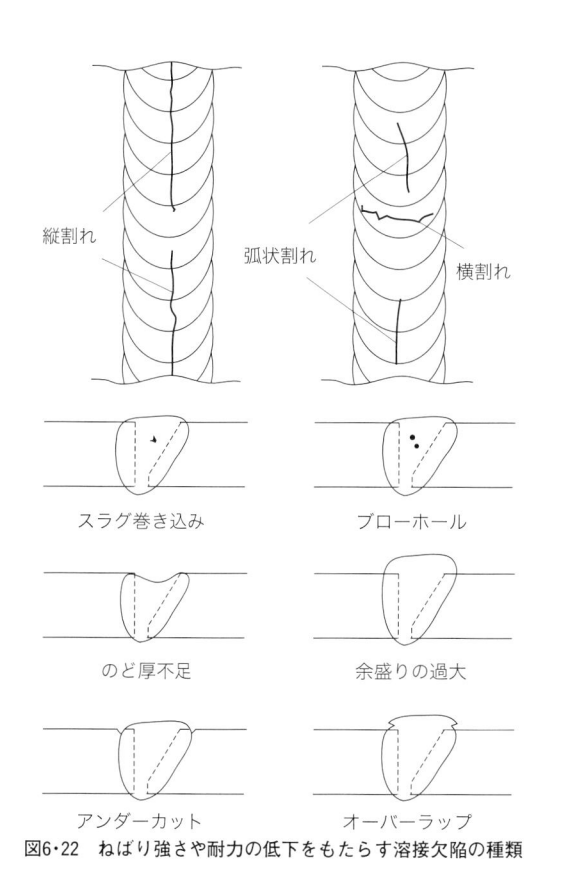

（a）高力ボルト接合　　（b）現場溶接接合（完全溶込み）

図6・24　代表的な柱継手の例

第6章　接合部設計

4. 設計例題1

第8章に示す建築物の大梁の継手について検討を行った例を示す．対象とした継手は，2階2列B-C間に存在する大梁の継手である．構造計算書を図6・25に示す．

❶まず，大梁継手部の負担モーメントを明確にするため，柱芯からの距離を確認しておく．

❷継手部に用いるスプライスプレートの厚さを明示する．外側スプライスプレートが19mm，内側が22mmである．フランジの外側プレートと内側プレートは耐力上問題がなければ同厚で差し支えないが，スプライスプレートの重心位置とフランジの重心位置を一致させるには，ウェブへの当たり分幅が少ない内側のスプライスプレートの方を厚くすると，考えるのが合理的である．

❸フランジ片側につき2列7本の高力ボルトを使用しているので，$7 \times 2 = 14$本．これがフランジの上下左右にあるので$4 \times 14 - M22$と表記．

❹ウェブのスプライスプレートの寸法，および高力ボルトの本数を明記．板厚9mm，幅440mmである．

❺表6・7，6・9の規定を満足するように設定．

❻❶で求めておいた柱芯からの距離を使って，継手部に作用する曲げモーメントを計算．等分布荷重（長期荷重）によるせん断力の材長方向の変動が小さいと仮定すれば，梁端の作用せん断力と作用モーメントを使ってこのように簡便に計算している．

❼まず，継手部に作用する曲げモーメントについて検討する．フランジの許容曲げモーメント，フランジスプライスプレートの短期許容曲げモーメント，およびフランジ高力ボルトによる許容曲げモーメントのそれぞれについて，作用モーメントよりも大きいことを確認する．せん断力についても同様の検討を行う．

❽母材フランジ部分について検討．ボルト孔による断面欠損を考慮した断面係数から許容曲げモーメント$_jM_{A1}$を計算し，それが作用モーメントよりも大きいことを確認．フランジが全モーメントを負担すると仮定して検討する．

❾❽と同様に，スプライスプレートのボルト孔による断面欠損を考慮した断面係数を算出し，それを用いて算出した許容曲げモーメントが作用モーメントより大きいことを確認する．

❿表6・3を1.5倍した短期応力用の許容耐力より，曲げ耐力を計算．

⓫次に，継手部のせん断耐力に対しての検討．ここでは，せん断力はウェブのみが負担するものとし，母材ウェブのボルト孔の断面欠損を考慮した許容せん断耐力，ウェブスプライスプレートのボルト孔による断面欠損を考慮した許容せん断耐力，およびウェブの高力ボルトの許容せん断耐力のいずれもが存在応力を超えていることを確認する．

5. 保有耐力接合

2次設計では，骨組がもつ終局の耐力を十分な変形性能をともなって発揮できるよう，部材の幅厚比を十分に取ることが部材設計の基本である．継手においてはこの部材のもつ性能を十分発揮できるよう，部材よりも高い耐力を有していなければならない．

6. 設計例題2

設計例題1で取り上げた梁継手について，終局曲げ耐力に対する検討を7・1e)の(イ)の保有耐力接合を参照して行う．構造計算書は図6・26に示すとおりである．

❶梁の使用鋼材がSN490であることから，保有耐力接合用の割り増し係数を1.1として検討する．

❷まず継手部に必要な終局曲げ耐力を計算する．

❸ボルト孔欠損分の塑性断面係数を全断面の塑性断面係数から差し引く．

❹M_{fu}の破壊モードには，
 ⅰ）フランジ高力ボルトの破壊
 ⅱ）スプライスプレートの引張破断
 ⅲ）母材のはしあき不足による破断
の3つが考えられる．したがって，このうち耐力が最小のもので継手の耐力が決まる．

❺表6・2の破断応力度の値を用いて，ボルトの終局耐力を計算する．

❻引張破断強度を計算するときには，公称引張強度490N/mm^{2}を使う．

❼表7・2より，$\alpha = 1.2$として検討する．

❽曲げモーメントはフランジ，せん断力はウェブが負担するものとし，フランジが全塑性モーメントM_pに達した状態でも長期のせん断力はウェブがさらに負担できるものと考える．

❾Q_uは，
 ⅰ）ウェブのボルト孔による断面欠損を考慮した耐力Q_{u1}
 ⅱ）ウェブスプライスプレートのボルト孔による断面欠損を考慮したせん断耐力Q_{u2}
 ⅲ）ウェブの高力ボルトの終局耐力Q_{u3}
のうち最小のもので決まると考える．個別のチェックは図6・25⓫のチェックにおいて，f_sの代わりに$\sigma_u/\sqrt{3}$とおけばよい．

a) 梁継手の検討
　H 断面梁継手の位置は柱通り芯から 1200mm とする．……❶
　母材　H-600×300×12×28(SN490B)
　継手部のスプライスプレート，HTB を以下とする．
　　フランジ継手
　　　外側 SPL-19×300，内側 2SPL-22×105 …………❷
　　　HTB　4×14-M22 ………………………………❸
　　ウェブ継手
　　　2SPL-9×440，HTB　2×7-M22……………………❹
　なお，フランジ・ウェブとも HTB のピッチは 60mm，はしあき
　は e=40mmとする．…………………………………………❺

b) 継手部の短期応力に対する検討
　継手部の短期応力は，C端側の値をとり，以下とする．なお，梁
　の存在応力については，p.51 の図5・28 を参照のこと．
$$_jM_S = {_E}M_S - {_E}Q_S \cdot l_j = 1147.8 - 331.9 \times 1.2 = 749.5\text{kN·m}$$
　…………………………………………………………………❻
$$_jQ_S = {_E}Q_S = 331.9\text{kN}$$

$$\min(_jM_{A1}, {_j}M_{A2}, {_j}M_{A3}) > {_j}M_S \quad \cdots\cdots❼$$
$$\min(_jQ_{A1}, {_j}Q_{A2}, {_j}Q_{A3}) > {_j}Q_S$$

　母材のボルト孔による断面欠損を考慮したフランジ部の短期許容
　曲げモーメント $_jM_{A1}$

$$_jZ_f = \frac{\frac{(B - n_f \cdot d) \times \{H^3 - (H - 2 \cdot t_f)^3\}}{12}}{\left(\frac{H}{2}\right)}$$

$$= \frac{\frac{(30 - 2 \times 2.4) \times (60^3 - 54.4^3)}{12}}{30} = 3850\text{cm}^3$$

$$_jM_{A1} = {_j}Z_f \cdot f_t = 3850 \times 10^3 \times 325 \times 10^{-6} = 1251.2\text{kN}$$
$$> {_j}M_S \cdots ❽$$

　フランジスプライスプレートの短期許容曲げモーメント $_jM_{A2}$
$$_jZ_S = t_1 \cdot (b_1 - n_f \cdot d)(H + t_1)$$
$$+ t_2 \cdot (2 \cdot b_2 - n_f \cdot d)(H - 2 \cdot t_f - t_2)$$
$$= 1.9 \times (30 - 2 \times 2.4) \times (60 + 1.9)$$
$$+ 2 \times 2.2 \times (10.5 - 2.4) \times (60 - 2 \times 2.8 - 2.2)$$
$$= 4824\text{cm}^3$$
$$_jM_{A2} = {_j}Z_S \cdot f_t = 4824 \times 10^3 \times 325 \times 10^{-6} = 1567.8\text{kN}$$
$$> {_j}M_S \cdots ❾$$

　フランジ HTB の短期許容曲げモーメント $_jM_{A3}$
$$_jM_{A3} = n_f \cdot m_f \cdot R_S \cdot (H - t_f)$$
$$= 2 \times 7 \times 171 \times 10^3 \times (600 - 19) \times 10^{-6}$$
$$= 1390.9\text{kN·m} > {_j}M_S \cdots ❿$$

　母材のボルトによる断面欠損を考慮したウェブ部の短期許容せん
　断力 $_jQ_{A1}$
$$_jQ_{A1} = (H - 2t_f - m_w \cdot d) \cdot t_w \cdot f_s$$
$$= (600 - 2 \times 28 - 7 \times 24) \times 12 \times 187 \times 10^{-3}$$
$$= 843.7\text{kN} > {_j}Q_S \cdots ⓫$$

　ウェブスプライスプレートの短期許容せん断力 $_jQ_{A2}$
$$_jQ_{A2} = 2 \cdot (b_3 - m_w \cdot d) \cdot t_3 \cdot f_S$$
$$= 2(440 - 7 \times 24) \times 9 \times 187 \times 10^{-3} = 915.5\text{kN} > {_j}Q_S$$

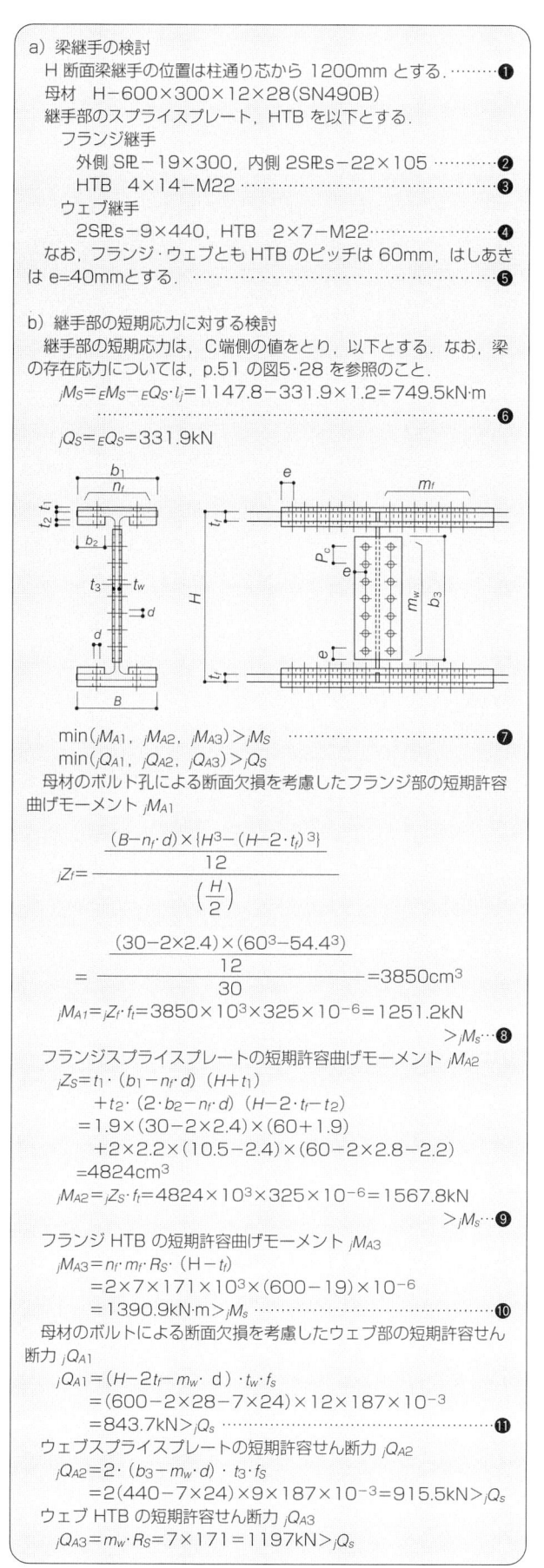

　ウェブ HTB の短期許容せん断力 $_jQ_{A3}$
$$_jQ_{A3} = m_w \cdot R_S = 7 \times 171 = 1197\text{kN} > {_j}Q_S$$

図6・25　梁継手の構造計算書

a) 継手部の終局曲げ耐力に対する検討
　保有耐力接合とし，490N 級材のため $\alpha = 1.1$ により検討する．
　………………………………………………………………❶
　母材 $Z_p = 5731\text{cm}^3$
$$M_u > \alpha \cdot M_p = \alpha \cdot Z_p \cdot \sigma_y = 1.1 \times 5731 \times 10^3 \times 325 \times 10^{-6}$$
$$= 1.1 \times 1862.6 = 2048.8\text{kN·m} \cdots❷$$

　ボルト穴控除による母材の耐力 M_{u1}
$$Z_{pe} = Z_p - n_f \cdot d \cdot t_f (H - t_f) - 2 \cdot d \cdot t_w \Sigma e_j \cdots❸$$

$$m_w \text{ が奇数の時 } \Sigma e_j = \frac{(m_w^2 - 1) \cdot p_c}{8}$$

$$m_w \text{ が偶数の時 } \Sigma e_j = \frac{m_w^2 \cdot p_c}{8}$$

$$Z_{pe} = 5731 - 2 \times 2.4 \times 2.8 \times (60 - 2.8)$$
$$- 2 \times 2.4 \times 1.2 \times (7^2 - 1) \times 6/8 = 4755\text{cm}^3$$
$$M_{u1} = Z_{pe} \cdot \sigma_u = 4755 \times 10^3 \times 490 \times 10^{-6}$$
$$= 2329.9\text{kN·m} > 1.1 M_p$$

　接合部の耐力 M_{u2}
　フランジ接合部の耐力 M_{fu} とウェブ接合部の耐力 M_{wu} の足し
　合わせとできるが，ここではフランジ接合部の耐力 M_{fu} のみに
　て評価する．
$$M_{u2} = M_{fu} = \min(M_{fu1}, M_{fu2}, M_{fu3}) \cdots❹$$

　フランジ HTB の耐力 M_{fu1}
　HTB の破断応力度は $\sigma_B = 1000\text{N/mm}^2$ とする．
$$M_{fu1} = \gamma \cdot n_f \cdot m_f \cdot 0.75 {_B}A_S \cdot \sigma_B \cdot (H - t_f) \cdots❺$$
　　γ：せん断面の数
　　${_B}A_S$：ボルト断面積 $= 0.75 \cdot d^2 \cdot \pi/4$
$$= 2 \times 2 \times 7 \times 0.75^2 \times 22^2 \times \pi/4 \times 1000 \times (600 - 28) \times 10^{-6}$$
$$= 3424.6\text{kN·m} > 1.1 M_p$$

　フランジスプライスプレートの耐力 M_{fu2}
$$M_{fu2} = {_j}Z_S \cdot \sigma_u = 4824 \times 10^3 \times 490 \times 10^{-6} \cdots❻$$
$$= 2363.7\text{kN·m} > 1.1 M_p$$

　母材のはしあきによる耐力 M_{fu3}
$$M_{fu3} = n_f \cdot m_f \cdot e \cdot t_f \cdot (H - t_f) \cdot \sigma_u$$
$$= 2 \times 7 \times 40 \times 28 \times (600 - 28) \times 490 \times 10^{-6}$$
$$= 4394.7\text{kN·m} > 1.1 M_p$$

b) 継手部の終局せん断耐力に対する検討
　保有耐力接合とし，490N 級材のため $\alpha = 1.2$ により検討する．
　………………………………………………………………❼
　両端が M_p に達したときの作用せん断力 Q_p は，長期せん断力
　$Q_0 = 207.4\text{kN}$ より，
$$Q_p = 2 \cdot M_p / L' + Q_0 = 2 \times 1862.6 / 9.55 + 207.4 = 597.5\text{kN}$$
　…………………………………………………………………❽

$$Q_u > \alpha \cdot Q_p = 1.2 \times 597.5 = 717.0\text{kN}$$
$$Q_u = \min(Q_{u1}, Q_{u2}, Q_{u3}) \cdots❾$$

　母材の耐力 Q_{u1}
$$Q_{u1} = \frac{t_w \cdot (H - 2 \cdot t_f - m_w \cdot d) \cdot \sigma_u}{\sqrt{3}}$$

$$= \frac{12 \times (600 - 2 \times 28 - 7 \times 24) \times 490 \times 10^{-3}}{\sqrt{3}}$$

$$= 1276.4\text{kN} > 1.2 Q_p$$

　ウェブスプライスプレートの耐力 Q_{u2}
$$Q_{u2} = \frac{2 \cdot t_3 \cdot (b_3 - m_w \cdot d) \cdot \sigma_u}{\sqrt{3}}$$

$$= \frac{2 \times 9 \times (440 - 7 \times 24) \times 490 \times 10^{-3}}{\sqrt{3}}$$

$$= 1385.0\text{kN} > 1.2 Q_p$$

　ウェブ HTB の耐力 Q_{u3}
$$Q_{u3} = 2 \cdot n_w \cdot m_w \cdot 0.75 \cdot {_B}A_S \cdot \sigma_B$$
$$= 2 \times 1 \times 7 \times 0.75^2 \times 22^2 \times \pi/4 \times 1000 \times 10^{-3}$$
$$= 2993.5\text{kN} > 1.2 Q_p$$

図6・26　梁継手の終局強度の構造計算書

第 6 章　接合部設計

6・7 柱梁接合部

1. 概要

柱梁接合部を大別すると，軸力とせん断力のみを伝達するピン接合形式，および軸力，せん断力に加え曲げモーメントも伝達する剛接合形式に分けられる．

部材間の応力を伝達するという意味では，継手と同様の考え方をすればよいが，継手がその位置を調整することによって比較的応力の小さい場所に設置することが可能なのに対し，柱梁接合部は材端で最も大きな応力を負担する位置にくる場合がほとんどである．したがって，保有耐力接合に関しては継手よりもさらに耐力に余裕を持たせることが必要となる．

また，部材の塑性変形が材端で生じる場合が多いことから，大地震時の繰り返し応力によって受ける累積歪により柱梁接合部において破断が生じることも明らかになっている．接合部のディテールや溶接部の品質管理などを通し，こういった被害を最小限に食い止めるような考慮が必要である．

2. ピン接合の仕口

図6・27にピン接合部の詳細例を示す．これらの接合部では，一般的に曲げモーメントは伝達せず，せん断力のみを負担するものとしてモデル化する．

3. 剛接合の仕口

剛接合の詳細例を図6・28に示す．梁継手で検討したときと同様に，曲げモーメントとせん断力を個別に検討する．

まず，曲げ耐力については，フランジの突合せ溶接とウェブの隅肉溶接が曲げモーメントに対して有効であると考える．そこで，フランジ突合せ溶接部分の有効断面と，ウェブの隅肉溶接部分の有効断面の$1/\sqrt{3}$倍を考慮した仮想の断面係数Zを算出し，存在応力MからM/Zで曲げ応力度のチェックを行う．ただし，実務上の簡便さから，曲げに対してはフランジの突合せ溶接部分だけで負担するものとして考える場合もある．

せん断耐力については，ウェブの隅肉溶接部分だけで負担するものとして検討を行う．詳細は次項の設計例題参照のこと．

4. 設計例題

6・6の4で検討した梁について，ここでは仕口の検討を行う．仕口は図6・29に示すとおりである．梁フランジは柱ダイアフラムに完全溶込み溶接にて接合されており，ウェブは隅肉溶接にて接合されている．また，ウェブにはスカラップ加工がある．

❶ここでは，設計の簡便さを考慮して，曲げモーメントをフランジだけで負担するものとして考えていくことにする．完全溶込み溶接の有効断面積は母材の断面積に等しいので，梁フランジだけに対する断面係数 $_wZ_f$ についてチェックすればよい．これは梁部材の設計の時に確認済みであるため，ここでは省略している．

❷せん断力は梁ウェブだけで負担するものとする．隅肉溶接のサイズと有効長さから有効断面積を計算し，存在応力よりも大きいことを確認している．

❸終局曲げモーメントの検討については，仕口の終局耐力が母材の全塑性モーメント M_p の1.2倍以上であることを確認する．終局耐力の算定に当たっては，母材の最大強度（公称値）を用いて計算する．本部材はSN490Bを用いているため，$\sigma_u=490N/mm^2$ で計算する．ここでは，スカラップによる断面欠損分を考えたウェブ耐力を使って検討している．

❹❸と同様に，仕口の終局曲げモーメントの検討である．ここでは，ウェブの隅肉溶接部の耐力を考えた検討を行っている．

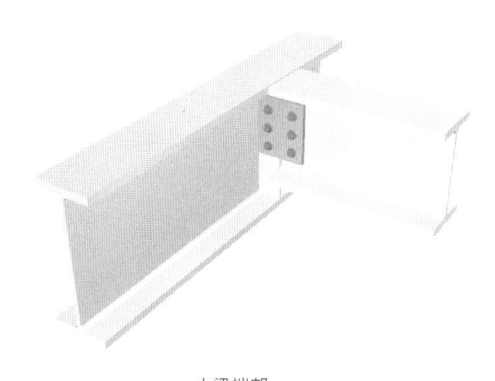

小梁端部

筋かい端部

図6・27 ピン接合の仕口：これらの仕口はモーメントを伝達しないピン節点としてモデル化する．

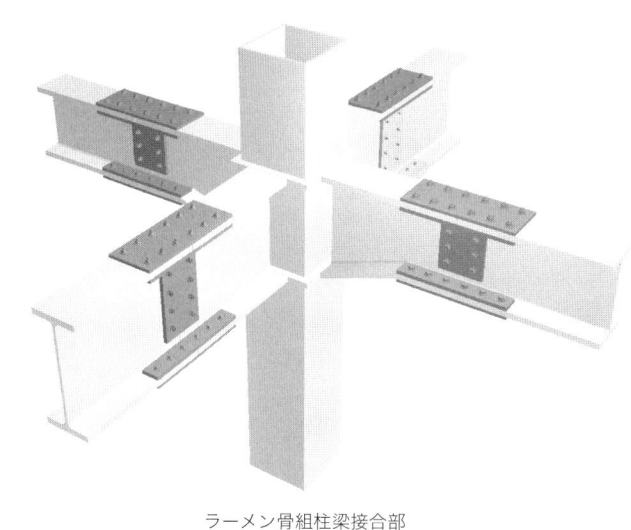

ラーメン骨組柱梁接合部
図6・28 曲げモーメント，せん断力を個別に検討する剛節柱梁接合部

仕口の検討
　フランジは完全溶込み溶接，ウェブは両面隅肉溶接とする．

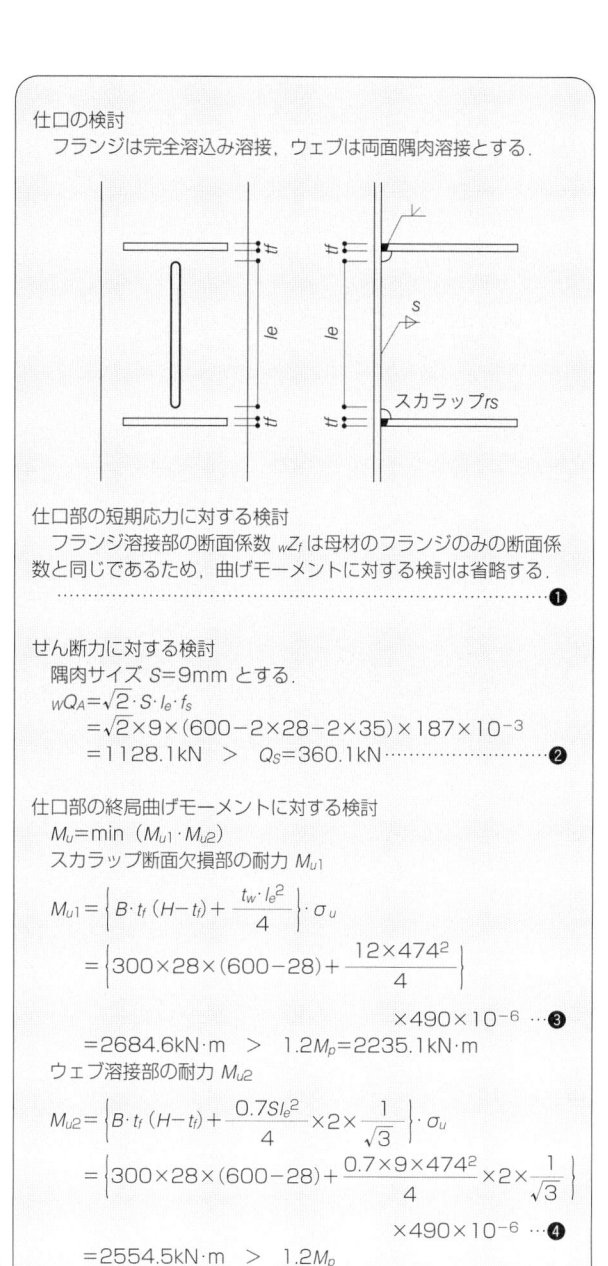

仕口部の短期応力に対する検討
　フランジ溶接部の断面係数 $_wZ_f$ は母材のフランジのみの断面係数と同じであるため，曲げモーメントに対する検討は省略する．
　　　　　　　　　　　　　　　　　　　　　　　　　　　❶

せん断力に対する検討
　隅肉サイズ $S=9$ mm とする．
$$_wQ_A = \sqrt{2} \cdot S \cdot l_e \cdot f_s$$
$$= \sqrt{2} \times 9 \times (600 - 2 \times 28 - 2 \times 35) \times 187 \times 10^{-3}$$
$$= 1128.1\text{kN} > Q_S = 360.1\text{kN} \quad ❷$$

仕口部の終局曲げモーメントに対する検討
　$M_u = \min(M_{u1}, M_{u2})$
　スカラップ断面欠損部の耐力 M_{u1}
$$M_{u1} = \left\{ B \cdot t_f (H - t_f) + \frac{t_w \cdot l_e^2}{4} \right\} \cdot \sigma_u$$
$$= \left\{ 300 \times 28 \times (600 - 28) + \frac{12 \times 474^2}{4} \right\}$$
$$\times 490 \times 10^{-6} \quad ❸$$
$$= 2684.6\text{kN·m} > 1.2M_p = 2235.1\text{kN·m}$$

ウェブ溶接部の耐力 M_{u2}
$$M_{u2} = \left\{ B \cdot t_f (H - t_f) + \frac{0.7Sl_e^2}{4} \times 2 \times \frac{1}{\sqrt{3}} \right\} \cdot \sigma_u$$
$$= \left\{ 300 \times 28 \times (600 - 28) + \frac{0.7 \times 9 \times 474^2}{4} \times 2 \times \frac{1}{\sqrt{3}} \right\}$$
$$\times 490 \times 10^{-6} \quad ❹$$
$$= 2554.5\text{kN·m} > 1.2M_p$$

図6・29 仕口の構造計算書

第6章 接合部設計

第7章　耐震安全性の確認

7・1　耐震設計ルート2

許容応力度設計された高さ31m以下の建築物に対して，層間変形，剛性率，偏心率の確認，および筋かい架構の応力割り増し，変形能力の確保を満足しているか調べる．

a）層間変形角

地震時に架構の水平変形が大きくなると，内外装の仕上げ材や設備などがその変形に追従できず，破損・脱落の被害が生じる．そのため，層せん断力係数 $C_0=0.2$ を用いた地震力による各階の層間変形角に制限値が規定された．層間変形角は，各階の水平方向の層間変形 δ_i の階高 h_i に対する割合である（図7・1）．

$$層間変形角 = \frac{\delta_i}{h_i} \leq 1/200 \quad \cdots\cdots\cdots (7.1)$$

ただし，1/200の制限値は，金属板，ALC板などの仕上げ材や設備に損傷のおそれがないことが確認されれば，1/120まで緩和できる．

b）剛性率

建築物の各階の剛性に偏りがあると，剛性の小さい階に地震時の水平変形や損傷が集中しやすい．各階の剛性を均等化するために，各階の剛性率の制限値が規定されている．各階の剛性を層間変形角の逆数として求め，当該階の剛性の全階の平均剛性に対する割合が剛性率 R_s である．

$$R_s = \frac{r_s}{\bar{r}_s} \geq 0.6 \quad \cdots\cdots\cdots (7.2)$$

$$r_s = \frac{h}{\delta}, \quad \bar{r}_s = \frac{\sum r_s}{n} \quad n：階数$$

c）偏心率

建築物の各階において，耐震要素や柱の配置が悪いと，重心と剛心がずれてねじれ回転が起こり，最外縁の部材に大きな変形が生じ損傷するおそれがある．そのために，重心と剛心のずれ（偏心距離）のねじり抵抗に対する割合を偏心率 R_e と定義して，その数値が0.15を超えないことと規定されている．

偏心率は，図7・2に示すように各階の x 方向および y 方向のそれぞれについて考える．以下に計算方法を示す．
重心 g_x, g_y は鉛直荷重による柱軸力 N とその柱の座標 x, y から求める．

$$g_x = \frac{\sum(N \cdot x)}{\sum N}, \quad g_y = \frac{\sum(N \cdot y)}{\sum N} \quad \cdots\cdots\cdots (7.3)$$

剛心 l_x, l_y は各架構の水平剛性 K_x, K_y とその座標 x, y から求める．

$$l_x = \frac{\sum(K_y \cdot x)}{\sum K_y}, \quad l_y = \frac{\sum(K_x \cdot y)}{\sum K_x} \quad \cdots\cdots\cdots (7.4)$$

ここで，水平剛性は各架構の負担せん断力 Q_x, Q_y と層間変形 δ_x, δ_y から求めることができる．

$$K_x = Q_x/\delta_x, \quad K_y = Q_y/\delta_y$$

偏心距離 e_x, e_y は重心および剛心の座標から求める．

$$e_x = |l_x - g_x|, \quad e_y = |l_y - g_y| \quad \cdots\cdots\cdots (7.5)$$

次に，各階ごとにねじり剛性 K_r を，各架構の水平剛性と剛心から各架構までの距離 $\bar{x}, \bar{y}$ から求める．

$$\bar{x} = l_x - x, \quad \bar{y} = l_y - y$$
$$K_r = \sum(K_x \cdot \bar{y}^2) + \sum(K_y \cdot \bar{x}^2) \quad \cdots\cdots\cdots (7.6)$$

弾力半径 r_{ex}, r_{ey} は次式で与えられる．

$$r_{ex} = \sqrt{\frac{K_r}{\sum K_x}}, \quad r_{ey} = \sqrt{\frac{K_r}{\sum K_y}} \quad \cdots\cdots\cdots (7.7)$$

x 方向，y 方向に対する偏心率 R_{ex}, R_{ey} は以下のように計算される．

$$R_{ex} = e_y/r_{ex}, \quad R_{ey} = e_x/r_{ey} \quad \cdots\cdots\cdots (7.8)$$

d）筋かい架構の応力割増し

筋かい架構の荷重—変形関係は，ラーメン架構と比較すると，エネルギー吸収能力が小さく耐震性に劣る面がある．そこで，筋かいの水平力分担率の大きさに応じて次式により地震力を割り増す．

$\beta \leq 5/7$ のとき　　割増率 $= 1 + 0.7\beta$ ……… (7.9)
$\beta > 5/7$ のとき　　割増率 $= 1.5$

β：筋かいが負担する水平力の層せん断力に対する比

e）変形能力の確保

各部材が十分な変形能力を発揮するように，以下の規定が定められている．

（ア）幅厚比：架構が必要な塑性変形能力を発揮するまで，部材の局部座屈による耐力および変形能力の低下を防止する．そのため，柱および梁の幅厚比は，表7・1のFAランクの数値以下とする．

（イ）保有耐力接合：柱，梁，筋かいでは，母材が塑性化して十分な変形能力を発揮するまで，柱や梁の継手および仕口部，筋かいの端部および接合部で破断が生じない

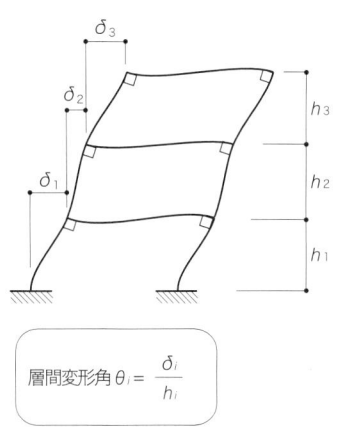

図7・1 各階の水平方向の層間変形 δ_i の階高 h_i に対する割合を指す層間変形角

$$層間変形角\ \theta_i = \frac{\delta_i}{h_i}$$

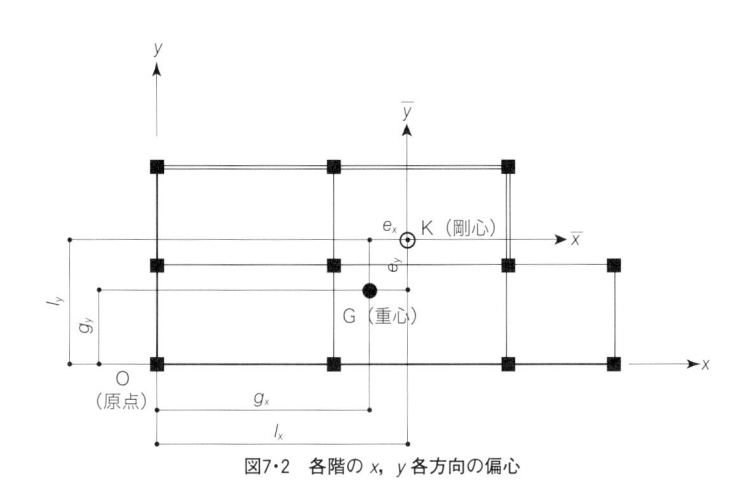

図7・2 各階の $x,\ y$ 各方向の偏心

表7・1 幅厚比と構造ランク

<table>
<tr><th colspan="7">柱および梁の区分</th><th rowspan="3">柱および梁の種別</th></tr>
<tr><th>部材</th><th colspan="4">柱</th><th colspan="2">梁</th></tr>
<tr><th>断面形状</th><th colspan="2">H形鋼</th><th>角形鋼管</th><th>円形鋼管</th><th colspan="2">H形鋼</th></tr>
<tr><th>部位</th><th>フランジ</th><th>ウェブ</th><th>―</th><th>―</th><th>フランジ</th><th>ウェブ</th><th></th></tr>
<tr><td rowspan="3">幅厚比
または
径厚比</td><td>$9.5\sqrt{235/F}$</td><td>$43\sqrt{235/F}$</td><td>$33\sqrt{235/F}$</td><td>$50(235/F)$</td><td>$9\sqrt{235/F}$</td><td>$60\sqrt{235/F}$</td><td>FA</td></tr>
<tr><td>$12\sqrt{235/F}$</td><td>$45\sqrt{235/F}$</td><td>$37\sqrt{235/F}$</td><td>$70(235/F)$</td><td>$11\sqrt{235/F}$</td><td>$65\sqrt{235/F}$</td><td>FB</td></tr>
<tr><td>$15.5\sqrt{235/F}$</td><td>$48\sqrt{235/F}$</td><td>$48\sqrt{235/F}$</td><td>$100(235/F)$</td><td>$15.5\sqrt{235/F}$</td><td>$71\sqrt{235/F}$</td><td>FC</td></tr>
<tr><td colspan="7">FA, FBおよびFCのいずれにも該当しない場合</td><td>FD</td></tr>
</table>

よう，接合部設計をする．また，柱脚についても十分な強度と靭性を確保する．

母材が破断しないようにするため，柱や梁の仕口部および継手部の最大曲げ耐力（M_u）は，母材の全塑性モーメント（M_p）に安全率αを乗じた応力に対して破断しないことを(7.10)式で確認する．

$$M_u \geq \alpha \times M_p \cdots\cdots\cdots\cdots\cdots\cdots\cdots\cdots (7.10)$$

また，継手部の最大せん断耐力（Q_u）についても，部材端部の曲げ降伏が優先するように，安全率αを乗じた(7.11)式の応力で設計する．

$$Q_u \geq \alpha \times (2M_p/L') \cdots\cdots\cdots\cdots\cdots (7.11)$$

ここで，L'は梁の長さである．安全率α値を表7·2に示す．

筋かいが塑性変形して地震エネルギーを吸収するために，筋かい端部および接合部の破断耐力（P_u）について，(7.12)式で検討を行う．

$$P_u \geq \alpha \cdot A_g \cdot F \cdots\cdots\cdots\cdots\cdots\cdots\cdots (7.12)$$

ここで，A_gは筋かいの全断面積，Fは筋かいの基準強度，αは安全率（$=1.2$）である．

(ウ) **梁の横補剛**：梁が十分な変形能力を発揮するまで，梁の横座屈を防止するために，以下の細長比λの制限が設けられている．

$$400\text{N/mm}^2\text{級鋼} \quad \lambda_y = 170 + 20n \cdots\cdots (7.13)$$
$$490\text{N/mm}^2\text{級鋼} \quad \lambda_y = 130 + 20n \quad n：横補剛の箇所数$$

(エ) **柱梁耐力比の確認**：柱に冷間成形角形鋼管を用いる場合，柱梁耐力比（節点における柱の耐力の総和に対する梁の耐力の総和の割合）が1.5以上であることを確認しなければならない．

7·2　耐震設計ルート3

許容応力度設計された高さ31mを超える建築物に対して，大地震時に必要な保有水平耐力を有しているかの確認を行う．大地震時に崩壊しないために必要な建築物の水平層せん断力を，必要保有水平耐力Q_{un}といい，建築物が地震力をうけたとき建築物が保有している最大の水平抵抗力が保有水平耐力Q_uである．大地震時に建築物が崩壊しないために，各層で保有水平耐力が必要保有水平耐力以上であることを確認する．

$$Q_u \geq Q_{un} \cdots\cdots\cdots\cdots\cdots\cdots\cdots\cdots\cdots\cdots (7.14)$$

a) **必要保有水平耐力**

必要保有水平耐力は，次式で求まる．

$$Q_{un} = D_s \cdot F_{es} \cdot Q_{ud} \cdots\cdots\cdots\cdots\cdots\cdots (7.15)$$

D_s：構造特性係数（表7·3）
F_{es}：形状係数

Q_{ud}：地震力によって各階に生じる水平力 $C_0 = 1.0$
として(4.10)式で求める．

(ア) **構造特性係数**：構造特性係数D_sは，建築物の塑性変形能力に応じて，建築物に必要な最大水平抵抗力を低減する係数で，架構の形式や性状によってその数値が決まる．塑性変形能力が大きいほど，D_s値は小さくなり，必要な水平抵抗力を小さくできる．一方塑性変形能力の小さい骨組ではD_s値が大きく，必要な水平抵抗力も大きい（図7·3）．

架構の形式は，ラーメン，筋かい付きラーメンおよび筋かい架構に分類され，筋かいの負担水平耐力の割合β_uと筋かいの細長比λにより判別される．架構の性状は，柱および梁の幅厚比により表7·1の4段階の構造ランクに分類される．架構の形式および構造ランクに応じた構造特性係数を表7·3に示す．

(イ) **形状係数**：剛性率や偏心率に問題のある層をもつ建築物は，その影響を考慮した形状係数F_{es}により，その層の必要保有水平耐力の割増しが必要となる．形状係数は，剛性率および偏心率に応じて表7·4および表7·5から求まるF_e，F_sを乗じた値となる．

$$F_{es} = F_e \cdot F_s \cdots\cdots\cdots\cdots\cdots\cdots\cdots\cdots (7.16)$$

b) **保有水平耐力**

保有水平耐力の算定法としては，コンピュータを用いた荷重増分による弾塑性解析法や，簡単な計算で求まる節点振り分け法，仮想仕事法がある．

(ア) **荷重増分による弾塑性解析法**：各階の地震層せん断力の外力分布で，水平荷重を徐々に増加させながら応力解析を繰り返し，塑性ヒンジの発生により骨組が崩壊に至るまで増分解析を行う．骨組崩壊時の水平荷重が保有水平耐力となる．

(イ) **節点振り分け法**：各節点において梁材端の全塑性モーメントの和を，上，下階の柱端に分配し，分配した柱端モーメントについて層方程式で保有水平耐力を算定する方法である．全塑性モーメントの上，下階の分配の方法は，図7·4に示す1/2分配が最も簡便であるが，精度を高めるには1次設計での地震力による柱端の曲げモーメント比率で分配する．

7·3　設計例題

第8章に示す設計例について，層間変形角・剛性率，偏心率および保有水平耐力の確認を行う．

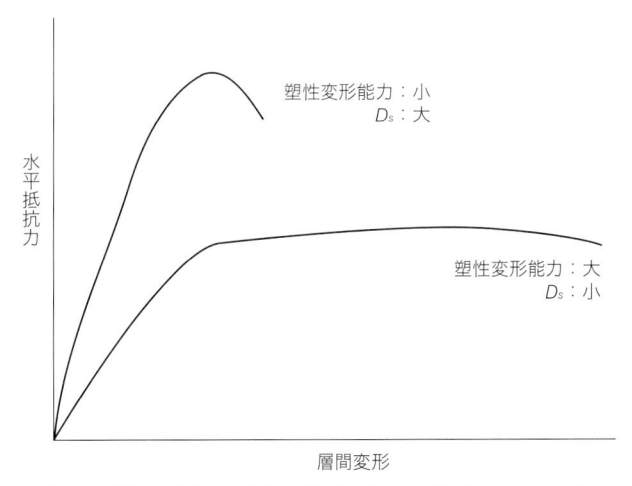

図7・3 塑性変形能力が大きいほど必要な水平抵抗力は小さくなる

表7・2 α値

部位	作用応力	400級鋼	490級鋼
仕口	曲げ	1.3	1.2
継手部	曲げ	1.2	1.1
	せん断	1.3	1.2

表7・3 構造特性係数 D_s の値

構造		構造ランク	I	II	III	IV
ラーメンと筋かいの混合構造	ラーメン		0.25 (0.3)[*2]	0.3	0.35	0.4
	$\beta_u \leq 0.3$の場合 または $\lambda^{*1} \leq 495/\sqrt{F}$の場合					
	$495/\sqrt{F} < \lambda \leq 890/\sqrt{F}$	$0.3 < \beta_u \leq 0.7$	0.3	0.3	0.35	0.45
		$\beta_u > 0.7$	0.35	0.35	0.4	0.5
	$890/\sqrt{F} < \lambda < 1980/\sqrt{F}$	$0.3 < \beta_u \leq 0.7$	0.35	0.35	0.4	0.45
		$\beta_u > 0.7$	0.4	0.4	0.45	0.5
	$\lambda > 1980/\sqrt{F}$	$0.3 < \beta_u \leq 0.7$	0.3	0.3	0.35	0.45
		$\beta_u > 0.7$	0.35	0.35	0.4	0.5

*1 λは筋かいの細長比
*2 （ ）の数値は $\beta_u \leq 0.3$, $890/\sqrt{F} < \lambda < 1980/\sqrt{F}$ の場合

表7・4 F_sの値

剛性率R_s	F_sの数値
$R_s \geq 0.6$	1.0
$0.6 > R_s$	$2.0 - \dfrac{R_s}{0.6}$

表7・5 F_eの値

偏心率R_e	F_eの数値
$R_e \leq 0.15$	1.0
$0.15 < R_e < 0.3$	直線補間した値
$R_e \geq 0.3$	1.5

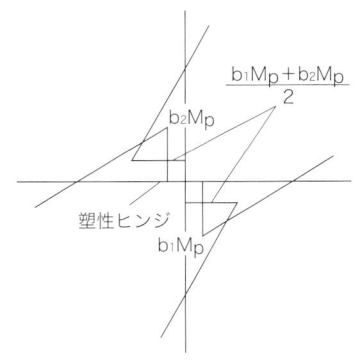

図7・4 節点振り分け法における最も簡便な1/2節点モーメント分割法

a) 層間変形角・剛性率の確認

1次設計での地震力による層間変形を階高で除して層間変形角を求める．次に，層間変形角の逆数 r_s を求め，当該階の r_s と全階の r_s の相加平均 $\bar{r}_s$ から(7.2)式で剛性率 R_s を計算する．表7・6に x 方向の各階の層間変形角・剛性率の計算過程を示す．

$$R_s = \frac{r_s}{\bar{r}_s} = \left(\frac{h}{\delta}\right) / \left(\frac{\sum r_s}{n}\right)$$

x 方向の各階の層間変形角は 1/200 以下，剛性率は 0.6 以上となり規定を満足している．

b) 偏心率の確認

偏心率の算定方法を4階部分について以下に示す．

最初に，各階の重心を柱軸力から求める．柱軸力は固定荷重に地震時の積載荷重を加えた荷重を用いて計算した．4階の全柱軸力と，Ⓐ①柱を座標原点とした各柱の座標を図7・5に示す．重心 g_x は，各柱の軸力と x 座標値を乗じた値の和を，全柱軸力の和で除した(7.3)式で計算する．

$$g_x = \frac{\sum(N \cdot x)}{\sum N}$$

$$= \frac{850.7 \times 0.0 + 1316.2 \times 10.0 + 1328.9 \times 20.0 + 1535.8 \times 30.0 + 1054.5 \times 40.0}{850.7 + 1316.2 + 1328.9 + 1535.8 + 1054.5}$$

$$= 21.031 \text{m}$$

同様にして，

$$g_y = \frac{\sum(N \cdot y)}{\sum N}$$

$$= \frac{1418.1 \times 0.0 + 2494.5 \times 9.0 + 1869.9 \times 20.0 + 303.6 \times 25.5}{1418.1 + 2494.5 + 1869.9 + 303.6}$$

$$= 11.106 \text{m}$$

次に，剛心を各階の水平剛性から求める．水平剛性は，各列の架構の1次設計時の負担層せん断力を層間変形で除して求める．4階の x, y 方向の各列の架構の水平剛性を図7・5に示す．剛心 l_x は，y 方向の各列の架構の水平剛性と架構の x 座標を乗じた値の和を，y 方向各列の水平剛性の和で除した(7.4)式で計算する．

$$l_x = \frac{\sum(K_y \cdot x)}{\sum K_y}$$

$$= \frac{33990 \times 0.0 + 40580 \times 10.0 + 37200 \times 20.0 + 53890 \times 30.0 + 49030 \times 40.0}{33990 + 40580 + 37200 + 53890 + 49030}$$

$$= \frac{4727700}{214690} = 22.021 \text{m}$$

同様にして，

$$l_y = \frac{\sum(K_x \cdot y)}{\sum K_x}$$

$$= \frac{59900 \times 0.0 + 72430 \times 9.0 + 66840 \times 20.0 + 14080 \times 25.5}{59900 + 72430 + 66840 + 14080}$$

$$= \frac{2347710}{213250} = 11.009 \text{m}$$

偏心距離は，図7・6に示すように重心と剛心のずれで(7.5)式で計算する．

$$e_x = |l_x - g_x| = |22.021 - 21.031| = 0.990 \text{m}$$
$$e_y = |l_y - g_y| = |11.009 - 11.106| = 0.097 \text{m}$$

次に，偏心率を求めるに必要なねじれ剛性および弾力半径を計算する．ねじれ剛性は，x, y 方向の架構の各列の水平剛性と剛心を座標原点として各列までの距離の2乗を乗じた値の和で，(7.6)式で計算する．

$$K_r = \sum(K_x \cdot \bar{y}^2) + \sum(K_y \cdot \bar{x}^2)$$

$$= 5.769 \times 10^7 \text{kN} \cdot \text{m}$$

弾力半径 r_{ex}, r_{ey} は，(7.7)式で計算する．

$$r_{ex} = \sqrt{\frac{K_r}{\sum K_x}} = \sqrt{\frac{5.769 \times 10^7}{21.325 \times 10^4}} = 16.448 \text{m}$$

$$r_{ey} = \sqrt{\frac{K_r}{\sum K_y}} = \sqrt{\frac{5.769 \times 10^7}{21.469 \times 10^4}} = 16.392 \text{m}$$

4階部分の偏心率は以上の計算から(7.8)式で求まる．

$$R_{ex} = e_y / r_{ex} = 0.097 / 16.448 = 0.006$$
$$R_{ey} = e_x / r_{ey} = 0.990 / 16.392 = 0.060$$

各階の x 方向の偏心率の計算結果を，表7・7に示す．全階で偏心率は 0.15 以下となり規定を満足している．

c) 保有水平耐力の確認

最初に，各階の必要保有水平耐力 Q_{un} を(7.15)式で計算する．

$$Q_{un} = D_s \cdot F_{es} \cdot Q_{ud}$$

地震力によって各階に生じる水平力 Q_{ud} は，第4章の計算例の1次設計の地震力計算で標準せん断力係数 C_0 を 1.0 にして求める．使用されている柱，梁部材の構造ランクはすべて I であり，純ラーメン構造であるので，表7・3から D_s は 0.25 となる．また，前 a), b) 項の剛性率，偏心率の確認から，剛性率は全階で 0.6 以上であるので表7・4から F_s は 1.0，偏心率は 0.15 以下であるので表7・5から F_e は 1.0 となり，(7.16)式から F_{es} は 1.0 となる．表7・8に各階の x 方向の必要保有水平耐力の計算結果を示す．

次に，保有水平耐力 Q_u を，コンピュータにて荷重増分による弾塑性解析法で計算する．図7・7に x 方向の各階の荷重—層間変形角関係および終局時の塑性ヒンジ発生状況を示す．表7・8に x 方向の計算結果を示す．

表7・8から，全階で保有水平耐力は必要保有耐力の2倍強になっている．

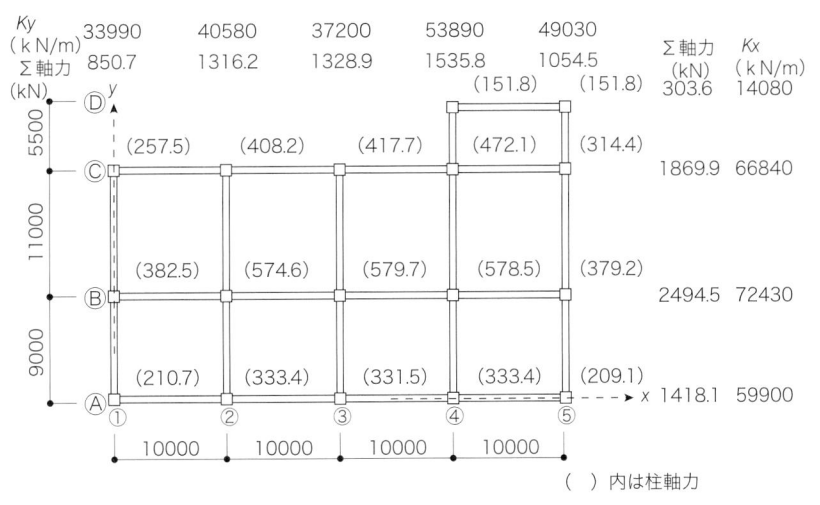

図7・5 4階各列の座標と柱軸力・各列剛性

表7・6 層間変形角・剛性率 (x方向)

階	層間変位 δ (mm)	構造階高 h (mm)	層間変形角 δ/h	r_s	剛性率 R_s
4	9.65	3475	1/360	360	1.284
3	14.13	3450	1/244	244	0.871
2	16.08	3450	1/215	215	0.765
1	14.63	4435	1/303	303	1.081

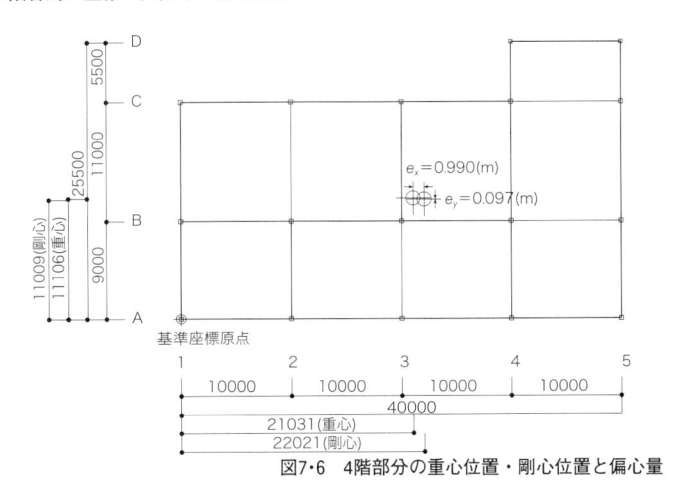

$\bar{r}_s$ 280

図7・6 4階部分の重心位置・剛心位置と偏心量

表7・7 偏心率 (x方向)

階	重心位置 g_y(m)	剛心位置 l_y(m)	偏心距離 e_y(m)	弾力半径 r_e(m)	偏心率 R_e
4	11.106	11.009	0.097	16.448	0.006
3	11.186	11.114	0.072	16.448	0.004
2	11.209	10.996	0.213	16.335	0.013
1	11.229	10.887	0.342	16.385	0.021

表7・8 保有水平耐力 (x方向)

階	W_i (kN)	ΣW_i (kN)	A_i	Q_{ud} (kN)	D_s	F_{es}	Q_{un} (kN)	Q_u (kN)	判定
4	6084.4	6084.4	1.692	10293.7	0.25	1.000	2573	5569	OK
3	6534.0	12618.4	1.358	17138.6	0.25	1.000	4285	9272	OK
2	6593.8	19212.2	1.160	22276.9	0.25	1.000	5569	12053	OK
1	6744.9	25957.2	1.000	25957.2	0.25	1.000	6489	14044	OK

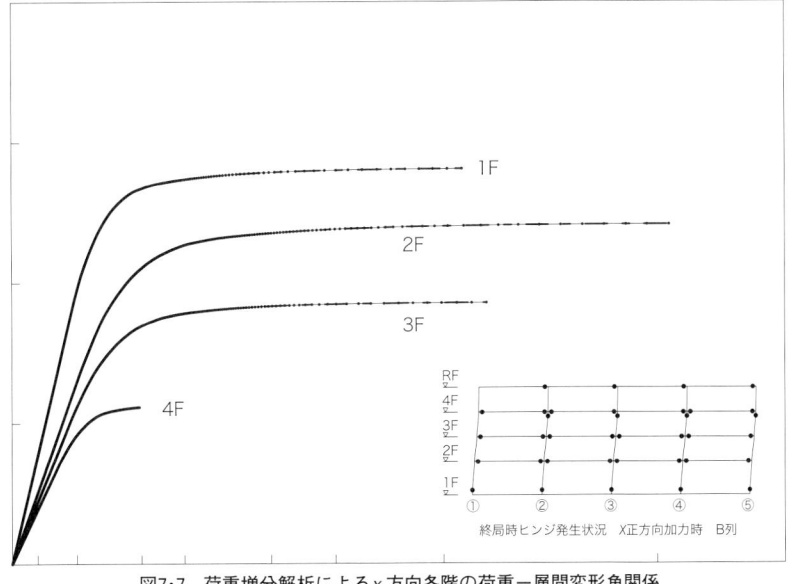

図7・7 荷重増分解析によるx方向各階の荷重－層間変形角関係

第7章 耐震安全性の確認

第8章 設計例

本章では，鉄骨構造による事務所建築の代表的な例として，角形鋼管を用いたラーメン構造の設計例を示す．本章で示されている内容は，通常の構造設計実務において作成される計算書に基づいている．ただし，この建築物の荷重計算，部材設計，接合部設計，および耐震安全性の確認については，前章までの各章で設計例題として示しているので，それを参照のこと．また，鉄骨と仕上げ材との納まり例を設計例の最後に添付しているので，あわせて参照して欲しい．

なお，本設計例は柱梁耐力比が1.5以上確保できていないため，ルート3（保有水平耐力の確認）により検討している．

本章で使う記号の一覧はp.5に示してある．

1. 建物概要

工事名称：○○ビル新築工事
建 設 地：名古屋市
建物用途：事務所
建物規模：地上4階建
建築面積：968.36m^2
延床面積：3671.04m^2
最高高さ：16.260m
軒　　高：14.600m
構造種別：鉄骨造
基礎種別：直接独立基礎
仕上概要
　　屋根：コンクリートスラブの上シート防水
　　天井：岩綿吸音板（軽量鉄骨下地）
　　床　：タイルカーペット，塩ビタイル
　　外壁：アルミカーテンウォール，ALC
　　内壁：ボード貼り（軽量鉄骨下地）

2. 構造設計方針

- X，Y両方向とも主架構は純ラーメン構造とする．
- 主架構の使用鋼材は，柱は冷間成型角形鋼管（BCR295，BCP325），はりはH形鋼（SN400，SN490）とする．
- 床は型枠デッキプレートを用いたRCスラブとする．
- 梁継手は高力ボルト接合，柱継手は現場溶接接合とする．高力ボルトのピッチは軸径によらず60mmとする．
- 柱脚は埋込柱脚とする．
- 構造計算は許容応力度等計算によって行い，許容応力度の確認および保有水平耐力の確認を行う．
- 応力計算には市販の一貫計算用プログラムを用いる．架構モデルは立体モデルとし，保有水平耐力算定は荷重増分法により行う．

3. 準拠する基規準および図書

構造計算は主として下記の図書に準拠して行う．

- 建築基準法・同施行令および国土交通省告示
- 各地方の条例
- 国土交通省住宅局建築指導課他『2007年版　建築物の構造関係技術基準解説書』
- 日本建築センター『冷間成形角形鋼管設計・施工マニュアル』
- 日本建築学会『鋼構造設計規準』
- 日本建築学会『鋼構造塑性設計指針』
- 日本建築学会『高力ボルト接合設計施工ガイドブック』
- 日本建築学会『各種合成構造設計指針・同解説』
- 日本建築学会『鉄筋コンクリート構造計算規準・同解説』
- 鋼材倶楽部『デッキプレート床構造設計・施工規準』

4. 使用材料および許容応力度

a) 鋼材

表8・1 鋼材の許容応力度（N/mm²）

種別	基準強度	長期		短期		備考
		引張圧縮曲げ	せん断	引張圧縮曲げ	せん断	
SS400 SN400	235	156	90	235	135	板厚≦40mm
BCR295	295	196	113	295	170	
SN490 BCP325	325	216	125	325	187	板厚≦40mm

b) コンクリート

表8・2 コンクリートの許容応力度（N/mm²）

種別	基準強度	長期				短期			
		圧縮	せん断	付着		圧縮	せん断	付着	
				上端筋	その他			上端筋	その他
普通	21.0	7.00	0.70	1.40	2.10	14.0	1.05	2.10	3.15

c) 鉄筋

表8・3 鉄筋の許容応力度（N/mm²）

種別	基準強度	長期			短期			備考
		引張	圧縮	せん断補強	引張	圧縮	せん断補強	
SD390	390	195	195	195	390	390	390	D29以上
SD345	345	215	215	195	345	345	345	D25以下
SD295	295	195	195	195	295	295	295	D16以下

d) 溶接の許容応力度

鋼材の許容応力度と同等

e) 高力ボルト

表8・4 高力ボルトの許容耐力（kN/本）

種別	ボルト径	設計ボルト張力	長期		短期	
			1面せん断	2面せん断	1面せん断	2面せん断
F10T	M16	101	30.2	60.3	45.2	90.4
	M20	157	47.1	94.2	70.6	141
	M22	190	57.0	114	85.5	171
	M24	226	67.9	136	101.8	204

5. 仮定荷重

a) 固定荷重

(ア) 屋根

シート防水	30
コンクリートスラブ $t=150+15$	3960
型枠デッキプレート	200
天井	220
合計	4410→4500（N/m²）

(イ) 事務室

タイルカーペット	80
フリーアクセスフロア	170
コンクリートスラブ $t=150+15$	3960
型枠デッキプレート	200
天井	220
合計	4630→4700（N/m²）

(ウ) 通路，ホール，倉庫

塩ビタイル	30
コンクリートスラブ $t=150+15$	3960
型枠デッキプレート	200
天井	220
合計	4410→4500（N/m²）

(エ) 機械室

コンクリートスラブ $t=150+15$	3960
型枠デッキプレート	200
天井	220
合計	4380→4400（N/m²）

(オ) 鉄骨階段

コンクリート $t=50$	1200
段板，蹴込み板 PL-4.5	550
ササラ桁 PL-16×300	550
手摺	100
合計	2400→2400（N/m²）

(カ) 鉄骨自重

小梁	400（N/m²）
大梁	350（N/m²）
柱	200（N/m²）

柱・大梁・小梁自重は電算プログラム内では自動算定する．

(キ) 外壁

アルミカーテンウォール	400
合計	400→400（N/m²）

ALC版 $t=150$	1000
下地鉄骨	100
内装ボード（軽鉄下地とも）	270
合計	1370→1400（N/m²）

(ク) 内壁

内装ボード（軽鉄下地とも）	440→500（N/m²）

図8・1　1階平面図

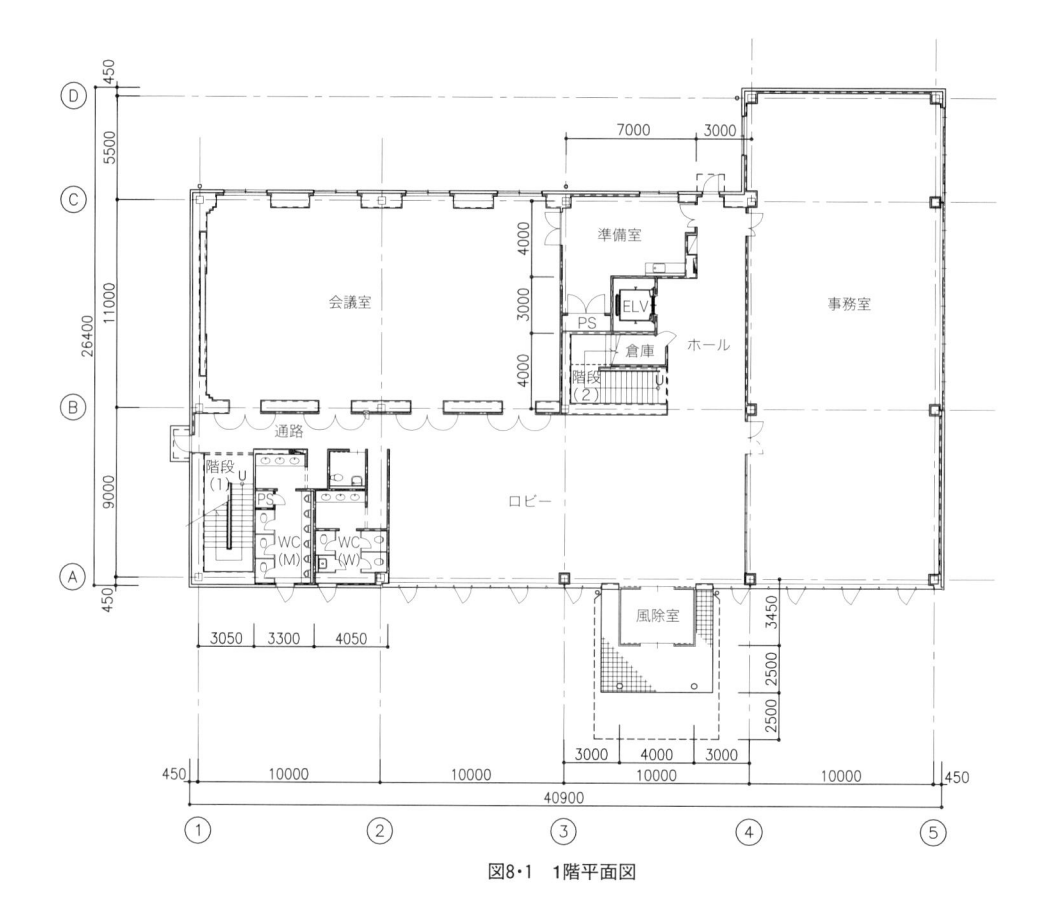

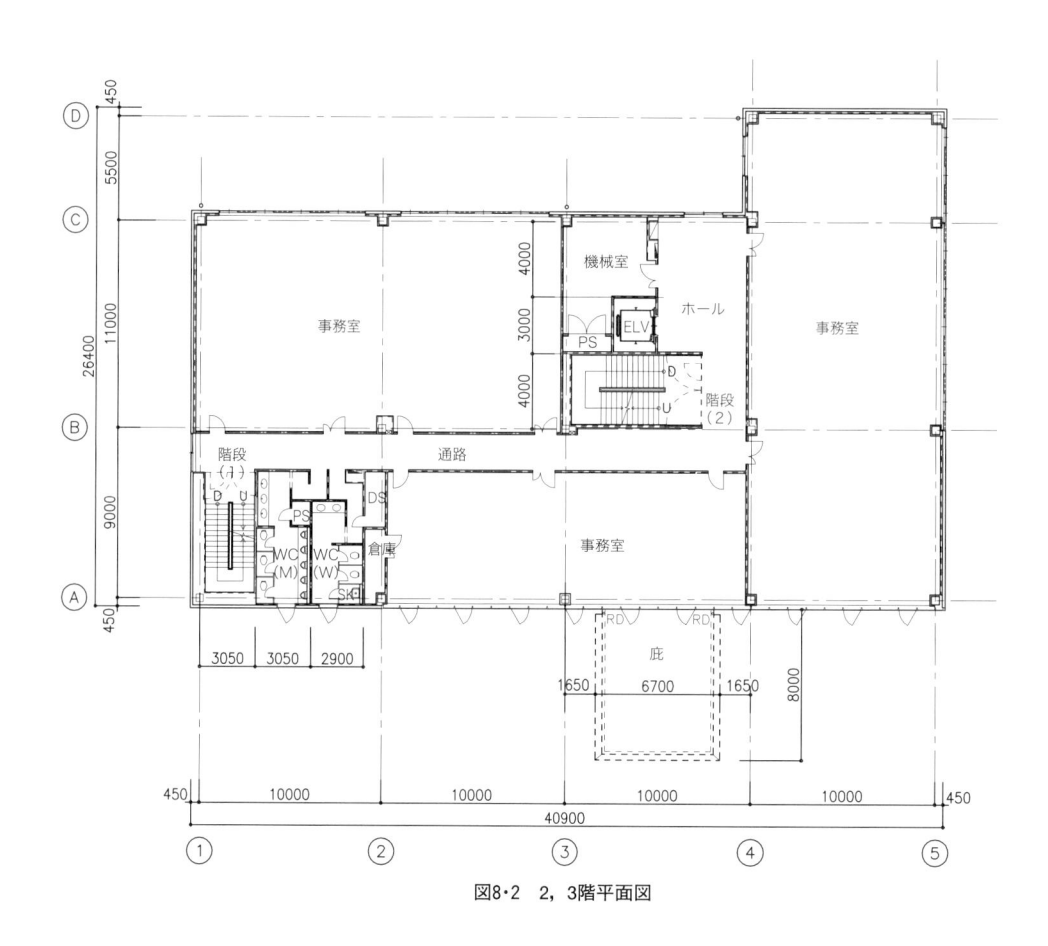

図8・2　2，3階平面図

図8・3　4階平面図

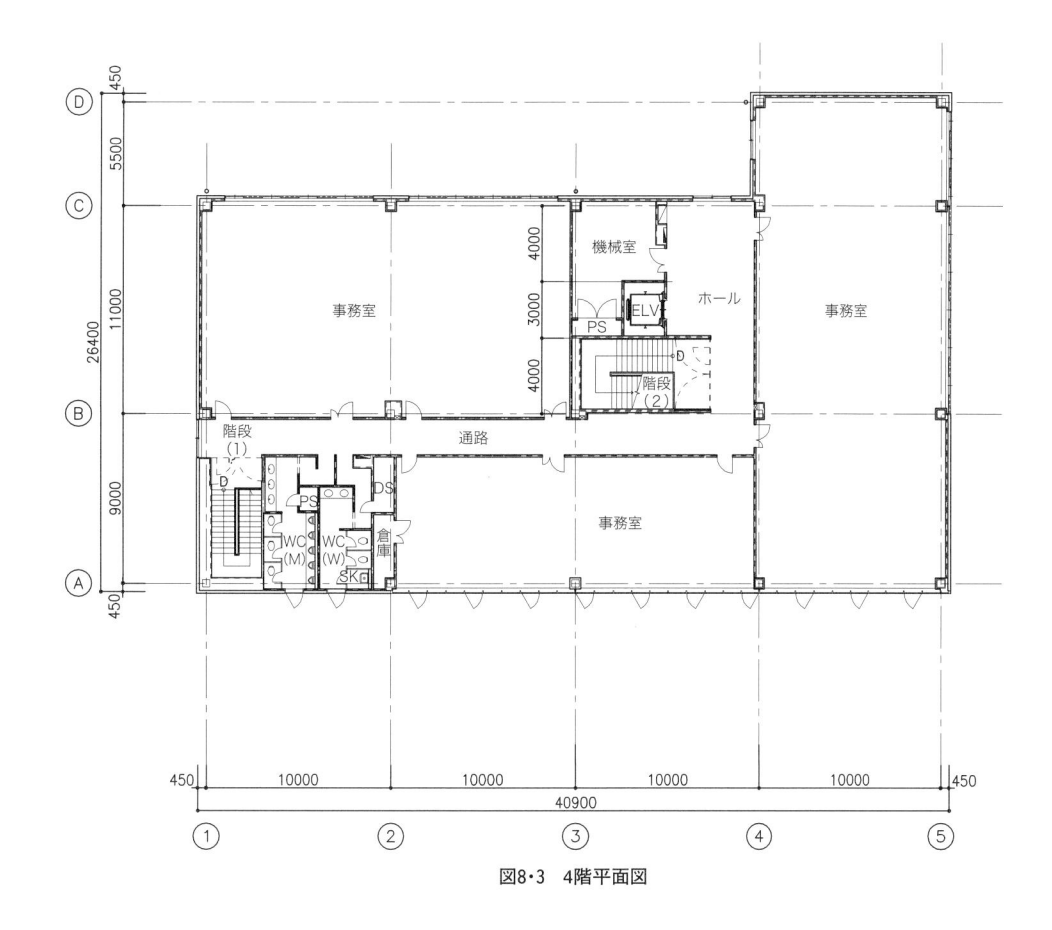

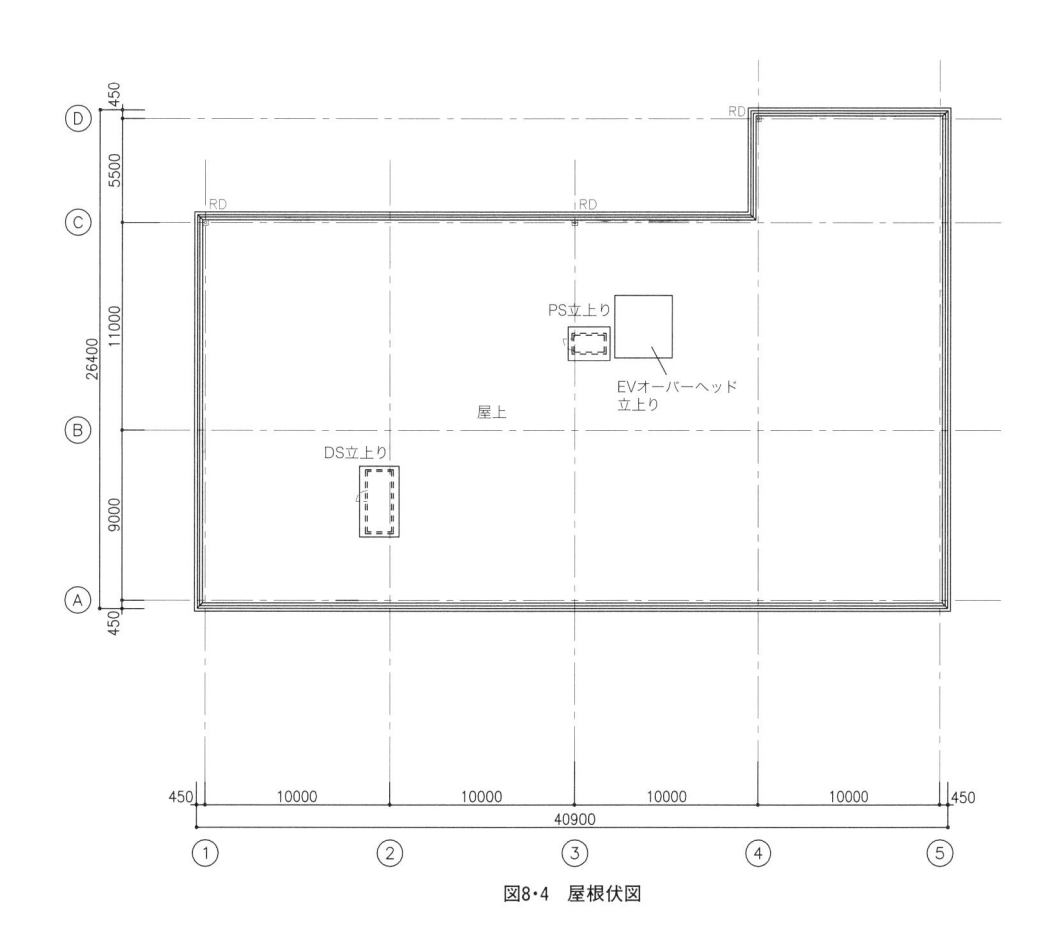

図8・4　屋根伏図

第8章　設計例

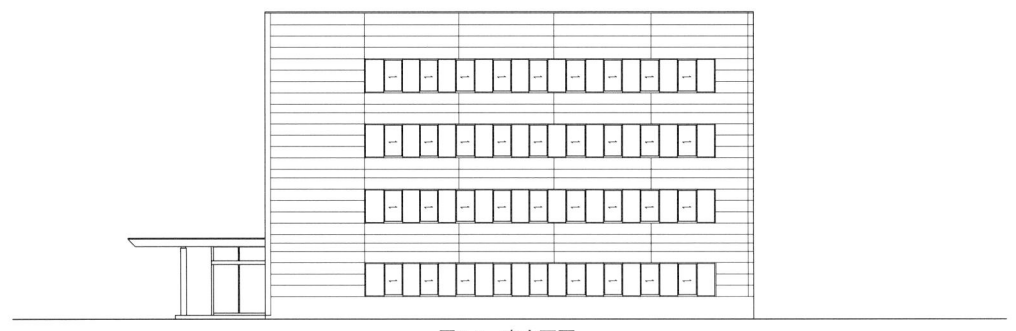

図8・5 東立面図

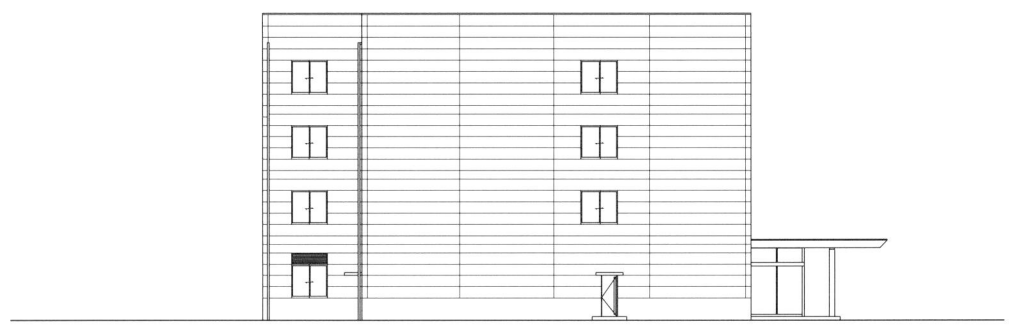

図8・6 西立面図

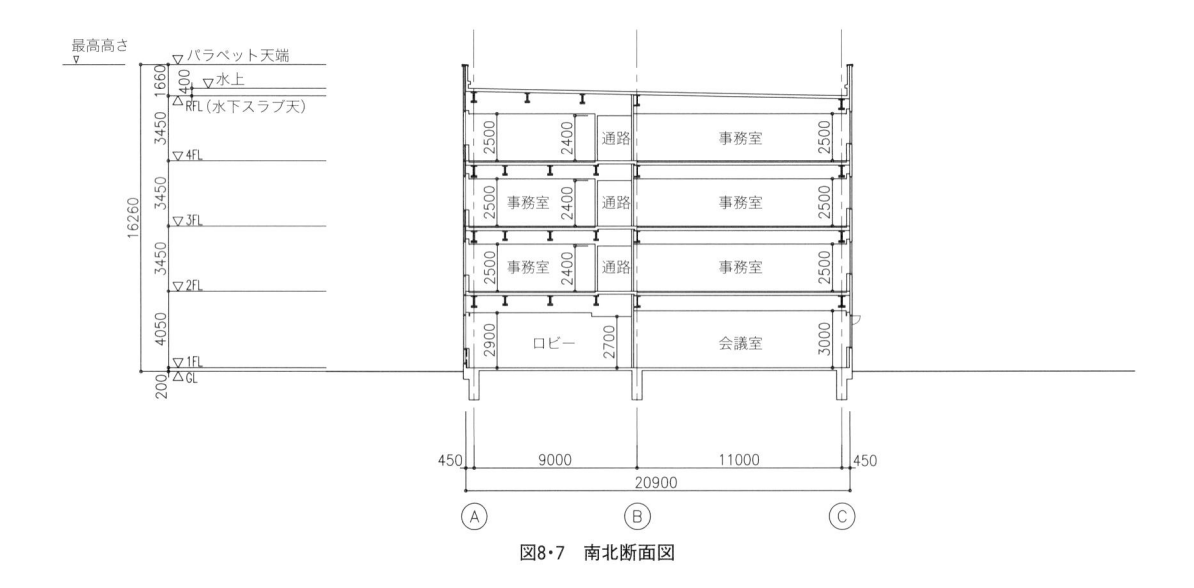

図8・7 南北断面図

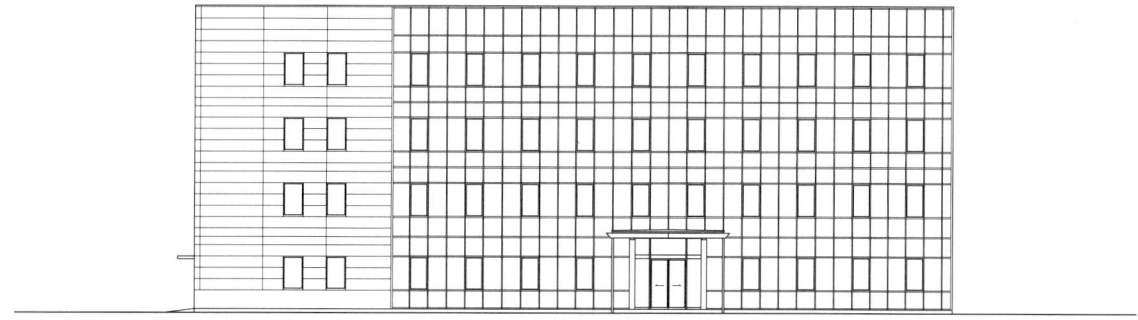

図8・8 南立面図

図8・9 北立面図

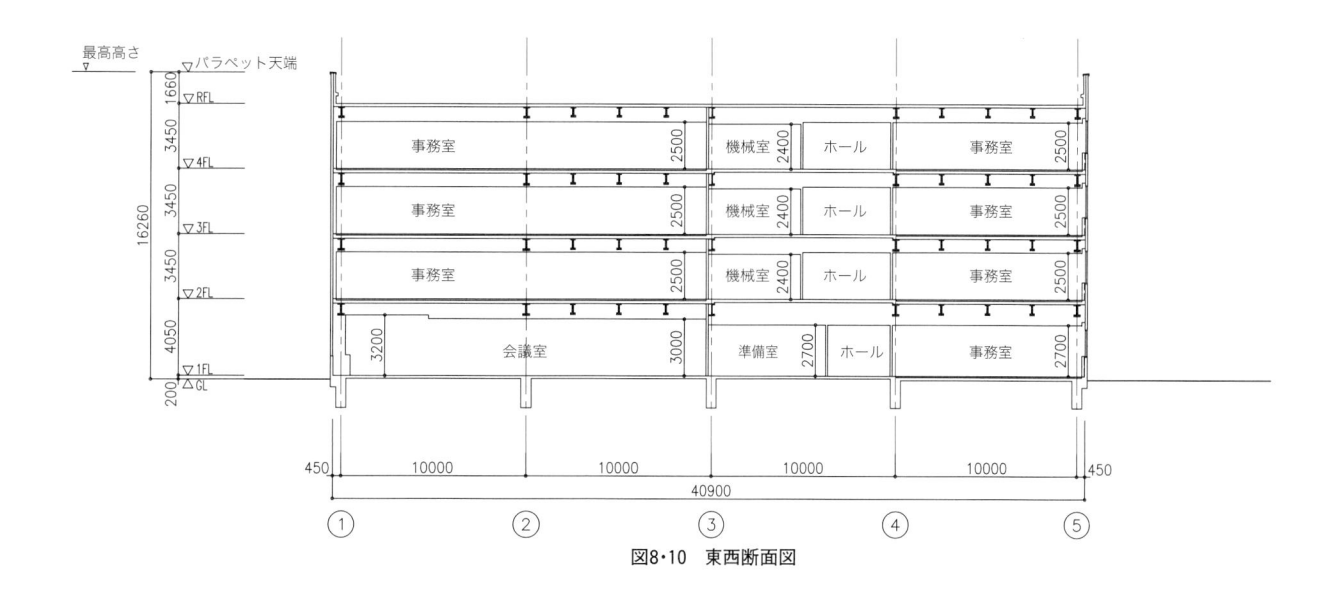

図8・10 東西断面図

第8章 設計例

図8・11　基礎伏図

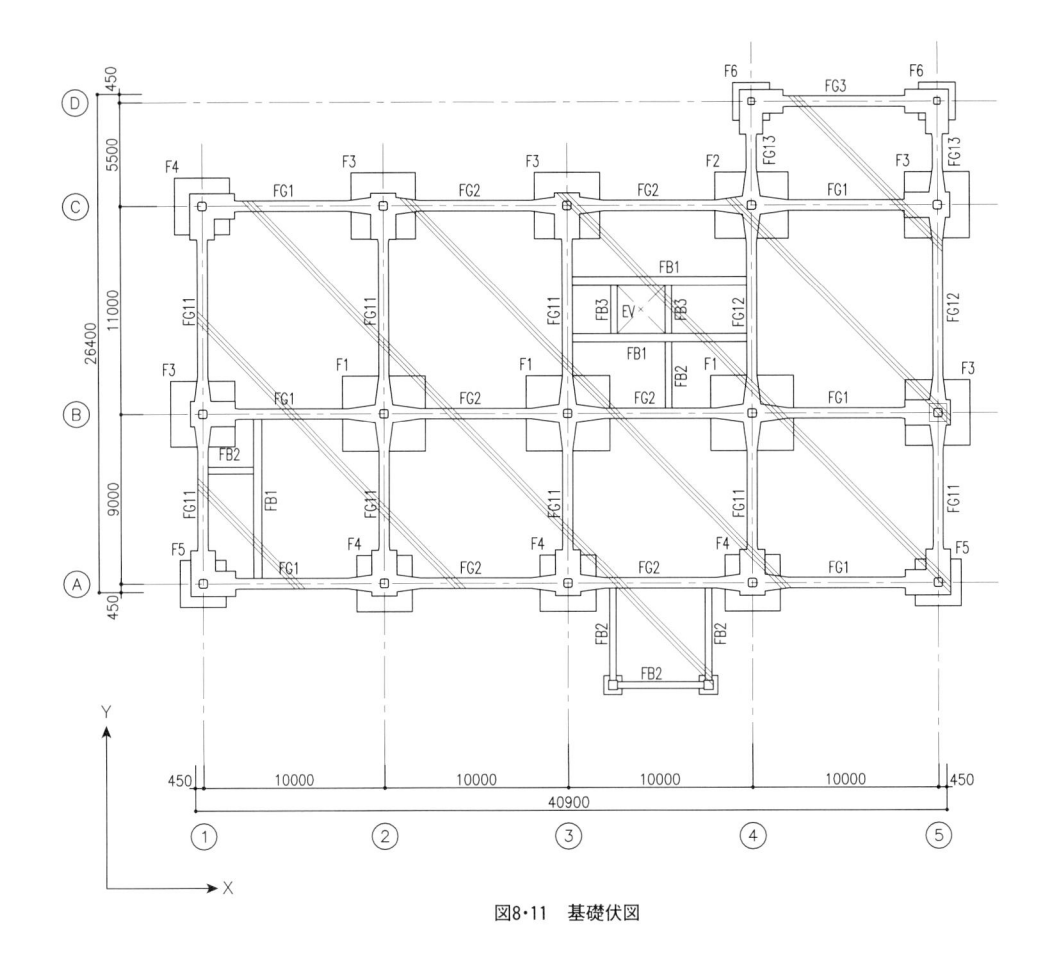

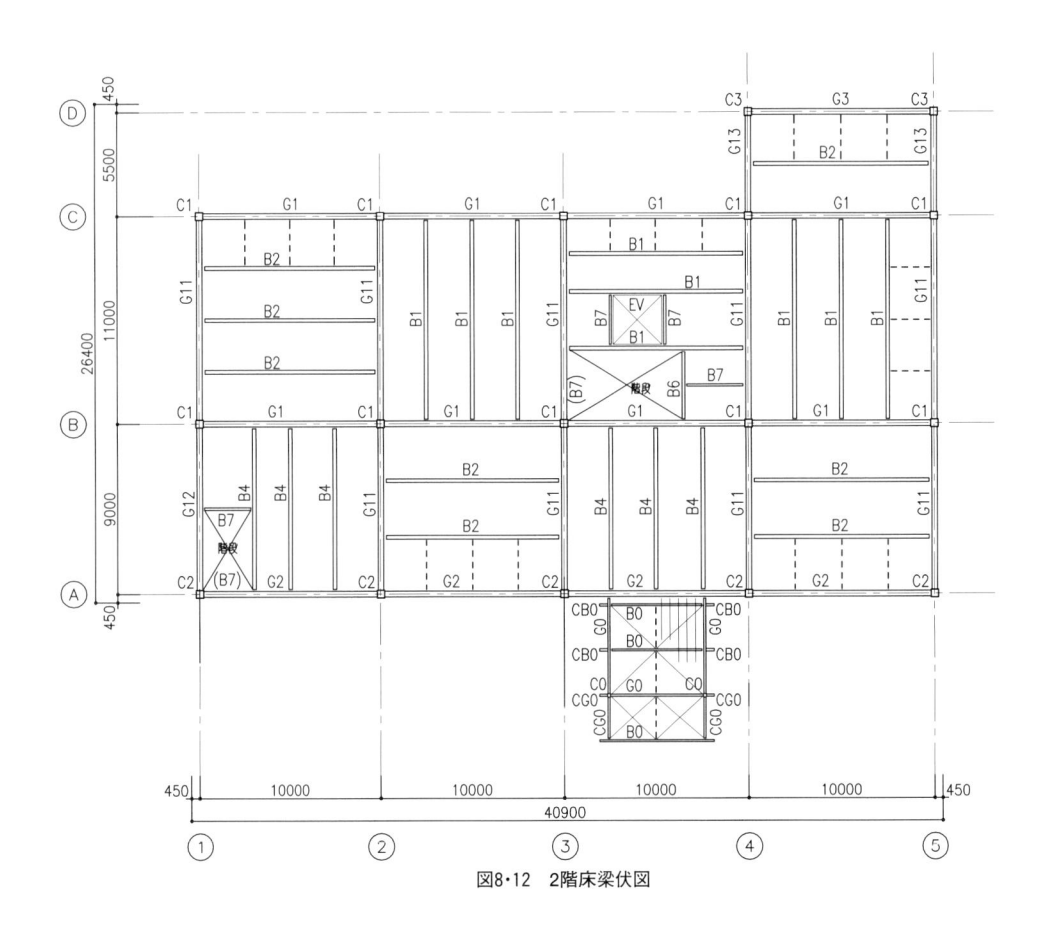

図8・12　2階床梁伏図

図8・13　3，4階床梁伏図

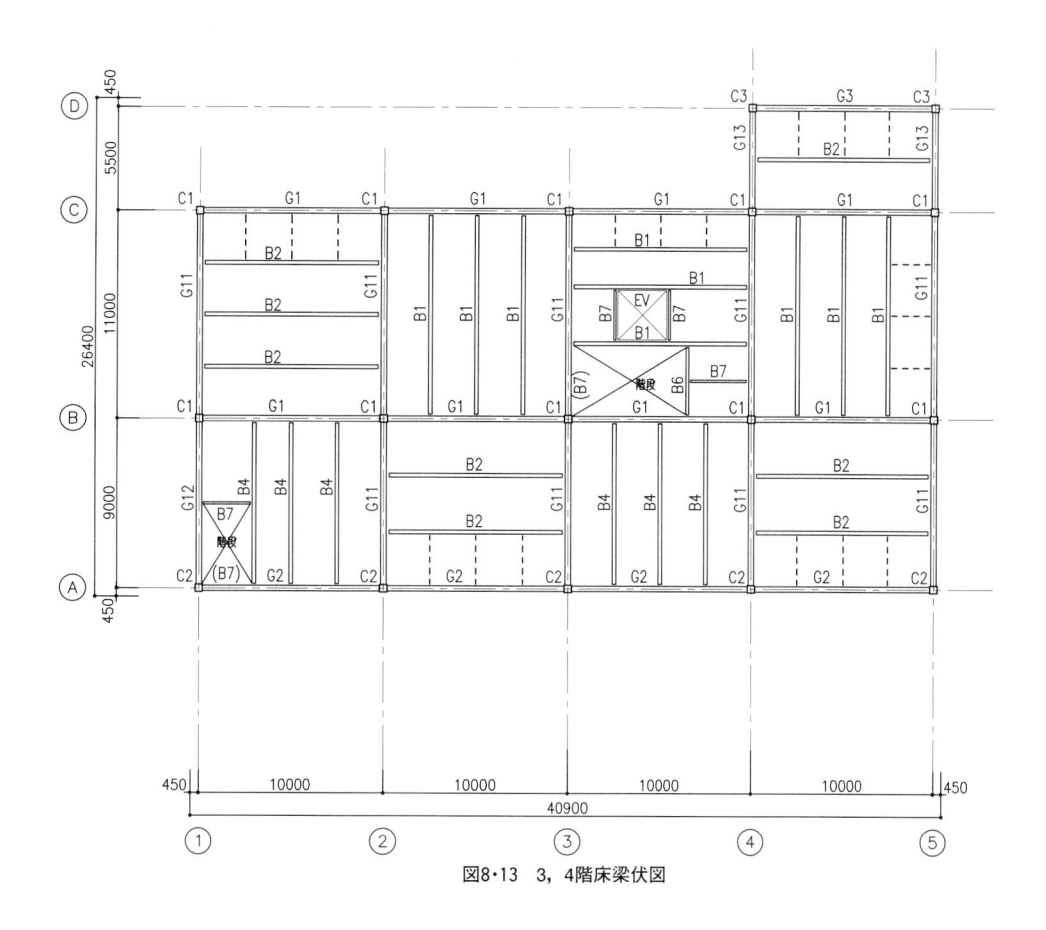

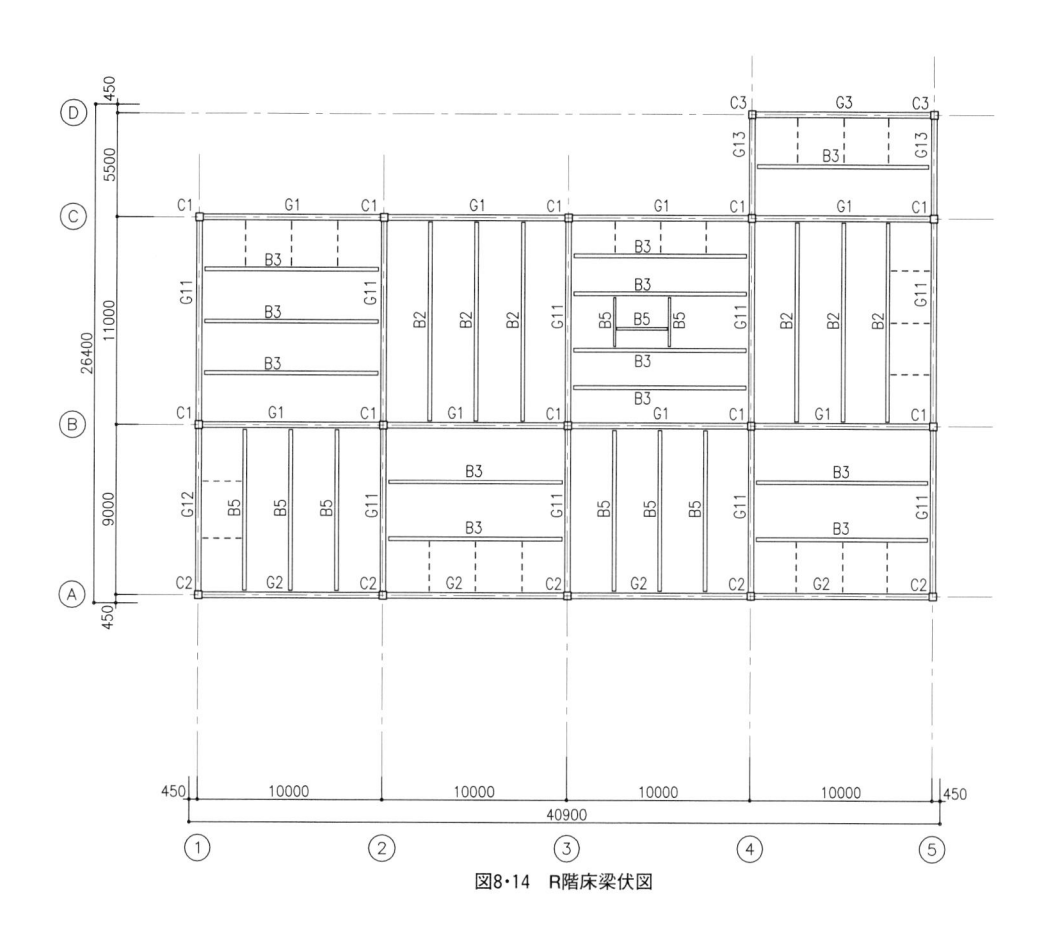

図8・14　R階床梁伏図

第8章　設計例　83

図8・15 Ⓐ列軸組図

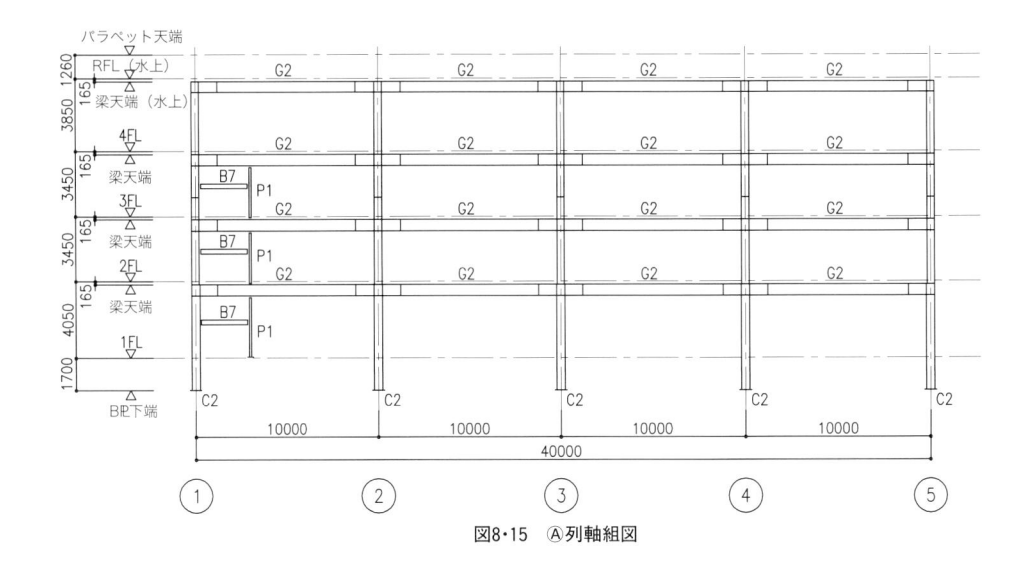

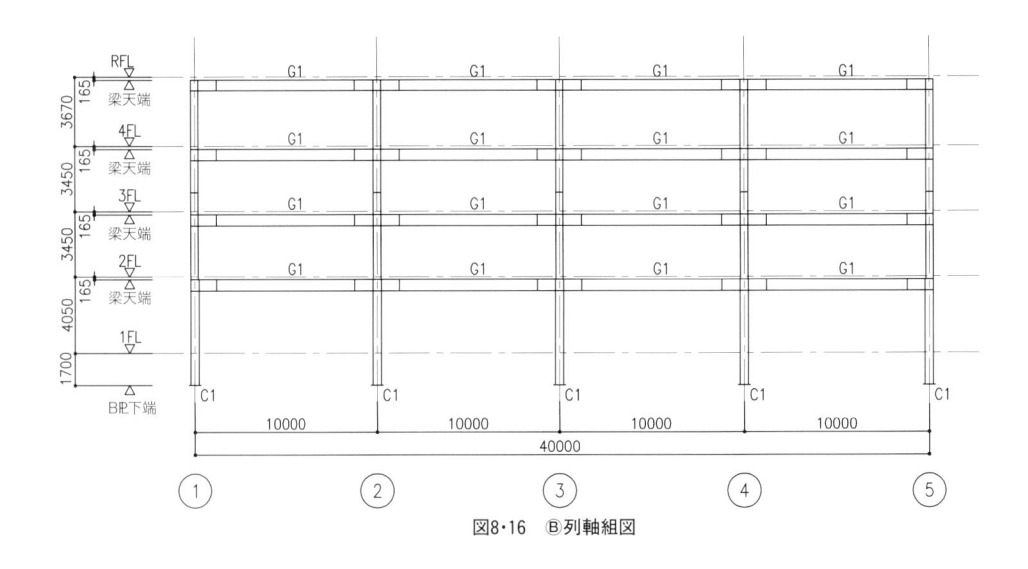

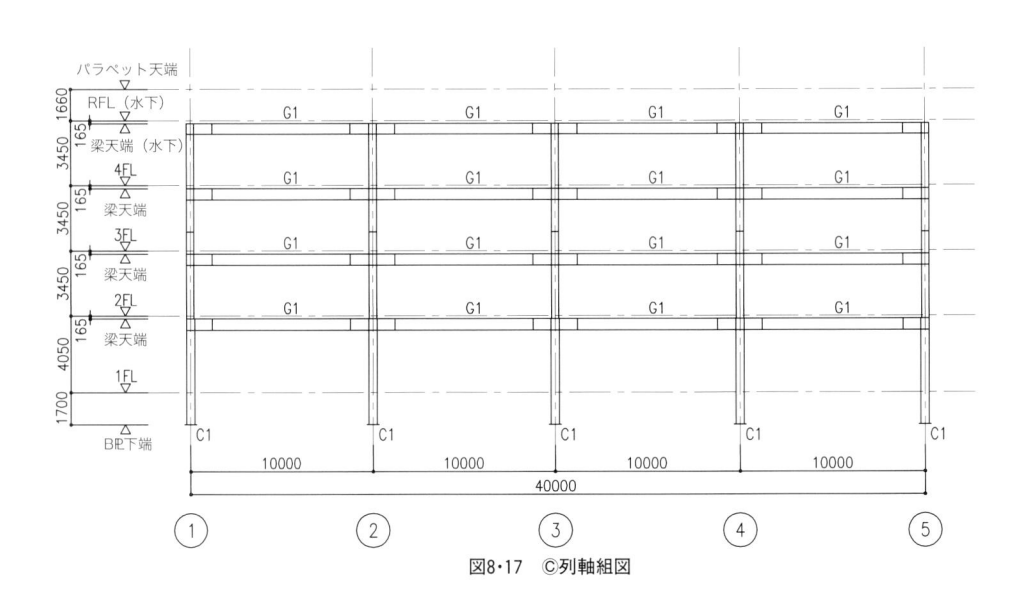

図8・16 Ⓑ列軸組図

図8・17 Ⓒ列軸組図

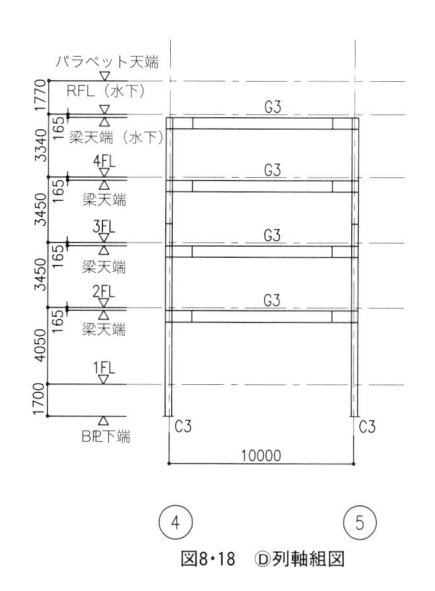

図8・18　Ⓓ列軸組図

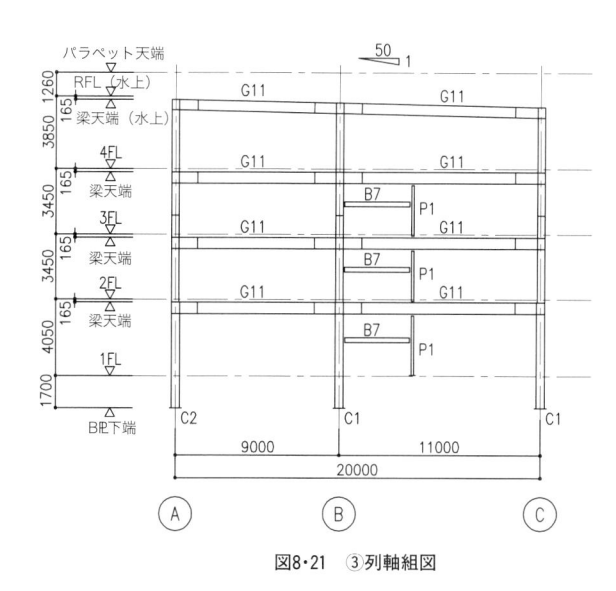

図8・21　③列軸組図

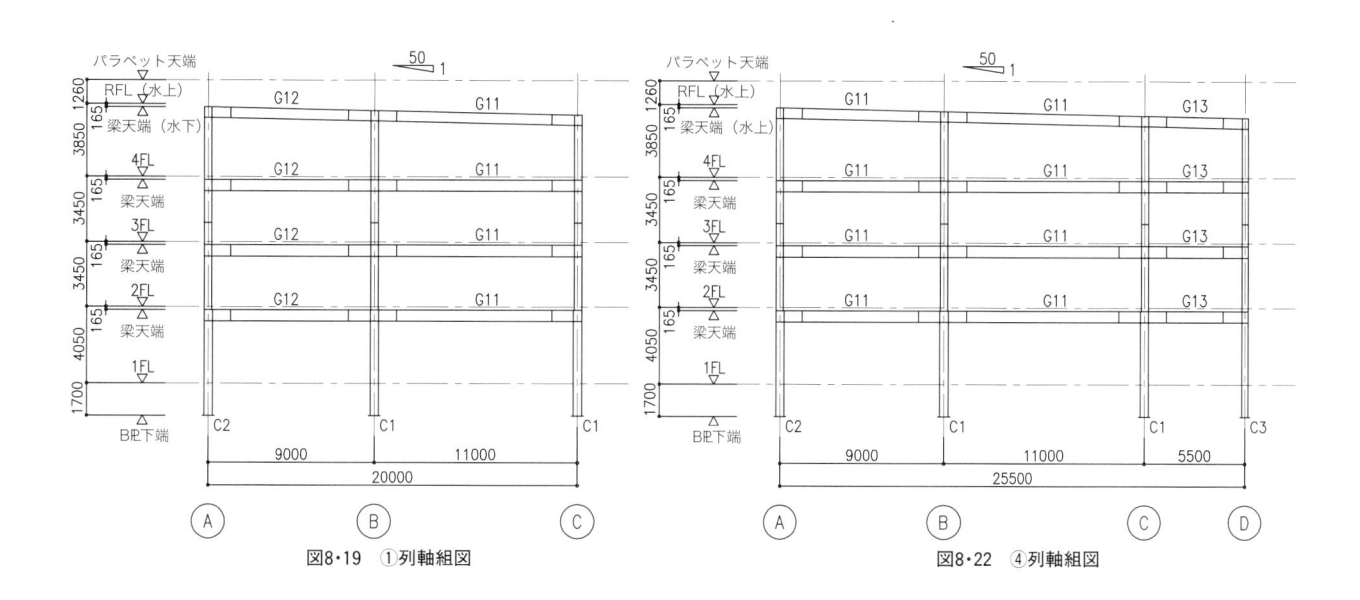

図8・19　①列軸組図

図8・22　④列軸組図

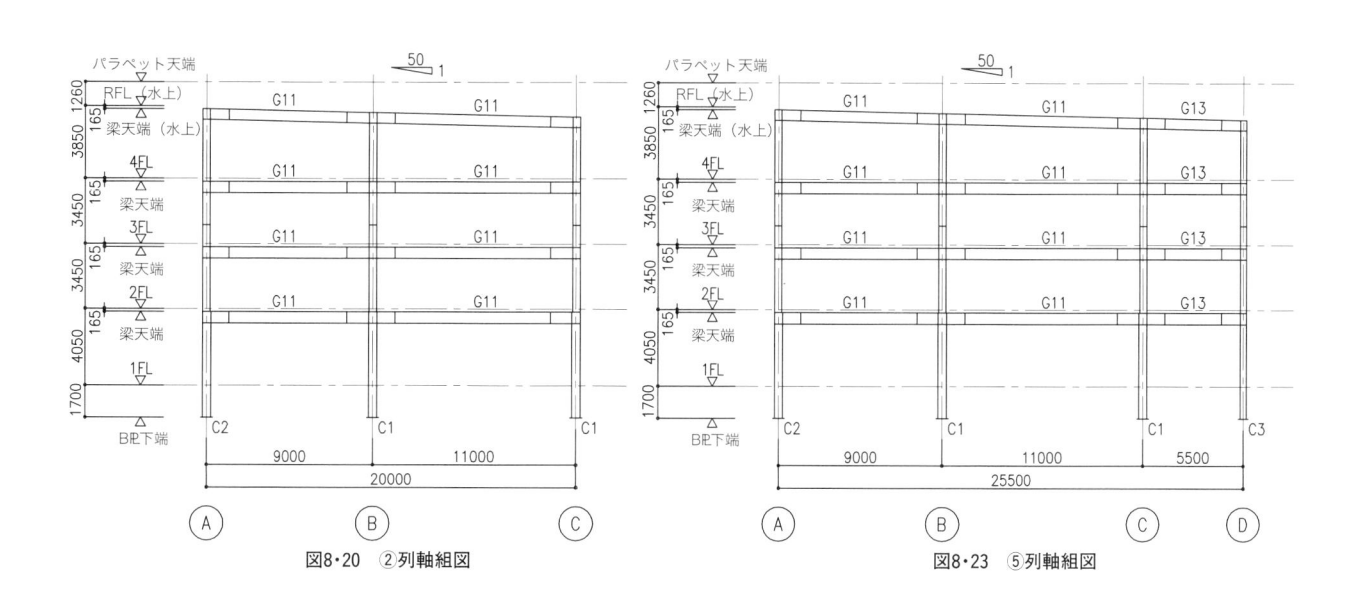

図8・20　②列軸組図

図8・23　⑤列軸組図

第8章　設計例

b) 積載荷重および床荷重表

積載荷重は建築基準法施行令第85条を参考に決定する．

小梁算定用の積載荷重は（床用＋架構用）/2とする．

表8・5 床荷重表（N/m²）

階	室名	状態	床用	小梁用	架構用	地震用	備考
R階	屋根	固定	4500	4900	5450	5450	
		積載	900	800	650	300	非歩行
		合計	5400	5700	6100	5750	
各階	事務室 通路・ホール	固定	4700	5100	5650	5650	
		積載	2900	2400	1800	800	
		合計	7600	7500	7450	6450	
各階	機械室・倉庫	固定	4400	4800	5350	5350	
		積載	5000	4500	4000	3000	
		合計	9400	9300	9350	8350	
各階	階段	固定	2400	2800	3350	3350	
		積載	2900	2400	1800	800	
		合計	5300	5200	5150	4150	

c) 積雪荷重

設計垂直積雪深を愛知県条例より30cm（一般地域）とし，短期積雪荷重を以下とする．

$20\text{N/cm/m}^2 \times 30\text{cm} = 600\text{N/m}^2$

本建築物の場合，屋根面床荷重と比較し積雪荷重が支配的となることはないため，積雪荷重による検討は省略する．

d) 地震荷重

建築基準法施行令に示されるA_i分布とする．

ベースシアー係数C_0　一次設計用$C_0 = 0.20$
　　　　　　　　　　　二次設計用$C_0 = 1.00$
地域係数　$Z = 1.00$
地盤種別は第2種地盤とする．　$T_c = 0.60$秒

e) 風荷重

建築基準法施行令より地方区分3（$V_o = 34\text{m/s}$），愛知県条例より地表面粗度区分Ⅲにより算定する．

6. 準備計算

準備計算として，節点重量および柱軸力の算定，大梁の固定端モーメントC，単純梁時最大モーメントM_0，固定端せん断力Qの算定，仮定断面による剛比の設定などを行う．

a) 柱軸力

節点重量を仮定荷重に各柱の支配面積を乗じることにより求め，その合計値として各階の柱軸力を求める．図8・24に各階の節点重量から求めた柱軸力を示す．

応力解析による柱軸力は，図8・24の数値に大梁の曲げモーメント勾配によるせん断力の移行，および柱軸変形の違いによる軸力の再配分を考慮して求められる．

b) 大梁のC, M_0, Q

B列および2列の各大梁のC, M_0, Q値を図8・25に示す．

7. 設計水平力

以下に電算プログラムにて求めた地震力および風圧力の結果を示す．

a) 地震力

1次固有周期　$T_1 = 0.436$秒＜$T_c = 0.60 \rightarrow R_t = 1.00$

表8・6 地震時層せん断力

階	W_i (kN)	ΣW_i (kN)	α_i	A_i	C_i	Q_i (kN)
4	6084.4	6084.4	0.234	1.692	0.338	2058.7
3	6534.0	12618.4	0.486	1.358	0.272	3427.7
2	6593.8	19212.2	0.740	1.160	0.232	4455.4
1	6744.9	25957.2	1.000	1.000	0.200	5191.4

b) 風圧力

地方区分3 → 基準風速 $V_0 = 34\text{m/s}$
地表面粗度区分Ⅲ → $Z_b = 5$, $Z_G = 450$, $\alpha = 0.20$
建物高さ16.26m，軒高さ14.60m → $H = 15.43\text{m}$
　→ $E_r = 0.87$, $G_f = 2.43$, $E = 1.82$
　→ 設計速度圧　$q = 1263\text{N/m}^2$

表8・7 x方向風圧力

階	h(m)	C_f	A(m²)	P_i(kN)	Q_i(kN)
4	14.60	1.200	83.64	126.8	126.8
3	11.15	1.118	72.62	102.5	229.3
2	7.70	1.019	72.62	93.5	322.8
1	4.25	0.921	79.31	92.3	415.1

表8・8 y方向風圧力

階	h(m)	C_f	A(m²)	P_i(kN)	Q_i(kN)
4	14.60	1.200	159.7	242.0	242.0
3	11.15	1.118	141.6	199.9	441.9
2	7.70	1.019	141.6	182.2	624.1
1	4.25	0.921	154.7	180.0	804.1

両方向とも地震力が風圧力を上回っているため，水平力に対する検討は地震力により行う．

8. 架構応力

鉄骨梁の剛性は床スラブによる合成梁効果を見込み，簡略法として，両側スラブ付きで鉄骨のみの剛性の2倍，片側スラブ付きでは1.5倍として評価する．

本建築物の長期鉛直荷重時応力を図8・26～図8・29に，地震水平荷重時応力を図8・30～図8・33に示す．なお，応力図の読み方を図8・34に示す．

2階

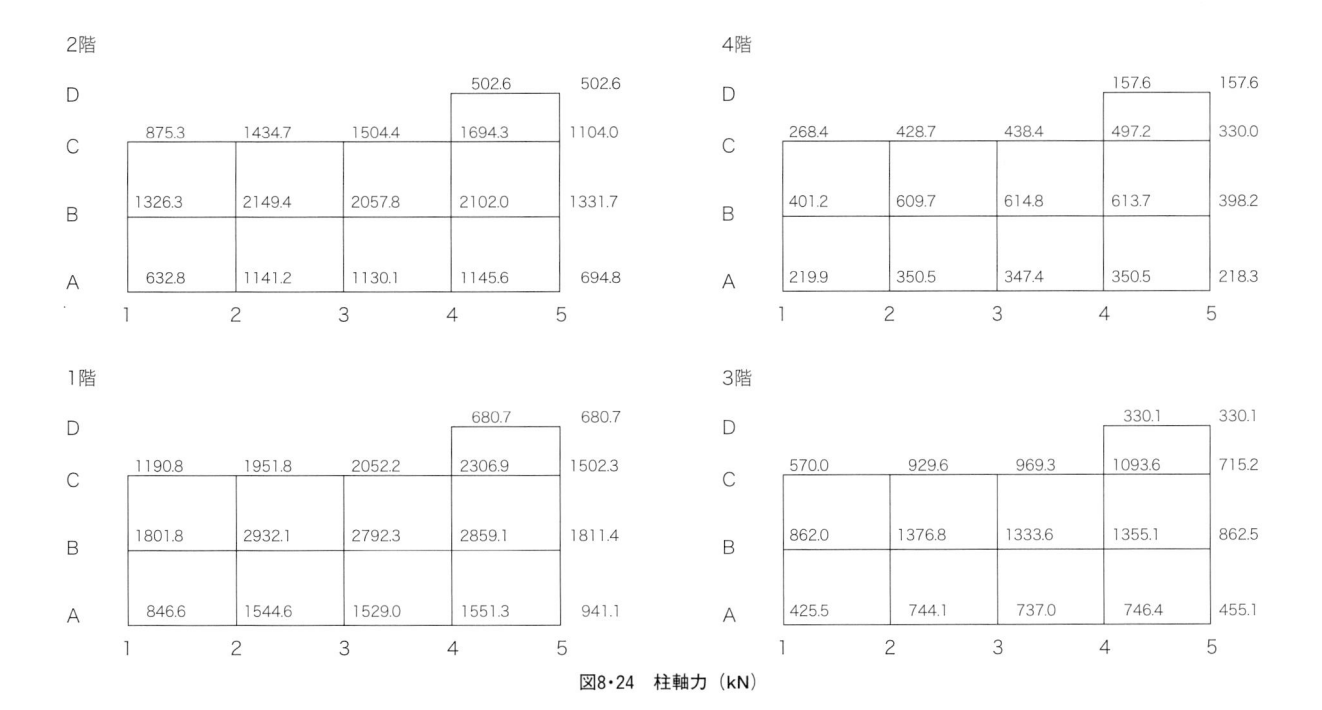

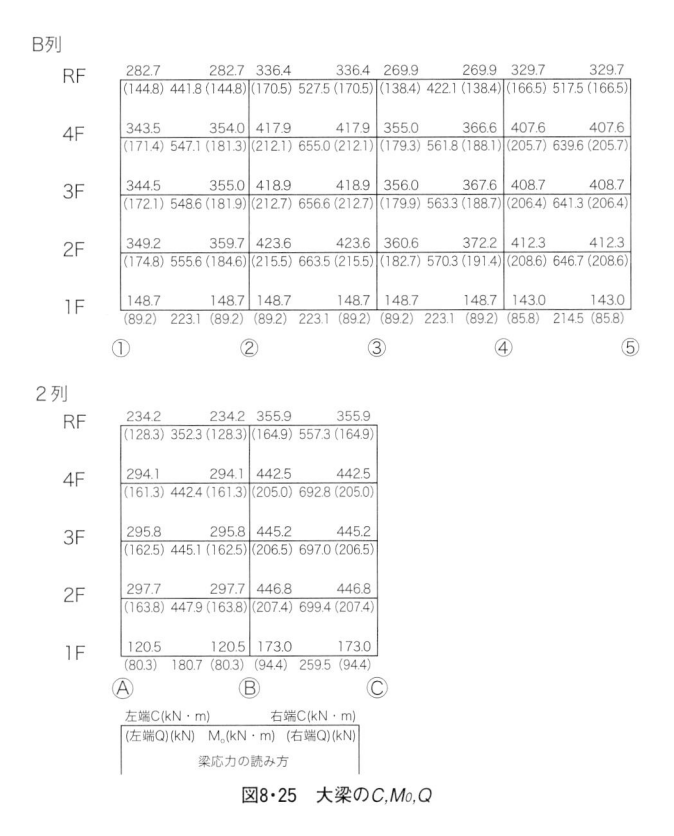

	1	2	3	4	5
D				502.6	502.6
C	875.3	1434.7	1504.4	1694.3	1104.0
B	1326.3	2149.4	2057.8	2102.0	1331.7
A	632.8	1141.2	1130.1	1145.6	694.8

4階

	1	2	3	4	5
D				157.6	157.6
C	268.4	428.7	438.4	497.2	330.0
B	401.2	609.7	614.8	613.7	398.2
A	219.9	350.5	347.4	350.5	218.3

1階

	1	2	3	4	5
D				680.7	680.7
C	1190.8	1951.8	2052.2	2306.9	1502.3
B	1801.8	2932.1	2792.3	2859.1	1811.4
A	846.6	1544.6	1529.0	1551.3	941.1

3階

	1	2	3	4	5
D				330.1	330.1
C	570.0	929.6	969.3	1093.6	715.2
B	862.0	1376.8	1333.6	1355.1	862.5
A	425.5	744.1	737.0	746.4	455.1

図8・24 柱軸力 (kN)

B列

階	①	②	③	④	⑤
RF	282.7　　282.7 (144.8) 441.8 (144.8)	336.4　　336.4 (170.5) 527.5 (170.5)	269.9　　269.9 (138.4) 422.1 (138.4)	329.7　　329.7 (166.5) 517.5 (166.5)	
4F	343.5　　354.0 (171.4) 547.1 (181.3)	417.9　　417.9 (212.1) 655.0 (212.1)	355.0　　366.6 (179.3) 561.8 (188.1)	407.6　　407.6 (205.7) 639.6 (205.7)	
3F	344.5　　355.0 (172.1) 548.6 (181.9)	418.9　　418.9 (212.7) 656.6 (212.7)	356.0　　367.6 (179.9) 563.3 (188.7)	408.7　　408.7 (206.4) 641.3 (206.4)	
2F	349.2　　359.7 (174.8) 555.6 (184.6)	423.6　　423.6 (215.5) 663.5 (215.5)	360.6　　372.2 (182.7) 570.3 (191.4)	412.3　　412.3 (208.6) 646.7 (208.6)	
1F	148.7　　148.7 (89.2) 223.1 (89.2)	148.7　　148.7 (89.2) 223.1 (89.2)	148.7　　148.7 (89.2) 223.1 (89.2)	143.0　　143.0 (85.8) 214.5 (85.8)	

2列

階	Ⓐ	Ⓑ	Ⓒ
RF	234.2　　234.2 (128.3) 352.3 (128.3)	355.9　　355.9 (164.9) 557.3 (164.9)	
4F	294.1　　294.1 (161.3) 442.4 (161.3)	442.5　　442.5 (205.0) 692.8 (205.0)	
3F	295.8　　295.8 (162.5) 445.1 (162.5)	445.2　　445.2 (206.5) 697.0 (206.5)	
2F	297.7　　297.7 (163.8) 447.9 (163.8)	446.8　　446.8 (207.4) 699.4 (207.4)	
1F	120.5　　120.5 (80.3) 180.7 (80.3)	173.0　　173.0 (94.4) 259.5 (94.4)	

```
左端C(kN・m)      右端C(kN・m)
(左端Q)(kN)  M₀(kN・m)  (右端Q)(kN)
          梁応力の読み方
```

図8・25 大梁のC, M₀, Q

図8・26　A列フレーム長期荷重時応力

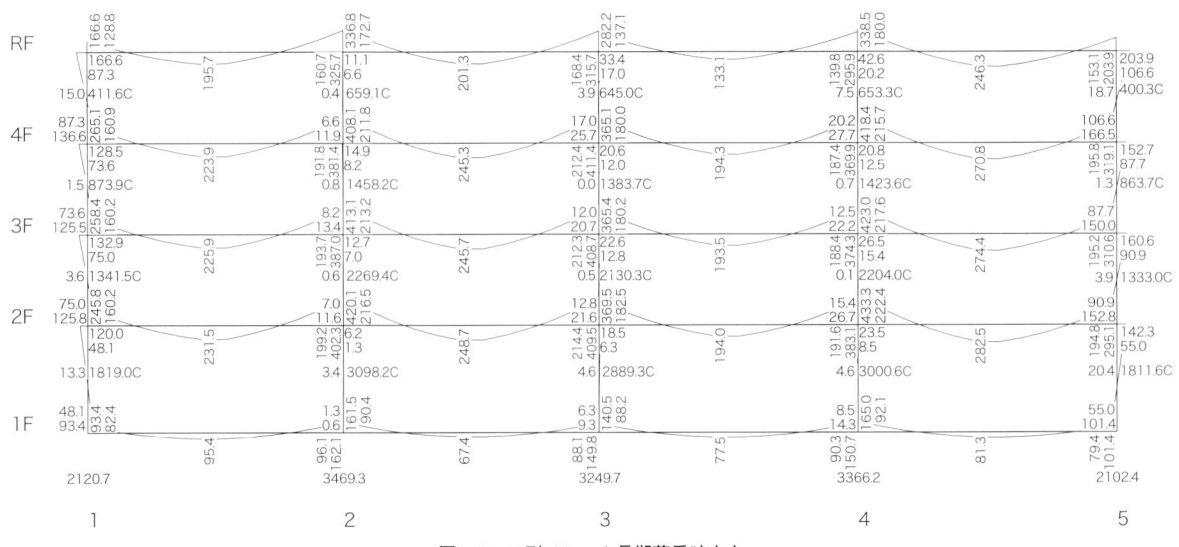

図8・27　B列フレーム長期荷重時応力

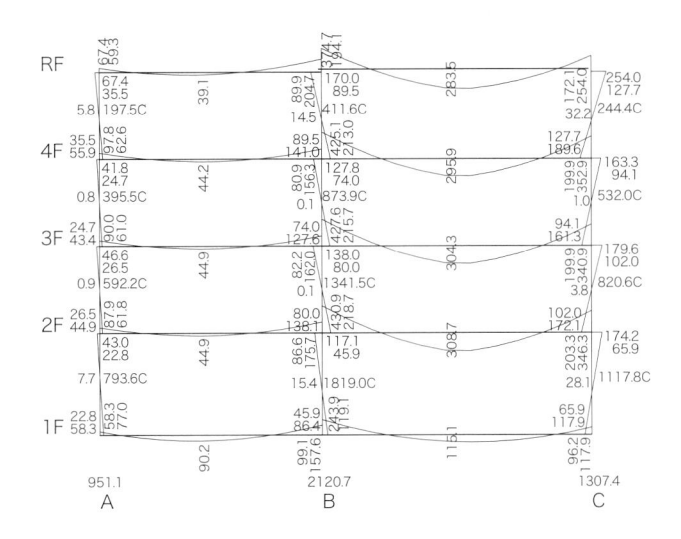

図8・28　1列フレーム長期荷重時応力

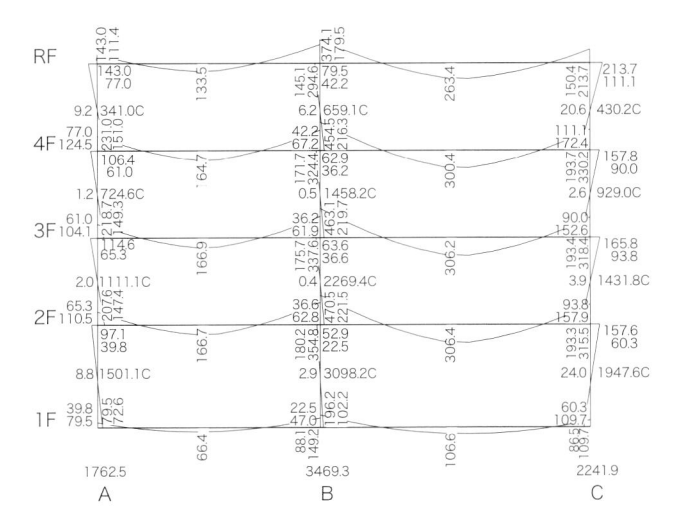

図8・29　2列フレーム長期荷重時応力

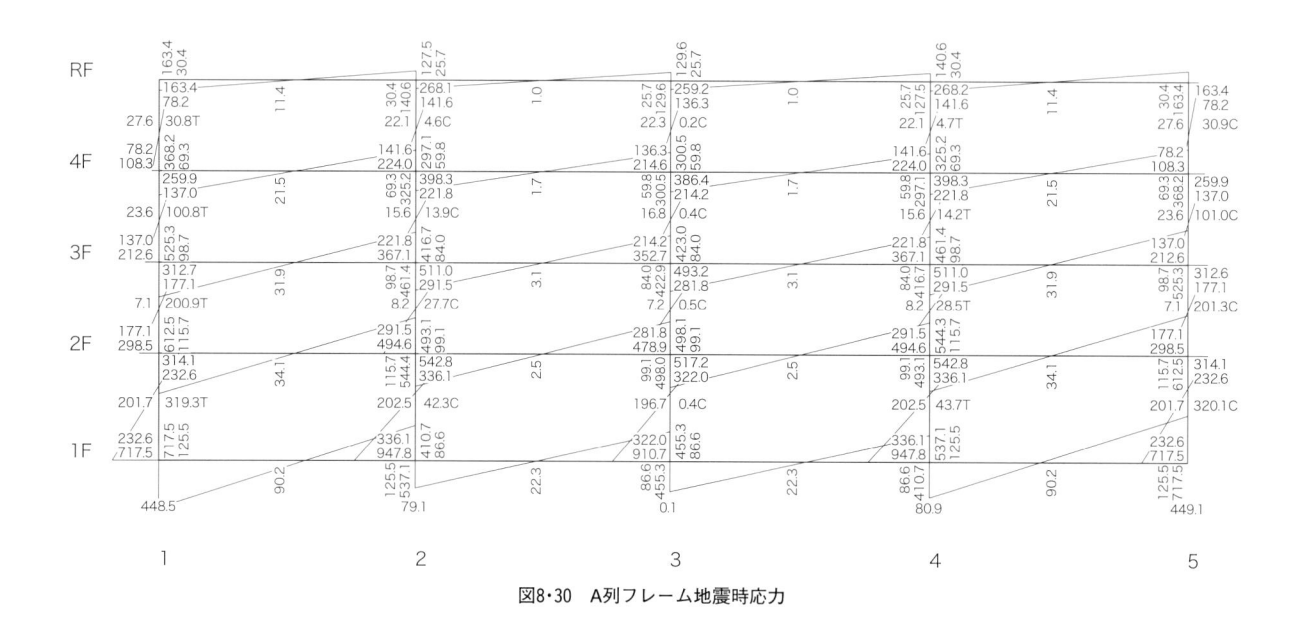

図8・30　A列フレーム地震時応力

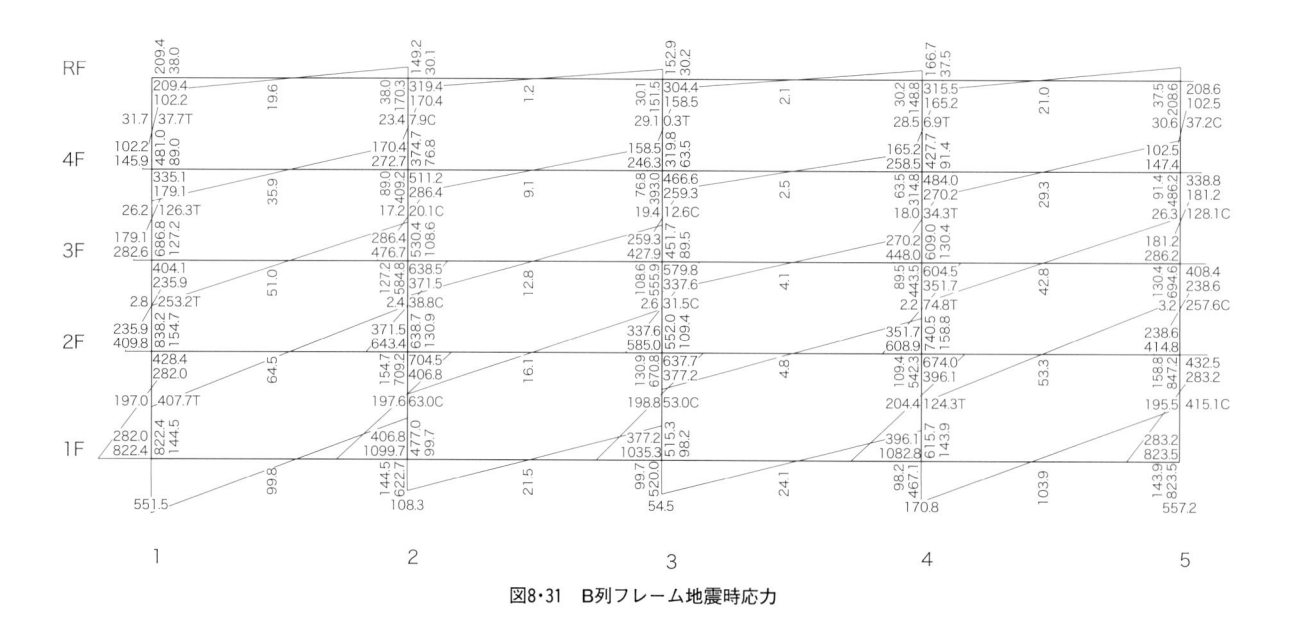

図8・31　B列フレーム地震時応力

図8・32　1列フレーム地震時応力

図8・33　2列フレーム地震時応力

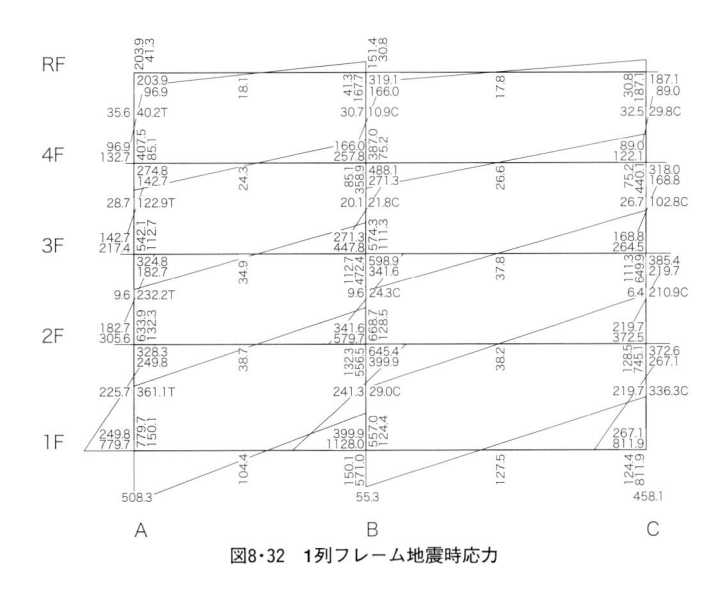

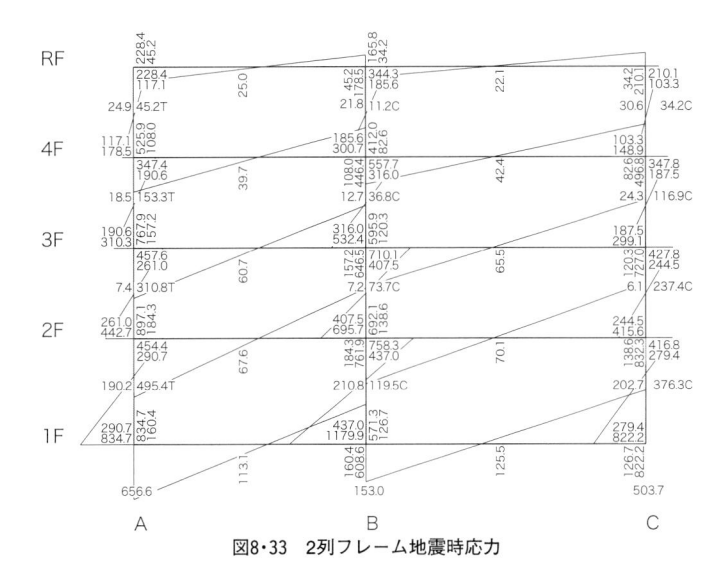

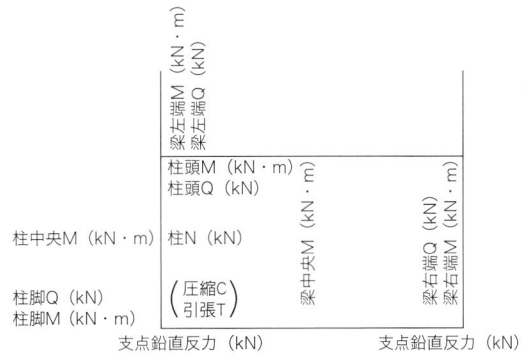

図8・34　応力図の読み方

9. 大梁の設計

a) 大梁断面の検討

大梁 2G11 を例として，構造計算書と検討結果を 5・5 の 6，設計例題 2 (p.50) に示しているので参照のこと．同様にして 2 階の各大梁について検討結果をまとめ，一覧にしたものが表 8・9 である．

表 8・9 大梁代表断面の許容応力度検討結果

2G1梁：H$-600\times300\times12\times28$(SN490) B列4-5間　4端				Z (cm³)	Z_f (cm³)	A (cm²)	A_S (cm²)
				5160	4580	234.7	56.88
M_L (kN·m)	M_S (kN·m)	Q_L (kN)	Q_S (kN)	l_b (m)	短期 f_b (N/mm²)	短期 σ_b/f_b	短期 τ/f_s
433.3	1173.8	222.4	381.2	2.50	325	0.79	0.36
2G2梁：H$-600\times250\times12\times25$(SN490) A列1-2間　1端，2端				Z (cm³)	Z_f (cm³)	A (cm²)	A_S (cm²)
				4040	3440	192.4	57.60
M_L (kN·m)	M_S (kN·m)	Q_L (kN)	Q_S (kN)	l_b (m)	短期 f_b (N/mm²)	短期 σ_b/f_b	短期 τ/f_s
285.7	837.4	158.4	274.1	3.20	325	0.75	0.25
2G3梁：H$-600\times250\times12\times22$(SN490) D列4-5間　4端				Z (cm³)	Z_f (cm³)	A (cm²)	A_S (cm²)
				3670	3060	178.2	58.32
M_L (kN·m)	M_S (kN·m)	Q_L (kN)	Q_S (kN)	l_b (m)	短期 f_b (N/mm²)	短期 σ_b/f_b	短期 τ/f_s
120.5	565.8	90.2	179.3	2.50	325	0.57	0.16
2G11梁：H$-600\times300\times12\times28$(SN490) 2列B-C間　B端				Z (cm³)	Z_f (cm³)	A (cm²)	A_S (cm²)
				5160	4580	234.7	56.88
M_L (kN·m)	M_S (kN·m)	Q_L (kN)	Q_S (kN)	l_b (m)	短期 f_b (N/mm²)	短期 σ_b/f_b	短期 τ/f_s
470.5	1162.6	221.5	360.1	2.75	325	0.78	0.34
2G12梁：H$-600\times300\times12\times28$(SN490) 1列A-B間　A端，B端				Z (cm³)	Z_f (cm³)	A (cm²)	A_S (cm²)
				5160	4580	234.7	56.88
M_L (kN·m)	M_S (kN·m)	Q_L (kN)	Q_S (kN)	l_b (m)	短期 f_b (N/mm²)	短期 σ_b/f_b	短期 τ/f_s
175.7	721.8	86.6	218.9	6.00	311	0.51	0.21
2G13梁：H$-600\times200\times12\times22$(SN490) 4列C-D間　C端				Z (cm³)	Z_f (cm³)	A (cm²)	A_S (cm²)
				3060	2450	156.2	58.32
M_L (kN·m)	M_S (kN·m)	Q_L (kN)	Q_S (kN)	l_b (m)	短期 f_b (N/mm²)	短期 σ_b/f_b	短期 τ/f_s
172.5	694.1	106.0	291.5	2.75	325	0.87	0.27

b) 大梁の横補剛箇所数の検討

等間隔配置とした場合の横補剛材の必要箇所数を，下式により算定する．

400N 級材：$\lambda_y \leq 170 + 20n$

490N 級材：$\lambda_y \leq 130 + 20n$

表 8・10 は 2 階の各大梁についての結果の一覧である．

表 8・10 大梁横補剛箇所数の検討結果

梁符号	部材断面	材質	i_y (cm)	L (m)	必要 n
2G 1	H$-600\times300\times12\times28$	SN490	7.33	10.00	0.4→1
2G 2	H$-600\times250\times12\times25$	SN490	5.82	10.00	2.1→3
2G 3	H$-600\times250\times12\times22$	SN490	5.68	10.00	2.4→3
2G11	H$-600\times300\times12\times28$	SN490	7.33	11.00	1.1→2
2G12	H$-600\times300\times12\times28$	SN490	7.33	9.00	0
2G13	H$-600\times200\times12\times22$	SN490	4.32	5.50	0

各大梁に上記必要箇所数以上の横補剛に有効な小梁が取り付いているかどうかを確認し，不足する部分には横補剛材を設置する．

c) 大梁部材の継手および仕口の検討

継手および仕口の検討では，まず許容応力度設計を行い，存在応力度が許容応力度以下であることの確認を行う．その後，継手および仕口の破断耐力が部材の終局耐力を上回っていること，すなわち保有耐力接合が満足されていることの確認を行う．

許容応力度の検討については，6・6 の 4，設計例題 1 (p.66) を参照のこと．また，保有耐力接合の確認については，6・6 の 6，設計例題 2 (p.66) に検討結果を示している．

一般的なラーメン骨組では，保有耐力接合を検討すれば許容応力度は満足されるため，本設計例では終局耐力についての検討結果の代表例を表 8・11 に示す．

大梁部材断面の継手，仕口の終局耐力について下式を満足することを確認する．

400N 級材：継手　$M_u \geq 1.2M_p$, $Q_u \geq 1.3Q_p$

　　　　　　仕口　$M_u \geq 1.3M_p$

490N 級材：継手　$M_u \geq 1.1M_p$, $Q_u \geq 1.2Q_p$

　　　　　　仕口　$M_u \geq 1.2M_p$

なお，$Q_u = \alpha \cdot Q_p = 2 \cdot \alpha \cdot M_p / L_q$ となる L_q を求め，せん断長さに十分な余裕があることを確認している．

表8・11 大梁部材継手および仕口の検討結果

H-600×200×12×22(SN490)					Z_p (cm³)	M_p (kN·m)
					3510	1140.8
【継手】	スプライスプレート	HTB	M_u (kN·m)	M_u/M_p	Q_u (kN)	L_q (m)
フランジ	外PL-19×200 内2PLs-19×70	10-M20				
ウェブ	2PLs-9×440	7-M20	1352.6	1.18	1364.7	2.01
【仕口】	ウェブ隅肉サイズ S=9mm		M_u (kN·m)	M_u/M_p	—	
			1458.7	1.27		

H-600×250×12×22(SN490)					Z_p (cm³)	M_p (kN·m)
					4146	1347.5
【継手】	スプライスプレート	HTB	M_u (kN·m)	M_u/M_p	Q_u (kN)	L_q (m)
フランジ	外PL-16×250 内2PLs-16×95	14-M20				
ウェブ	2PLs-9×440	7-M20	1613.0	1.19	1364.7	2.37
【仕口】	ウェブ隅肉サイズ S=9mm		M_u (kN·m)	M_u/M_p	—	
			1770.3	1.31		

H-600×250×12×25(SN490)					Z_p (cm³)	M_p (kN·m)
					4540	1475.5
【継手】	スプライスプレート	HTB	M_u (kN·m)	M_u/M_p	Q_u (kN)	L_q (m)
フランジ	外PL-16×250 内2PLs-19×95	14-M20				
ウェブ	2PLs-9×440	7-M20	1716.6	1.16	1344.3	2.64
【仕口】	ウェブ隅肉サイズ S=9mm		M_u (kN·m)	M_u/M_p	—	
			1968.3	1.33		

H-600×300×12×28(SN490)					Z_p (cm³)	M_p (kN·m)
					5731	1862.6
【継手】	スプライスプレート	HTB	M_u (kN·m)	M_u/M_p	Q_u (kN)	L_q (m)
フランジ	外PL-19×300 内2PLs-22×105	14-M22				
ウェブ	2PLs-9×440	7-M22	2329.9	1.25	1276.4	3.50
【仕口】	ウェブ隅肉サイズ S=9mm		M_u (kN·m)	M_u/M_p	—	
			2556.6	1.37		

10. 柱の設計

断面の検討例を1階2-C柱を対象として設計例題5・6の3(p.54)に示しているので参照のこと．

他の1階の柱の検討結果を表8・12に示す．

表8・12 柱代表断面の許容応力度検討結果

1C1柱：□-450×450×25 (BCP325)		B-2柱	X方向		Y方向	
			柱頭	柱脚	柱頭	柱脚
A (cm²)	392.8	N_L (kN)	3098.2		3098.2	
i (cm)	16.9	N_E (kN)	63.0		119.5	
Z (cm³)	4980	M_L (kN·m)	6.2	0.6	52.9	47.0
l_k (cm)	568	M_E (kN·m)	704.5	835.3	758.3	895.9
λ	34	短期 $\frac{\sigma_c}{f_c}+\frac{\sigma_b}{f_b}$	0.86			
短期 f_c (N/mm²)	295					

1C2柱：□-450×450×22 (BCP325)		A-2柱	X方向		Y方向	
			柱頭	柱脚	柱頭	柱脚
A (cm²)	351.7	N_L (kN)	1501.1		1501.1	
i (cm)	17.1	N_E (kN)	42.3		495.4	
Z (cm³)	4560	M_L (kN·m)	61.9	40.3	97.1	79.5
l_k (cm)	612	M_E (kN·m)	542.8	729.4	454.4	645.8
λ	36	短期 $\frac{\sigma_c}{f_c}+\frac{\sigma_b}{f_b}$	0.72			
短期 f_c (N/mm²)	292					

1C3柱：□-350×350×16 (BCR295)		D-5柱	X方向		Y方向	
			柱頭	柱脚	柱頭	柱脚
A (cm²)	205.0	N_L (kN)	626.6		626.6	
i (cm)	13.5	N_E (kN)	247.1		517.7	
Z (cm³)	2130	M_L (kN·m)	55.4	54.0	21.3	15.0
l_k (cm)	585	M_E (kN·m)	225.3	295.7	253.4	310.7
λ	44	短期 $\frac{\sigma_c}{f_c}+\frac{\sigma_b}{f_b}$	0.82			
短期 f_c (N/mm²)	255					

各柱ごとのパネルゾーン，埋込み柱脚の検討は省略する．

11. 小梁の設計

断面の検討例を5・5の5の設計例題1（p.48）に示す．

同断面について，仕口の検討を行う．

$$Q = \frac{1}{2} \times 18.75 \times 11.0 = 103.1 \text{kN}$$

H-550×200×9×19(SN400A)

GPL-9×440，HTB 7-M20（一面せん断，@60mm）とする．

母材せん断用断面積 A_s

$$A_s = (55-1.9\times2-2.2\times7)\times0.9 = 32.22 \text{cm}^2$$

$$f_s = 90 \text{N/mm}^2$$

$$\frac{\tau}{f_s} = \frac{Q}{A_s \cdot f_s} = \frac{103.1\times10^3}{32.22\times10^2\times90} = 0.36 < 1.00$$

HTB $Q_a = 7\times47.1 = 329.7\text{kN} > Q = 103.1\text{kN}$

GPL $Q_a = 9\times(440-22\times7)\times90\times10^{-3}$
     $= 231.6\text{kN} > Q$

GPL隅肉溶接

隅肉サイズ S=7mm，両面溶接による．

$$Q_s = 7\times0.7\times(440-2\times7)\times2\times90\times10^{-3}$$
$$= 375.7\text{kN} > Q$$

同様にして検討した各小梁断面の算定結果を表8・13に示す．

表8・13 小梁代表断面の算定結果

B1梁：H－550×200×9×19 GPL－9×440, HTB 7－M20 （事務室　支配幅2.50m）					I (cm^4)	Z (cm^3)	A (cm^2)	A_S (cm^2)
					64600	2350	123.5	32.22
w (kN/m)	l (m)	M_0 (kN·m)	Q (kN)	σ_b/f_b	δ (mm)	δ/l	τ/f_S	Q_a (kN)
18.75	11.0	283.6	103.1	0.77	27.0	1/407	0.36	231.6
B2梁：H－500×200×9×19 GPL－9×380, HTB6－M20 （事務室　支配幅3.00m）					I (cm^4)	Z (cm^3)	A (cm^2)	A_S (cm^2)
					52100	2090	119.0	29.70
w (kN/m)	l (m)	M_0 (kN·m)	Q (kN)	σ_b/f_b	δ (mm)	δ/l	τ/f_S	Q_a (kN)
22.50	10.0	281.3	112.5	0.86	27.4	1/365	0.42	200.8
B3梁：H－500×200×9×16 GPL－9×380, HTB6－M20 （屋根　支配幅3.00m）					I (cm^4)	Z (cm^3)	A (cm^2)	A_S (cm^2)
					46000	1840	107.6	30.24
w (kN/m)	l (m)	M_0 (kN·m)	Q (kN)	σ_b/fb	δ (mm)	δ/l	τ/f_S	Q_a (kN)
17.10	10.0	213.8	85.5	0.74	23.6	1/424	0.31	200.8
B4梁：H－400×200×9×19 GPL－9×320, HTB5－M20 （事務室　支配幅2.50m）					I (cm^4)	Z (cm^3)	A (cm^2)	A_S (cm^2)
					31600	1580	110.0	22.68
w (kN/m)	l (m)	M_0 (kN·m)	Q (kN)	σ_b/f_b	δ (mm)	δ/l	τ/f_S	Q_a (kN)
18.75	9.0	189.8	84.4	0.77	24.8	1/363	0.41	170.1
B5梁：H－400×200×9×16 GPL－9×320, HTB5－M20 （屋根　支配幅2.50m）					I (cm^4)	Z (cm^3)	A (cm^2)	A_S (cm^2)
					27800	1390	98.57	23.22
w (kN/m)	l (m)	M_0 (kN·m)	Q (kN)	σ_b/f_b	δ (mm)	δ/l	τ/f_S	Q_a (kN)
14.25	9.0	144.3	64.1	0.67	21.4	1/421	0.31	170.1

12. 床スラブの設計

デッキプレートは捨て型枠とする.

コンクリート F_c21，鉄筋 SD295A とする.

辺長比が大きいため一方向版とし，

端部負曲げモーメント $M=1.3C$,

中央正曲げモーメント $M=M_0-0.5C$

により設計する.

事務室部分スラブスパン 3m で算定する.

$w=7.60\text{kN/m}^2$

$C=\dfrac{1}{12}\times 7.60\times 3.00^2=5.70\text{kN·m/m}$

$M_0=\dfrac{1}{8}\times 7.60\times 3.00^2=8.55\text{kN·m/m}$

$Q_0=\dfrac{1}{2}\times 7.60\times 3.00=11.40\text{kN/m}$

スラブ断面　$t=150\text{mm}$, $d=150-40=110\text{mm}$,

$$j=\dfrac{7}{8}\times d=96.2\text{mm}$$

a）端部上端

$M=1.3C=7.41\text{kN·m/m}$

$Q=Q_0+M/l=13.87\text{kN/m}$

$a_t=\dfrac{M}{f_t\cdot j}=\dfrac{7.41\times 10^6}{195\times 96.2}=395\text{mm}^2/\text{m}$

$\phi=\dfrac{Q}{f_a\cdot j}=\dfrac{13.87\times 10^3}{2.10\times 96.2}=69\text{mm/m}$

→D10，D13 交互＠200 とする.

（$a_t=495\text{mm}^2/\text{m}$, $\phi=175\text{mm/m}$ にて可）

$\tau=\dfrac{Q}{b\cdot j}=\dfrac{13.87\times 10^3}{1000\times 96.2}=0.14\text{N/mm}^2$

$<f_s=0.70\text{N/mm}^2$

b）中央下端

$M=M_0-0.5C=5.70\text{kN·m/m}$

$a_t=\dfrac{M}{f_t\cdot j}=\dfrac{5.70\times 10^6}{195\times 96.2}=304\text{mm}^2/\text{m}$

→D10，D13 交互＠200 とする.

（$a_t=495\text{mm}^2/\text{m}$ にて可）

c）型枠デッキプレートの検討

施工時積載荷重　LL$=1500\text{N/m}^2$ とする.

短期合計荷重　TL$=3960+200+1500=5660\text{N/m}^2$

$M_0=\dfrac{1}{8}\times 5.66\times 3.00^2=6.37\text{kN·m/m}$

デッキプレート　$H=75\text{mm}$, $t=1.2\text{mm}$

$I=186.7\text{cm}^4/\text{m}$, $Z=35.6\text{cm}^3/\text{m}$

デッキプレートの許容値は『デッキプレート床構造設計・施工規準』より

施工時短期　$f_b=205\text{N/mm}^2$

施工時短期たわみ $\delta<\dfrac{l}{180}$ とする.

$\sigma_b=M/Z=\dfrac{6.37\times 10^6}{35.6\times 10^3}=178.9\text{N/mm}^2$

$<f_b=205\text{N/mm}^2$

$\delta=\dfrac{5\cdot w\cdot l^4}{384\cdot E\cdot I}=\dfrac{5\times 5.66\times 3000^4}{384\times 205000\times 186.7\times 10^4}=15.6\text{mm}$

$=\dfrac{l}{192}<\dfrac{l}{180}=16.7\text{mm}$

13. 基礎の設計

基礎下端から支持地盤までをラップルコンクリートとした,直接独立基礎として設計する.

a) 地盤の許容支持力の算定

ボーリングデータをもとに,地盤の設計支持力を設定する.

支持層:GL−3.9m以深の砂礫層
基礎フーチング下端=GL−2.35m
ラップルコンクリート下端=GL−4.00m
設計地下水位=GL−2.00m
仮定基礎寸法をB×L=3.50m×3.50mとする.
算定式は平成13年告示1013号による.
ラップルコンクリート下端での許容支持力を算定する.

長期　　$q_a = \dfrac{1}{3}(\alpha \cdot c \cdot N_c + \beta \cdot \gamma_1 \cdot B \cdot N_\gamma + \gamma_2 \cdot D_f \cdot N_q)$

$\alpha=1.2$, $\beta=0.3$　$B=3.50$m, $D_f=4.00$m
$\gamma_1=7$kN/m^3,　$\gamma_2=\dfrac{17\times 2.0+7\times 2.0}{4}=12$kN/m^3
砂質土より　$c=0$
$N=25$より　$\phi=\sqrt{20N}+15=37.3 \to 36°$
$N_c=50.6$,　$N_\gamma=44.4$,　$N_q=37.8$
$q_a=\dfrac{1}{3}(0.3\times 7\times 3.50\times 44.4+12\times 4.00\times 37.8)$
　　$=713.6$kN/m^2

ラップル下面にて,長期 300kN/m^2,短期 600kN/m^2 とする.
ラップル自重を差し引き,基礎下端にて

長期　$q_a=300.0-24\times 1.65=260.4$kN/m^2

以上の結果より基礎下面での設計支持力を長期 250kN/m^2,短期 500kN/m^2 とする.

b) 基礎,フーチングの検討

2−C基礎にて検討する.
$N_L=2241.9$kN,$N_{EX}=101.2$kN,
$N_{EY}=503.7$kN
基礎フーチングと埋戻し土の平均比重を20kN/m^3 とする.

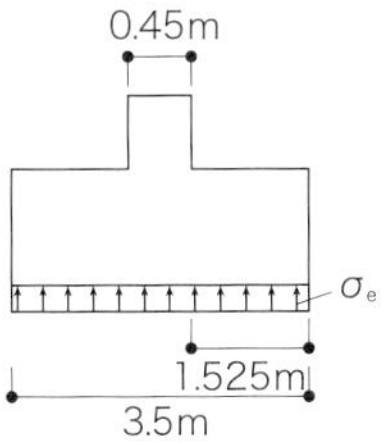

基礎寸法を B×L=3.50m×3.50m として,
基礎自重　$W_F=20\times 3.50\times 3.50\times 2.35=575.8$kN

長期接地圧　$\sigma_L=\dfrac{2241.9+575.8}{3.50\times 3.50}=230.0kN/m^2<q_a$

地盤反力を受ける片持ち梁としてフーチングを設計する.

図8·35 フーチング

片持ち長さ　$L=\dfrac{(3.50-0.45)}{2}=1.525$m
$\sigma_e=$接地圧230.0−自重20×2.35=183.0kN/m^2
$Q=183.0\times 1.525=279.1$kN/m
$M=0.5\times 183.0\times 1.525^2=212.8$kN·m/m

フーチング　$t=800$mm,　$d=720$mm,　$j=630$mm
F_c21,SD345を使用.

$a_t=\dfrac{M}{f_t\cdot j}=\dfrac{212.8\times 10^6}{215\times 630}=1571$mm^2/m

$\phi=\dfrac{Q}{f_a\cdot j}=\dfrac{279.1\times 10^3}{2.10\times 630}=211$mm/m

→D22@200とする.
($a_t=1935$mm^2/m,$\phi=350$mm/mにて可)

$\tau=\dfrac{Q}{b\cdot j}=\dfrac{279.1\times 10^3}{1000\times 630}=0.44$N/mm^2

$<f_s=0.70$N/mm^2

14. 基礎梁の設計

F_c21,主筋SD390,スターラップSD295を使用する.

2列B−C間基礎梁の応力にて設計する.

表8·14 骨組解析結果

位　置	B端	中央	C端
M_L (kN·m)	196.2	−106.6	109.7
M_E (kN·m)	571.3	125.5	822.2
M_S上端(kN·m)	767.5	18.9	931.9
M_S下端(kN·m)	375.1	232.1	712.5
Q_L (kN)	102.2	—	109.7
Q_E (kN)	126.7	126.7	126.7
Q_D (kN)	355.6	253.4	363.1

短期設計せん断力は $Q_D=Q_L+2Q_E$ とする.

$b\times D=550\times 1300$,$d=1140$mm,$j=997.5$mm
釣合鉄筋比以下のため $M=a_t\cdot f_t\cdot j$ により検討する.
B端(内端)上端短期曲げモーメントにて

need　$a_t=\dfrac{767.5\times 10^6}{390\times 997.5}=1973$mm^2

→上下端とも 6-D29($a_t=3852$mm^2)とし,
中央部もB端部と同配筋とする.

C端(外端)上端短期曲げモーメントにて

need　$a_t=\dfrac{931.9\times 10^6}{390\times 997.5}=2396$mm^2

→上下端とも 12−D29($a_t=7704$mm^2)とする.
短期 $f_s\cdot b\cdot j=1.05\times 550\times 997.5\times 10^{-3}=576.0kN>Q_D$
スターラップD13@200($p_w=0.23\%$)とする.

15. 層間変形角・剛性率

コンピュータによる層間変形角・剛性率の算定結果を以下に示す．

表8・15　x方向層間変形角および剛性率

階	構造階高 H(mm)	層せん断力 Q(kN)	層剛性 K_x(kN/mm)	層間変位 δ(mm)	層間変形角 δ/H	剛性率 R_S
4	3475	2058.7	213.25	9.65	1/360	1.284
3	3450	3427.7	242.55	14.13	1/244	0.871
2	3450	4455.4	277.02	16.08	1/215	0.765
1	4435	5191.4	354.82	14.63	1/303	1.081
					r_S ave.	280

表8・16　y方向層間変形角および剛性率

階	構造階高 H(mm)	層せん断力 Q(kN)	層剛性 K_y(kN/mm)	層間変位 δ(mm)	層間変形角 δ/H	剛性率 R_S
4	3475	2058.7	214.69	9.59	1/362	1.292
3	3450	3427.7	245.53	13.96	1/247	0.881
2	3450	4455.4	276.58	16.11	1/214	0.764
1	4435	5191.4	349.04	14.87	1/298	1.063
					r_S ave.	280

両方向とも，層間変形角<1/200，剛性率>0.60であり，規定値を満足している．

16. 偏心率

7・3の設計例題（p.72）参照のこと．

コンピュータによる各階偏心率の算定結果を以下に示す．

表8・17　x方向偏心率

階	重心位置 g_y(m)	剛心位置 l_y(m)	偏心距離 e_y(m)	弾力半径 r_{ex}(m)	偏心率 R_{ex}
4	11.106	11.009	0.097	16.448	0.006
3	11.186	11.114	0.072	16.488	0.004
2	11.209	10.996	0.213	16.335	0.013
1	11.229	10.887	0.342	16.385	0.021

表8・18　y方向偏心率

階	重心位置 g_x(m)	剛心位置 l_x(m)	偏心距離 e_x(m)	弾力半径 r_{ey}(m)	偏心率 R_{ey}
4	21.031	22.021	0.990	16.392	0.060
3	21.081	22.019	0.938	16.388	0.057
2	21.095	21.946	0.851	16.349	0.052
1	21.102	21.692	0.590	16.520	0.036

両方向とも，偏心率<0.15であり，規定値を満足している．

17. 部材の幅厚比

保有耐力算定時の部材種別の判定に用いる幅厚比および部材種別を以下に示す．

表8・19　大梁部材種別

部材断面	材質	b/t_f		$(D-2t_f)/t_w$		部材種別
H－550×250×9×16	SN400	7.8	<9.0	57.6	<60	FA
H－550×250×9×22	SN400	5.7	<9.0	56.3	<60	FA
H－600×200×12×19	SN490	5.3	<7.5	46.9	<51	FA
H－600×200×12×22	SN490	4.6	<7.5	46.4	<51	FA
H－600×250×12×19	SN490	6.6	<7.5	46.9	<51	FA
H－600×250×12×22	SN490	5.7	<7.5	46.4	<51	FA
H－600×250×12×25	SN490	5.0	<7.5	45.9	<51	FA
H－600×300×12×25	SN490	6.0	<7.5	45.9	<51	FA
H－600×300×12×28	SN490	5.4	<7.5	45.4	<51	FA

表8・20　柱部材種別

部材断面	材質	D/t		部材種別
□－350×350×12	BCR295	29.2	<30	FA
□－350×350×16	BCR295	21.9	<30	FA
□－400×400×16	BCR295	25.0	<30	FA
□－400×400×19	BCR295	21.1	<30	FA
□－400×400×25	BCP325	16.0	<27	FA
□－450×450×22	BCP325	20.5	<27	FA
□－450×450×25	BCP325	18.0	<27	FA

18. 必要保有水平耐力と保有水平耐力

各柱・梁の幅厚比ランクはすべてFAであり，また，すべての梁が横補剛を満足している．純ラーメン架構であることより，両方向・各階とも $D_S=0.25$ となり，必要保有水平耐力は両方向とも下表のようになる．

表8・21　必要保有水平耐力 Q_{un}（x・y方向とも）

階	W_i (kN)	ΣW_i (kN)	A_i	Q_{ud} (kN)	D_s	F_{es}	Q_{un} (kN)
4	6084.4	6084.4	1.692	10293.7	0.25	1.000	2573.4
3	6534.0	12618.4	0.358	17138.6	0.25	1.000	4284.6
2	6593.8	19212.2	1.160	22276.9	0.25	1.000	5569.2
1	6744.9	25957.2	1.000	25957.2	0.25	1.000	6489.3

保有水平耐力算定は以下の条件により，電算にて行う．

・立体モデルによる．
・荷重増分法による．
・柱，梁とも降伏断面位置はフェースとする．
・長期応力を考慮する．
・柱脚位置（支点）の浮き上がりを考慮する．
・材料の降伏強度は基準強度の1.1倍とする．
・終局耐力はいずれかの層の層間変形角が1/20に達したときと定義した．

保有水平耐力と必要保有水平耐力の関係を図8・36および図8・37に示す．両方向とも必要保有水平耐力の2倍強の保有水平耐力を有している．

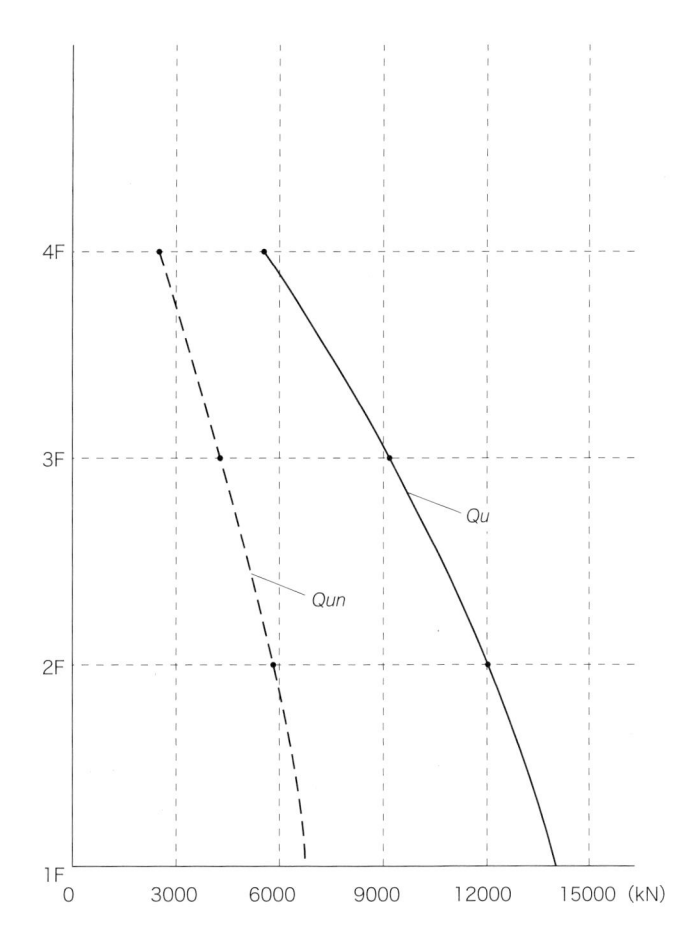

図8・36　保有水平耐力（x方向）

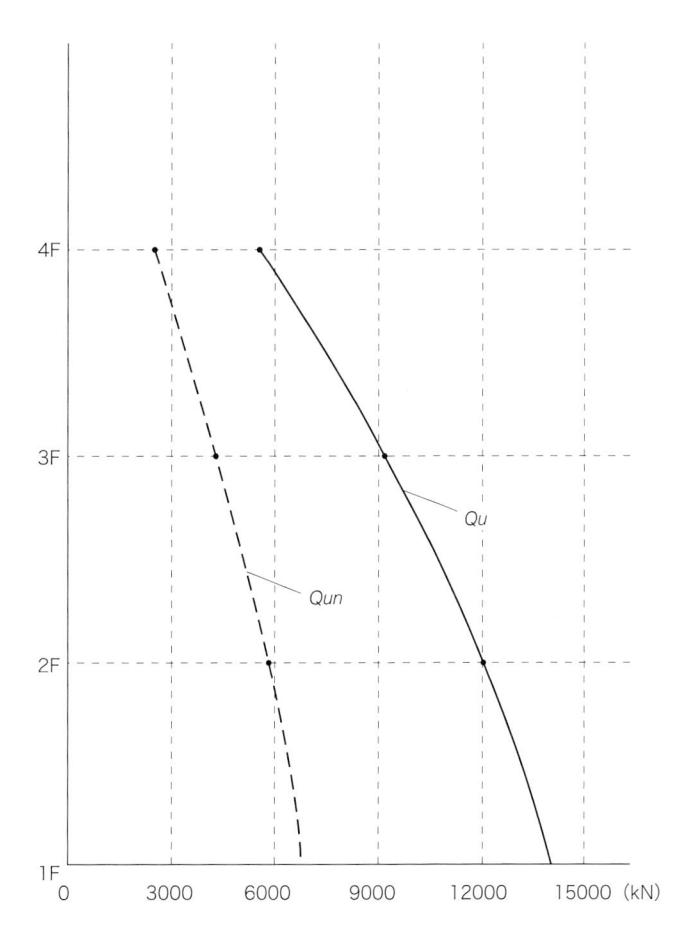

図8・37　保有水平耐力（y方向）

鉄骨部材リスト

◯印部材は SN490，BCP325 材，その他部材は SN400，BCR295 材とする。
継手，仕口部の板は母材と同材質とする。

符号	部材断面	柱脚，仕口 BASE 𝒫，A. BOLT	柱脚，仕口 G𝒫，HTB	備考
4C1	□ − 400 × 400 × 16			
3C1	□ − 400 × 400 × 19			現場溶接継手
2C1	◯□ − 400 × 400 × 25			
1C1	◯□ − 450 × 450 × 25	B𝒫 − 28×650×650 A.BOLT 8−M22 L=550		スタッドボルト 19φ H=80 2列×4段×4面
4C2	□ − 400 × 400 × 16			
3C2	□ − 400 × 400 × 16			現場溶接継手
2C2	◯□ − 400 × 400 × 22			
1C2	◯□ − 450 × 450 × 22	B𝒫 − 25×650×650 A.BOLT 8−M22 L=550		スタッドボルト 19φ H=80 2列×4段×4面
4C3	□ − 350 × 350 × 12			
3C3	□ − 350 × 350 × 12			現場溶接継手
2C3	□ − 350 × 350 × 12			
1C3	□ − 350 × 350 × 16	B𝒫 − 22×550×550 A.BOLT 8−M16 L=400		スタッドボルト 19φ H=80 1列×4段×4面
C0	φ − 190.7 × 5.3	B𝒫s − 16×300×300 A.BOLT 4−M16 L=600		STK400
P1	H − 250 × 125 × 6 × 9	B𝒫s − 16×200×300 A.BOLT 2−M16 L=400	G𝒫 − 6, HTB 3−M16	

符号	部材断面	フランジ継手 S𝒫	フランジ継手 HTB	ウェブ継手 S𝒫	ウェブ継手 HTB	備考
B1	H − 550 × 200 × 9 × 19			G𝒫 − 9	7 − M20	
B2	H − 500 × 200 × 9 × 19			G𝒫 − 9	6 − M20	
B3	H − 500 × 200 × 9 × 16			G𝒫 − 9	6 − M20	
B4	H − 400 × 200 × 9 × 19			G𝒫 − 9	5 − M20	
B5	H − 400 × 200 × 9 × 16			G𝒫 − 9	5 − M20	
B6	H − 300 × 150 × 6.5 × 9			G𝒫 − 9	3 − M16	
B7	H − 250 × 125 × 6 × 9			G𝒫 − 6	2 − M16	
G0	H − 250 × 125 × 6 × 9	外𝒫 − 12	6 − M16	2𝒫s − 6	2 − M16	
CG0	H − 250 × 125 × 6 × 9					端部工場溶接
B0	H − 250 × 125 × 6 × 9			G𝒫 − 6	2 − M16	
CB0	H − 250 × 125 × 6 × 9					端部工場溶接
a	□ − 100 × 100 × 2.3			G𝒫 − 6	2 − M16	STKR400

図8・38 部材リスト（右頁とも）

符号	位置	部材断面	フランジ継手 SPL	フランジ継手 HTB	ウェブ継手 SPL	ウェブ継手 HTB	備考
RG1	全断面	H－550×250×9×22	外PL －16 内PLs－16	10－M20	2PLs－9	6－M20	
RG2	全断面	H－550×250×9×16	外PL －12 内PLs－12	8－M20	2PLs－9	6－M20	
RG3	全断面	H－550×250×9×16	外PL －12 内PLs－12	8－M20	2PLs－9	6－M20	
RG11	全断面	H－550×250×9×22	外PL －16 内PLs－16	10－M20	2PLs－9	6－M20	
RG12	全断面	H－550×250×9×22	外PL －16 内PLs－16	10－M20	2PLs－9	6－M20	
RG13	全断面	H－550×250×9×16	外PL －12 内PLs－12	8－M20	2PLs－9	6－M20	
4G1	全断面	(H)－600×250×12×22	外PL －16 内PLs－16	14－M20	2PLs－9	7－M20	
4G2	全断面	(H)－600×250×12×19	外PL －16 内PLs－16	12－M20	2PLs－9	7－M20	
4G3	全断面	(H)－600×250×12×19	外PL －16 内PLs－16	12－M20	2PLs－9	7－M20	
4G11	全断面	(H)－600×250×12×25	外PL －16 内PLs－19	14－M20	2PLs－9	7－M20	
4G12	全断面	(H)－600×300×12×25	外PL －19 内PLs－19	16－M20	2PLs－9	7－M20	
4G13	全断面	(H)－600×200×12×19	外PL －16 内PLs－16	10－M20	2PLs－9	7－M20	
3G1	全断面	(H)－600×250×12×25	外PL －16 内PLs－19	14－M20	2PLs－9	7－M20	
3G2	全断面	(H)－600×250×12×22	外PL －16 内PLs－16	14－M20	2PLs－9	7－M20	
3G3	全断面	(H)－600×250×12×19	外PL －16 内PLs－16	12－M20	2PLs－9	7－M20	
3G11	全断面	(H)－600×300×12×25	外PL －19 内PLs－19	16－M20	2PLs－9	7－M20	
3G12	全断面	(H)－600×300×12×25	外PL －19 内PLs－19	16－M20	2PLs－9	7－M20	
3G13	全断面	(H)－600×200×12×19	外PL －16 内PLs－16	10－M20	2PLs－9	7－M20	
2G1	全断面	(H)－600×300×12×28	外PL －19 内PLs－22	14－M22	2PLs－9	7－M22	
2G2	全断面	(H)－600×250×12×25	外PL －16 内PLs－19	14－M20	2PLs－9	7－M20	
2G3	全断面	(H)－600×250×12×22	外PL －16 内PLs－16	14－M20	2PLs－9	7－M20	
2G11	全断面	(H)－600×300×12×28	外PL －19 内PLs－22	14－M22	2PLs－9	7－M22	
2G12	全断面	(H)－600×300×12×28	外PL －19 内PLs－22	14－M22	2PLs－9	7－M22	
2G13	全断面	(H)－600×200×12×22	外PL －19 内PLs－19	10－M20	2PLs－9	7－M20	

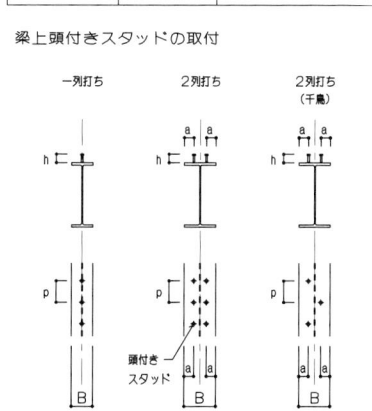

梁上頭付きスタッドの取付

単位（mm）

梁幅 B		タイプ	頭付きスタッド 径 φ	頭付きスタッド 高さ h	頭付きスタッド ピッチ p	寸法 a	備考
大梁	～250	1列打	16	80	200		
	300	2列打	16	80	200	75	
小梁	～250	1列打	16	80	200		

第8章 設計例

基礎梁断面リスト

符号	FG1			FG2		FG3		
位置	外端	中央	内端	両端	中央	両端	中央	
B×D	950×1300	550×1300	950×1300	950×1300	550×1300	850×1300	550×1300	
断面	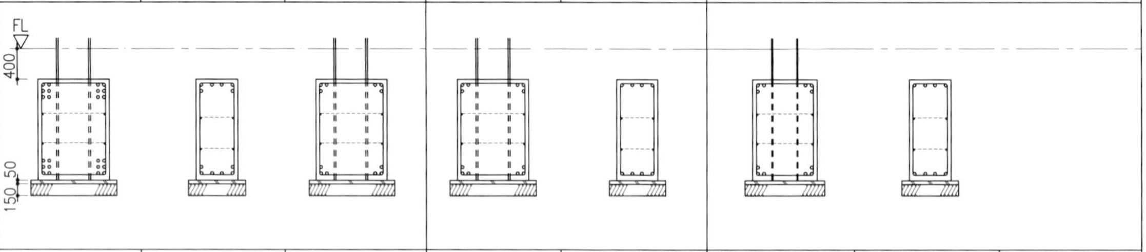							
上端筋	12-D29	6-D29	6-D29	6-D29	4-D29	6-D29	4-D29	
下端筋	12-D29	6-D29	6-D29	6-D29	4-D29	6-D29	4-D29	
腹筋		4-D13		4-D13		4-D13		
スターラップ	D13@100	D13@200	D13@100	D13@100	D13@200	D13@100	D13@200	
備考		幅止め筋D10@1000						
符号	FG11			FG12		FG13		
位置	外端	中央	内端	両端	中央	内端	中央	外端
B×D	950×1300	550×1300	950×1300	950×1300	550×1300	950×1300	550×1300	850×1300
断面	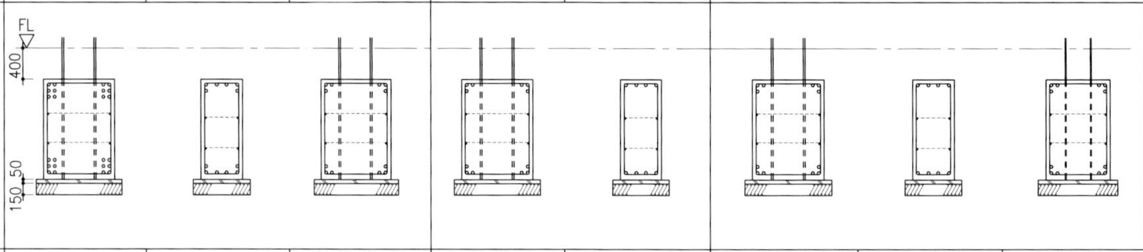							
上端筋	12-D29	6-D29	6-D29	6-D29	4-D29	6-D29	4-D29	6-D29
下端筋	12-D29	6-D29	6-D29	6-D29	4-D29	6-D29	4-D29	6-D29
腹筋		4-D13		4-D13		4-D13		
スターラップ	D13@100	D13@200	D13@100	D13@100	D13@200	D13@100	D13@200	D13@100
備考								

図8・39　基礎梁断面リスト

基礎断面リスト

符号	B (mm)	L (mm)	D (mm)	下端筋 m	下端筋 n	備考
F1	4000	4500	1000	30-D22	27-D22	
F2	3500	4000	900	27-D22	18-D22	
F3	3500	3500	800	18-D22	18-D22	
F4	3000	3000	700	13-D22	13-D22	
F5	2500	2500	600	10-D19	10-D19	
F6	2000	2000	600	7-D19	7-D19	

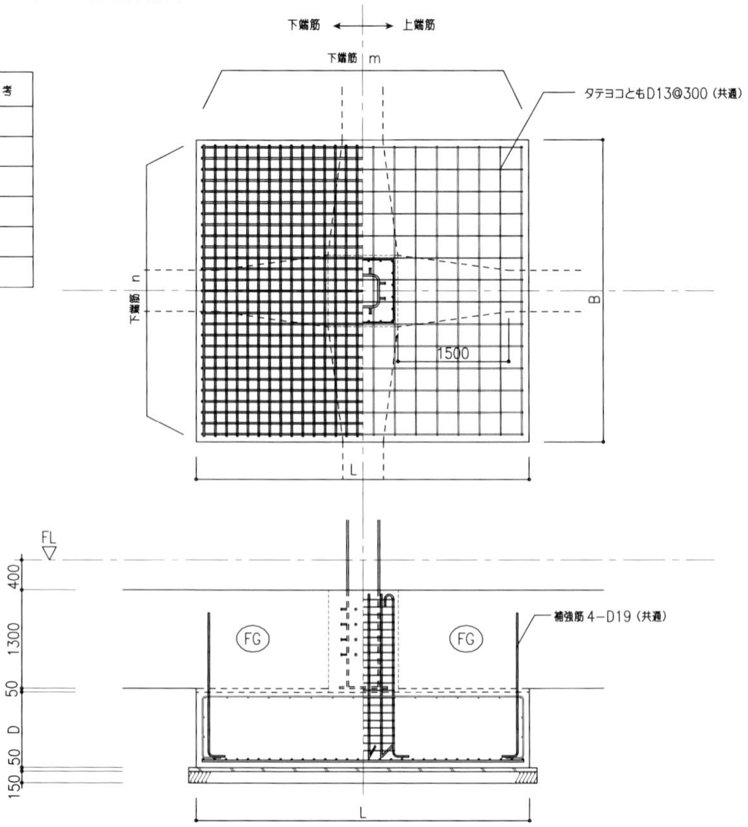

図8・40　基礎断面リスト

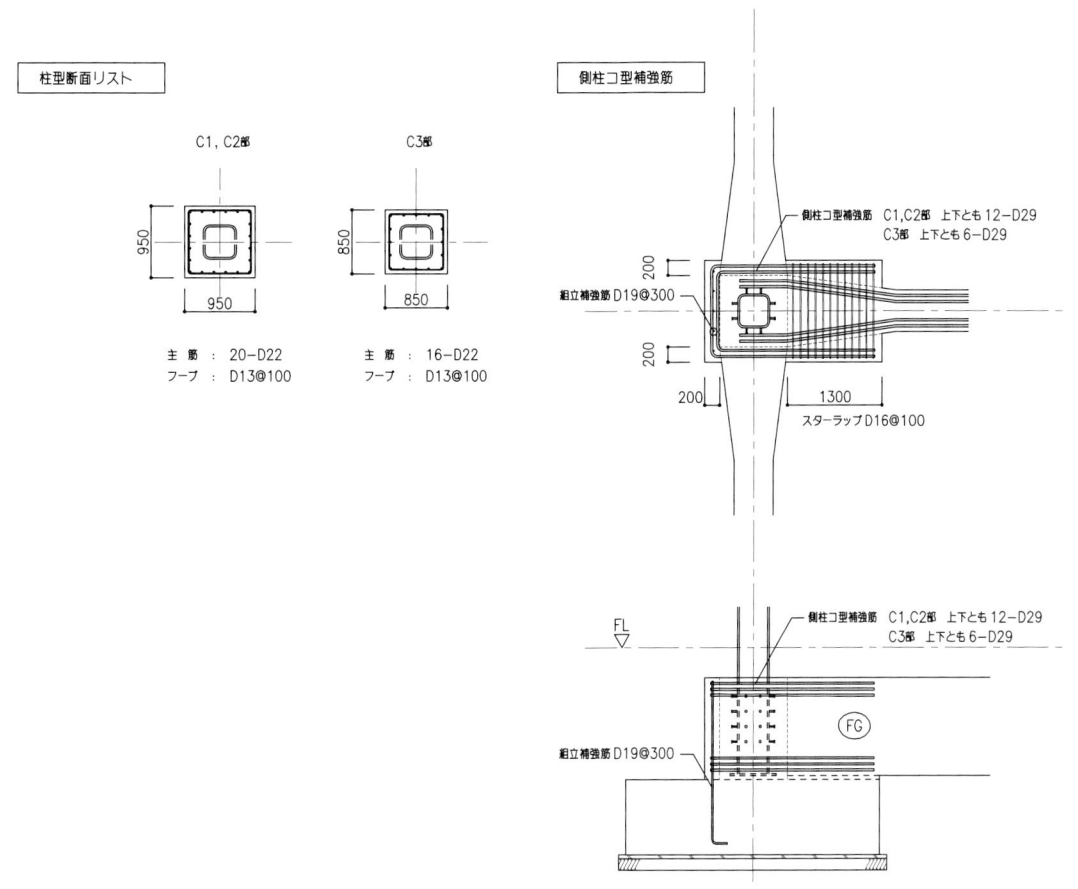

図8・41　柱型断面リストおよび側柱コ型補強筋

符号	スラブ厚 (mm)	増打厚 (mm)	位置	短辺方向 中央	短辺方向 端部	長辺方向 中央	長辺方向 端部	備考
S1	150	15	上端筋	D10, D13 @200	←	D10 @200	←	型枠デッキ t1.2
			下端筋	D10, D13 @200	←	D10 @200	←	

図8・42　スラブ断面リスト

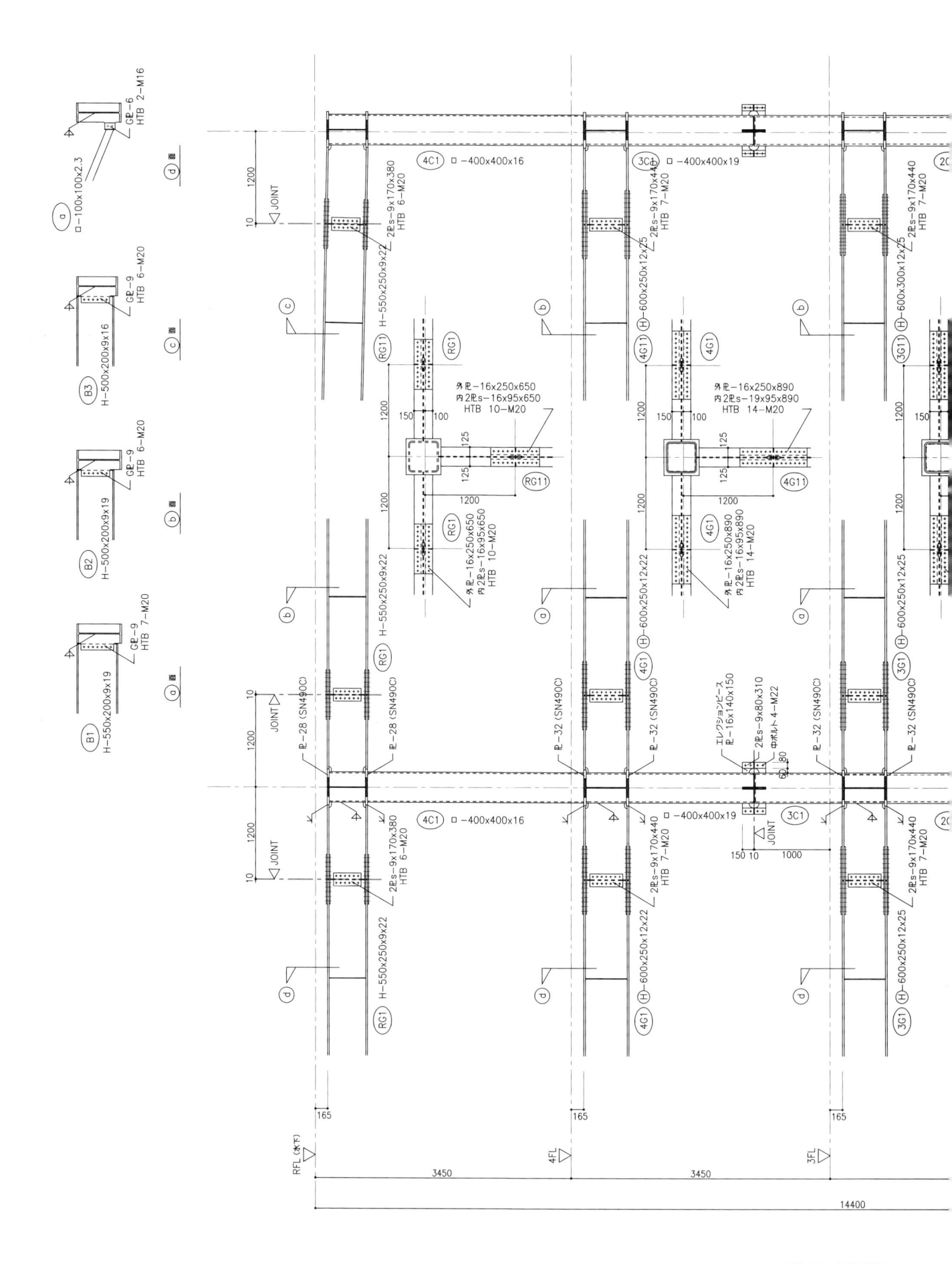

図8・43 鉄骨詳細

第 8 章　設計例

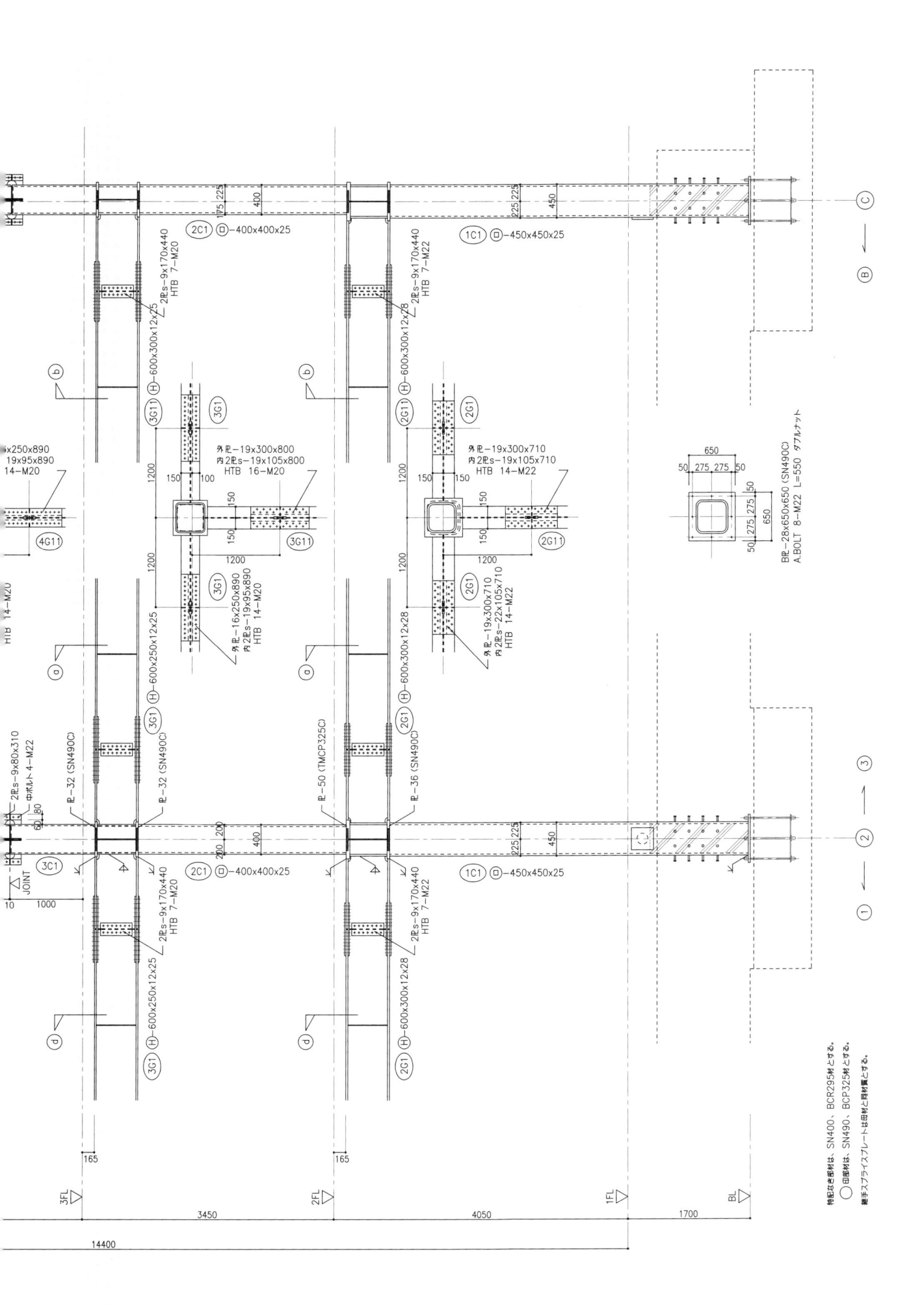

図8・44　矩計図

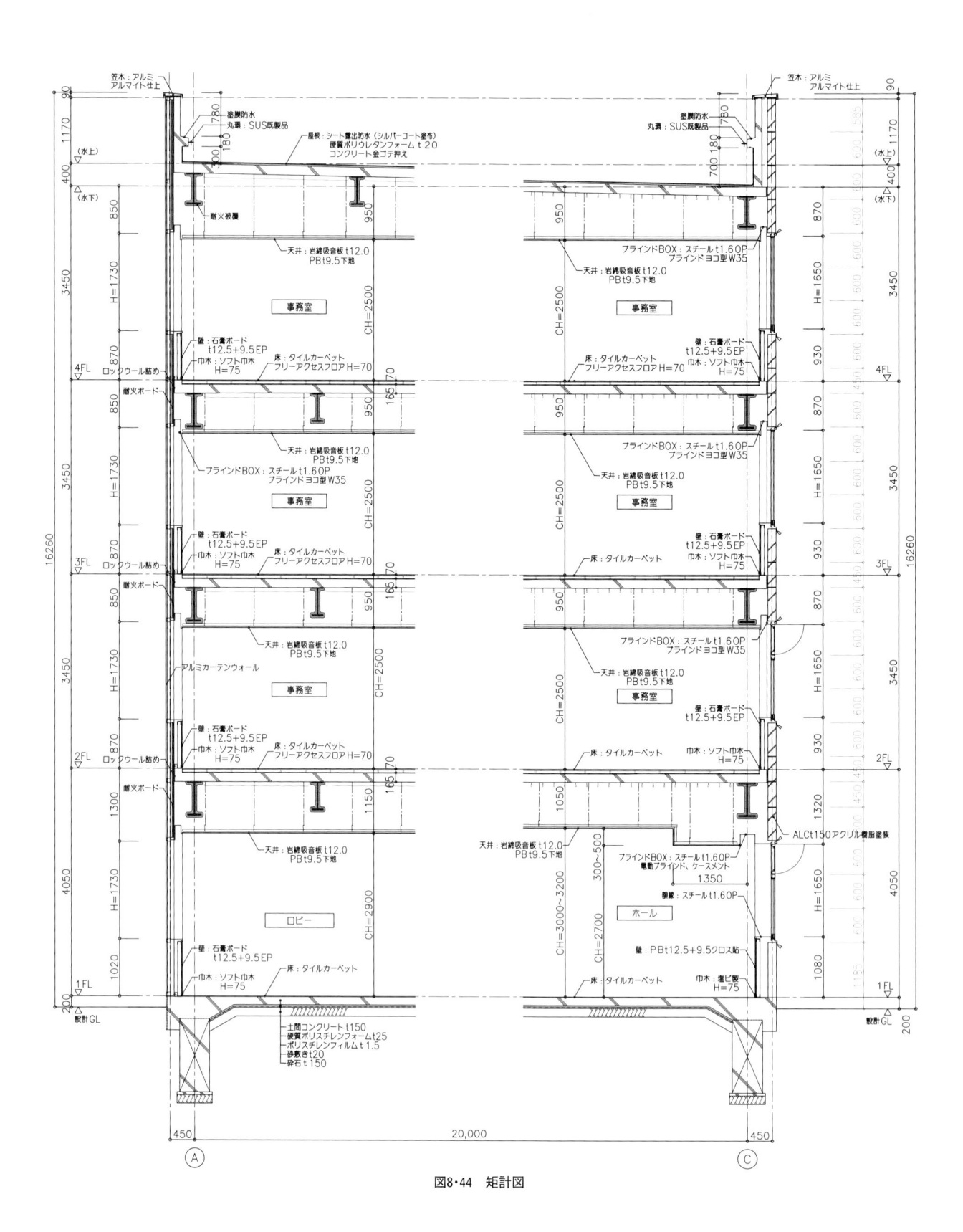

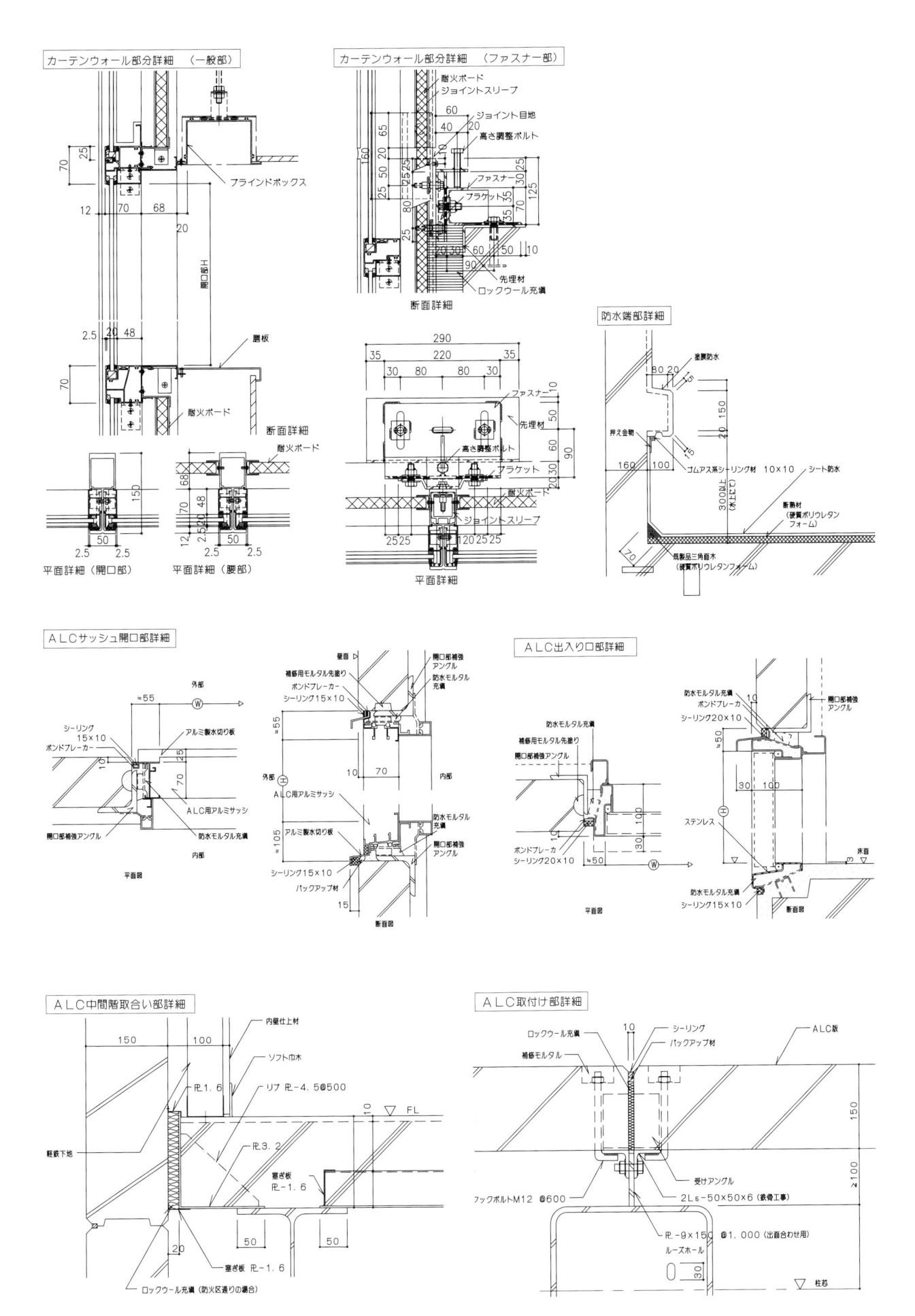

図8・45　部分詳細

第8章　設計例

付表

鋼材の許容応力度

付表1　$F=235\text{N/mm}^2$鋼材の長期応力に対する許容圧縮応力度f_c（N/mm²）〔SN400 A，B，C，SS400，SM400，AMA400，STK400，STKR400，SSC400，STKN400，SWH400，$t\leqq 40\text{mm}$〕

λ	f_c	λ	f_c	λ	f_c	λ	f_c	λ	f_c	λ	f_c	λ	f_c	λ	f_c	λ	f_c	λ	f_c
1	156	26	150	51	134	76	111	101	85.1	126	58.8	151	40.9	176	30.1	201	23.1	226	18.2
2	156	27	150	52	133	77	110	102	84.1	127	57.9	152	40.4	177	29.8	202	22.8	227	18.1
3	156	28	149	53	132	78	109	103	83.0	128	57.0	153	39.9	178	29.4	203	22.6	228	17.9
4	156	29	149	54	132	79	108	104	81.9	129	56.1	154	39.3	179	29.1	204	22.4	229	17.8
5	156	30	148	55	131	80	107	105	80.8	130	55.2	155	38.8	180	28.8	205	22.2	230	17.6
6	156	31	148	56	130	81	106	106	79.8	131	54.4	156	38.3	181	28.5	206	22.0	231	17.5
7	156	32	147	57	129	82	105	107	78.7	132	53.6	157	37.8	182	28.1	207	21.7	232	17.3
8	156	33	146	58	128	83	104	108	77.6	133	52.8	158	37.4	183	27.8	208	21.5	233	17.2
9	155	34	146	59	127	84	103	109	76.5	134	52.0	159	36.9	184	27.5	209	21.3	234	17.0
10	155	35	145	60	126	85	102	110	75.5	135	51.2	160	36.4	185	27.2	210	21.1	235	16.9
11	155	36	145	61	125	86	101	111	74.4	136	50.5	161	36.0	186	26.9	211	20.9	236	16.7
12	155	37	144	62	124	87	100	112	73.3	137	49.7	162	35.5	187	26.7	212	20.7	237	16.6
13	155	38	143	63	124	88	99.0	113	72.3	138	49.0	163	35.1	188	26.4	213	20.5	238	16.4
14	154	39	143	64	123	89	98.0	114	71.2	139	48.3	164	34.7	189	26.1	214	20.3	239	16.3
15	154	40	142	65	122	90	96.9	115	70.1	140	47.6	165	34.3	190	25.8	215	20.2	240	16.2
16	154	41	141	66	121	91	95.9	116	69.1	141	46.9	166	33.8	191	25.6	216	20.0	241	16.0
17	154	42	141	67	120	92	94.8	117	68.0	142	46.3	167	33.4	192	25.3	217	19.8	242	15.9
18	153	43	140	68	119	93	93.7	118	66.9	143	45.6	168	33.0	193	25.0	218	19.6	243	15.8
19	153	44	139	69	118	94	92.7	119	65.9	144	45.0	169	32.7	194	24.8	219	19.4	244	15.6
20	153	45	139	70	117	95	91.5	120	64.8	145	44.4	170	32.3	195	24.5	220	19.2	245	15.5
21	152	46	138	71	116	96	90.5	121	63.7	146	43.8	171	31.9	196	24.3	221	19.1	246	15.4
22	152	47	137	72	115	97	89.4	122	62.7	147	43.2	172	31.5	197	24.0	222	18.9	247	15.3
23	151	48	136	73	114	98	88.4	123	61.7	148	42.6	173	31.2	198	23.8	223	18.7	248	15.1
24	151	49	136	74	113	99	87.3	124	60.7	149	42.0	174	30.8	199	23.5	224	18.6	249	15.0
25	151	50	135	75	112	100	86.2	125	59.7	150	41.5	175	30.5	200	23.3	225	18.4	250	14.9

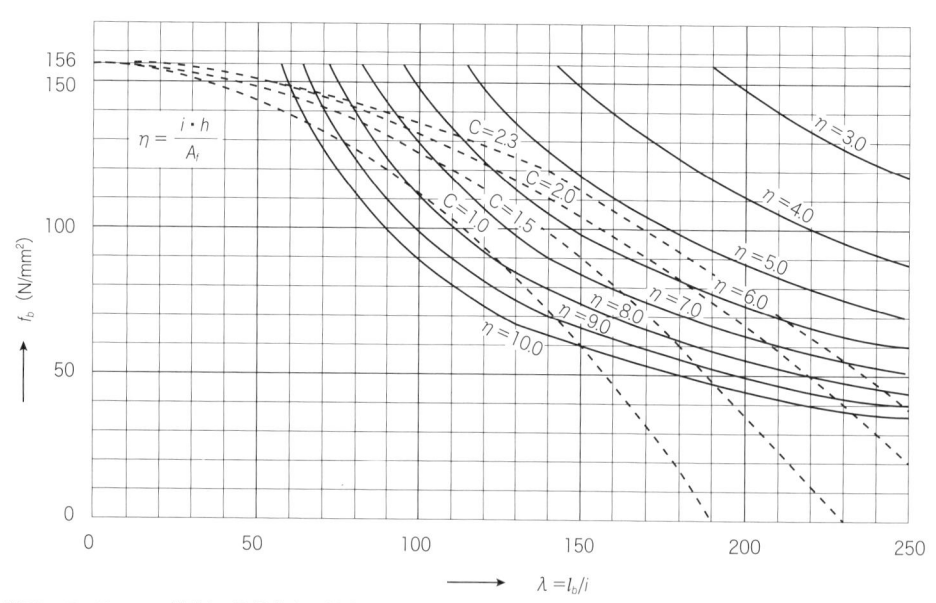

付図1　$F=235\text{N/mm}^2$鋼材の長期応力に対する許容曲げ応力度f_b（N/mm²）〔SN400 A，B，C，SS400，SM400，SMA400，STK400，STKR400，SSC400，STKN400，SWH400，$t\leqq 40\text{mm}$〕

付表2　$F=325\text{N/mm}^2$鋼材の長期応力に対する許容圧縮応力度 f_c (N/mm^2) 〔SN490 B, C, SM490, SM490Y, SMA490, STK490, STKR490, STKN490, $t \leqq 40\text{mm}$〕

λ	f_c	λ	f_c	λ	f_c	λ	f_c	λ	f_c	λ	f_c	λ	f_c	λ	f_c	λ	f_c	λ	f_c
1	216	26	205	51	175	76	135	101	91.4	126	58.8	151	40.9	176	30.1	201	23.1	226	18.2
2	216	27	204	52	173	77	133	102	89.7	127	57.9	152	40.4	177	29.8	202	22.8	227	18.1
3	216	28	203	53	172	78	131	103	88.0	128	57.0	153	39.9	178	29.4	203	22.6	228	17.9
4	216	29	202	54	170	79	129	104	86.3	129	56.1	154	39.3	179	29.1	204	22.4	229	17.8
5	216	30	201	55	169	80	128	105	84.7	130	55.2	155	38.8	180	28.8	205	22.2	230	17.6
6	216	31	200	56	167	81	126	106	83.1	131	54.4	156	38.3	181	28.5	206	22.0	231	17.5
7	215	32	199	57	166	82	124	107	81.5	132	53.5	157	37.8	182	28.1	207	21.7	232	17.3
8	215	33	198	58	164	83	122	108	80.0	133	52.8	158	37.4	183	27.8	208	21.5	233	17.2
9	215	34	197	59	163	84	121	109	78.6	134	52.0	159	36.9	184	27.5	209	21.3	234	17.0
10	214	35	196	60	161	85	119	110	77.1	135	51.2	160	36.4	185	27.2	210	21.1	235	16.9
11	214	36	195	61	160	86	117	111	75.8	136	50.5	161	36.0	186	26.9	211	20.9	236	16.7
12	214	37	193	62	158	87	115	112	74.4	137	49.7	162	35.5	187	26.7	212	20.7	237	16.6
13	213	38	192	63	156	88	114	113	73.1	138	49.0	163	35.1	188	26.4	213	20.5	238	16.4
14	213	39	191	64	155	89	112	114	71.8	139	48.3	164	34.7	189	26.1	214	20.3	239	16.3
15	212	40	190	65	153	90	110	115	70.6	140	47.6	165	34.3	190	25.8	215	20.2	240	16.2
16	212	41	189	66	151	91	108	116	69.4	141	46.9	166	33.8	191	25.6	216	20.0	241	16.0
17	211	42	187	67	150	92	107	117	68.2	142	46.3	167	33.4	192	25.3	217	19.8	242	15.9
18	211	43	186	68	148	93	105	118	67.0	143	45.6	168	33.0	193	25.0	218	19.6	243	15.8
19	210	44	185	69	146	94	103	119	65.9	144	45.0	169	32.7	194	24.8	219	19.4	244	15.6
20	209	45	183	70	145	95	101	120	64.8	145	44.4	170	32.3	195	24.5	220	19.2	245	15.5
21	209	46	182	71	143	96	100	121	63.7	146	43.8	171	31.9	196	24.3	221	19.1	246	15.4
22	208	47	181	72	141	97	98.4	122	62.7	147	43.2	172	31.5	197	24.0	222	18.9	247	15.3
23	207	48	179	73	140	98	96.6	123	61.7	148	42.6	173	31.2	198	23.8	223	18.7	248	15.1
24	206	49	178	74	138	99	94.9	124	60.7	149	42.0	174	30.8	199	23.5	224	18.6	249	15.0
25	205	50	176	75	136	100	93.2	125	59.7	150	41.5	175	30.5	200	23.3	225	18.4	250	14.9

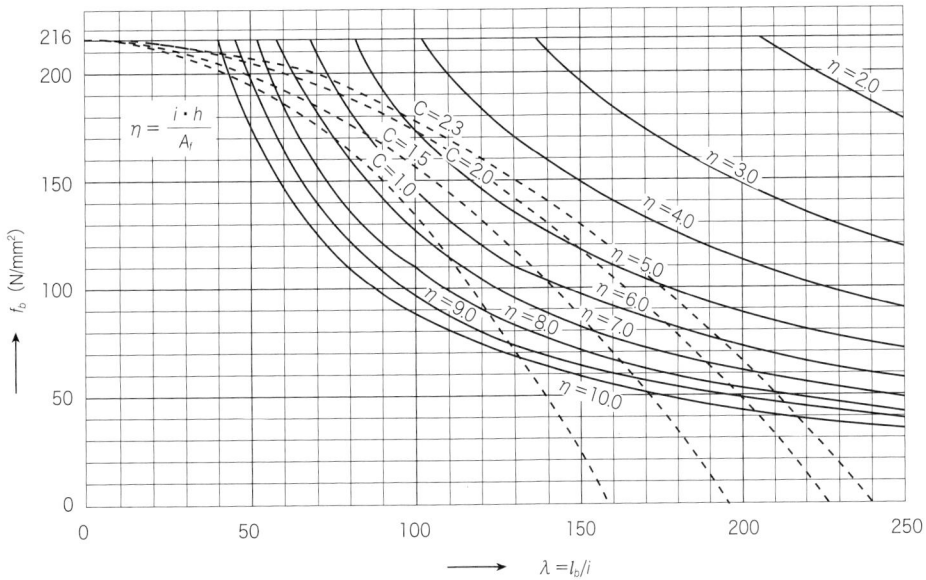

付図2　$F=325\text{N/mm}^2$鋼材の長期応力に対する許容曲げ応力度 f_b (N/mm^2) 〔SN490B, C, SM490, SM490Y, SMA490, STK490, STKR490, STKN490, $t \leqq 40\text{mm}$〕

鋼材の形状・寸法

付表3　等辺山形鋼の標準断面寸法とその断面積・単位質量・断面特性（JIS G 3192-2000）

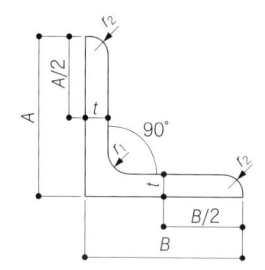

断面二次モーメント $I=ai^2$
断面二次半径　　$i=\sqrt{I/a}$
断面係数　　　　$Z=I/e$
（$a=$断面積）

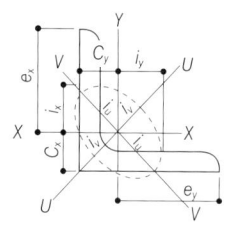

標準断面寸法（mm）				断面積 (cm^2)	単位質量 (kg/m)	参						考					
						重心の位置 (cm)		断面二次モーメント (cm^4)				断面二次半径 (cm)				断面係数 (cm^3)	
$A \times B$	t	r_1	r_2			C_x	C_y	I_x	I_y	最大I_u	最小I_v	i_x	i_y	最大i_u	最小i_v	Z_x	Z_y
25×25	3	4	2	1.427	1.12	0.719	0.719	0.797	0.797	1.26	0.332	0.747	0.747	0.940	0.483	0.448	0.448
30×30	3	4	2	1.727	1.36	0.844	0.844	1.42	1.42	2.26	0.590	0.908	0.908	1.14	0.585	0.661	0.661
40×40	3	4.5	2	2.336	1.83	1.09	1.09	3.53	3.53	5.60	1.46	1.23	1.23	1.55	0.790	1.21	1.21
40×40	5	4.5	3	3.755	2.95	1.17	1.17	5.42	5.42	8.59	2.25	1.20	1.20	1.51	0.774	1.91	1.91
45×45	4	6.5	3	3.492	2.74	1.24	1.24	6.50	6.50	10.3	2.70	1.36	1.36	1.72	0.880	2.00	2.00
45×45	5	6.5	3	4.302	3.38	1.28	1.28	7.91	7.91	12.5	3.29	1.36	1.36	1.71	0.874	2.46	2.46
50×50	4	6.5	3	3.892	3.06	1.37	1.37	9.06	9.06	14.4	3.76	1.53	1.53	1.92	0.983	2.49	2.49
50×50	5	6.5	3	4.802	3.77	1.41	1.41	11.1	11.1	17.5	4.58	1.52	1.52	1.91	0.976	3.08	3.08
50×50	6	6.5	4.5	5.644	4.43	1.44	1.44	12.6	12.6	20.0	5.23	1.50	1.50	1.88	0.963	3.55	3.55
60×60	4	6.5	3	4.692	3.68	1.61	1.61	16.0	16.0	25.4	6.62	1.85	1.85	2.33	1.19	3.66	3.66
60×60	5	6.5	3	5.802	4.55	1.66	1.66	19.6	19.6	31.2	8.09	1.84	1.84	2.32	1.18	4.52	4.52
65×65	5	8.5	3	6.367	5.00	1.77	1.77	25.3	25.3	40.1	10.5	1.99	1.99	2.51	1.28	5.35	5.35
65×65	6	8.5	4	7.527	5.91	1.81	1.81	29.4	29.4	46.6	12.2	1.98	1.98	2.49	1.27	6.26	6.26
65×65	8	8.5	6	9.761	7.66	1.88	1.88	36.8	36.8	58.3	15.3	1.94	1.94	2.44	1.25	7.96	7.96
70×70	6	8.5	4	8.127	6.38	1.93	1.93	37.1	37.1	58.9	15.3	2.14	2.14	2.69	1.37	7.33	7.33
75×75	6	8.5	4	8.727	6.85	2.06	2.06	46.1	46.1	73.2	19.0	2.30	2.30	2.90	1.48	8.47	8.47
75×75	9	8.5	6	12.69	9.96	2.17	2.17	64.4	64.4	102	26.7	2.25	2.25	2.84	1.45	12.1	12.1
75×75	12	8.5	6	16.56	13.0	2.29	2.29	81.9	81.9	129	34.5	2.22	2.22	2.79	1.44	15.7	15.7
80×80	6	8.5	4	9.327	7.32	2.18	2.18	56.4	56.4	89.6	23.2	2.46	2.46	3.10	1.58	9.70	9.70
90×90	6	10	5	10.55	8.28	2.42	2.42	80.7	80.7	128	33.4	2.77	2.77	3.48	1.78	12.3	12.3
90×90	7	10	5	12.22	9.59	2.46	2.46	93.0	93.0	148	38.3	2.76	2.76	3.48	1.77	14.2	14.2
90×90	10	10	7	17.00	13.3	2.57	2.57	125	125	199	51.7	2.71	2.71	3.42	1.74	19.5	19.5
90×90	13	10	7	21.71	17.0	2.69	2.69	156	156	248	65.3	2.68	2.68	3.38	1.73	24.8	24.8
100×100	7	10	5	13.62	10.7	2.71	2.71	129	129	205	53.2	3.08	3.08	3.88	1.98	17.7	17.7
100×100	10	10	7	19.00	14.9	2.82	2.82	175	175	278	72.0	3.04	3.04	3.83	1.95	24.4	24.4
100×100	13	10	7	24.31	19.1	2.94	2.94	220	220	348	91.1	3.00	3.00	3.78	1.94	31.1	31.1
120×120	8	12	5	18.76	14.7	3.24	3.24	258	258	410	106	3.71	3.71	4.67	2.38	29.5	29.5
130×130	9	12	6	22.74	17.9	3.53	3.53	366	366	583	150	4.01	4.01	5.06	2.57	38.7	38.7
130×130	12	12	8.5	29.76	23.4	3.64	3.64	467	467	743	192	3.96	3.96	5.00	2.54	49.9	49.9
130×130	15	12	8.5	36.75	28.8	3.76	3.76	568	568	902	234	3.93	3.93	4.95	2.53	61.5	61.5
150×150	12	14	7	34.77	27.3	4.14	4.14	740	740	1,180	304	4.61	4.61	5.82	2.96	68.1	68.1
150×150	15	14	10	42.74	33.6	4.24	4.24	888	888	1,410	365	4.56	4.56	5.75	2.92	82.6	82.6
150×150	19	14	10	53.38	41.9	4.40	4.40	1,090	1,090	1,730	451	4.52	4.52	5.69	2.91	103	103
175×175	12	15	11	40.52	31.8	4.73	4.73	1,170	1,170	1,860	480	5.38	5.38	6.78	3.44	91.8	91.8
175×175	15	15	11	50.21	39.4	4.85	4.85	1,440	1,440	2,290	589	5.35	5.35	6.75	3.42	114	114
200×200	15	17	12	57.75	45.3	5.46	5.46	2,180	2,180	3,470	891	6.14	6.14	7.75	3.93	150	150
200×200	20	17	12	76.00	59.7	5.67	5.67	2,820	2,820	4,490	1,160	6.09	6.09	7.68	3.90	197	197
200×200	25	17	12	93.75	73.6	5.86	5.86	3,420	3,420	5,420	1,410	6.04	6.04	7.61	3.88	242	242
250×250	25	24	12	119.4	93.7	7.10	7.10	6,950	6,950	11,000	2,860	7.63	7.63	9.62	4.90	388	388
250×250	35	24	18	162.6	128	7.45	7.45	9,110	9,110	14,400	3,790	7.49	7.49	9.42	4.83	519	519

付表4　不等辺山形鋼の標準断面寸法とその断面積・単位質量・断面特性（JIS G 3192-2000）

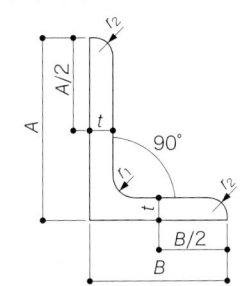

断面二次モーメント　$I = ai^2$
断面二次半径　$i = \sqrt{I/a}$
断面係数　$Z = I/e$
（a = 断面積）

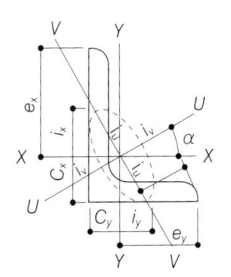

標準断面寸法（mm）				断面積 (cm^2)	単位質量 (kg/m)	参						考			α tan	断面係数 (cm^3)	
						重心の位置 (cm)		断面二次モーメント (cm^4)				断面二次半径 (cm)						
$A \times B$	t	r_1	r_2			C_x	C_y	I_x	I_y	最大I_u	最小I_v	i_x	i_y	最大i_u	最小i_v		Z_x	Z_y
90×75	9	8.5	6	14.04	11.0	2.75	2.00	109	68.1	143	34.1	2.78	2.20	3.19	1.56	0.676	17.4	12.4
100×75	7	10	5	11.87	9.32	3.06	1.83	118	56.9	144	30.8	3.15	2.19	3.49	1.61	0.548	17.0	10.0
100×75	10	10	7	16.50	13.0	3.17	1.94	159	76.1	194	41.3	3.11	2.15	3.43	1.58	0.543	23.3	13.7
125×75	7	10	5	13.62	10.7	4.10	1.64	219	60.4	243	36.4	4.01	2.11	4.23	1.64	0.362	26.1	10.3
125×75	10	10	7	19.00	14.9	4.22	1.75	299	80.8	330	49.0	3.96	2.06	4.17	1.61	0.357	36.1	14.1
125×75	13	10	7	24.31	19.1	4.35	1.87	376	101	415	61.9	3.93	2.04	4.13	1.60	0.352	46.1	17.9
125×90	10	10	7	20.50	16.1	3.95	2.22	318	138	380	76.2	3.94	2.59	4.30	1.93	0.505	37.2	20.3
125×90	13	10	7	26.26	20.6	4.07	2.34	401	173	477	96.3	3.91	2.57	4.26	1.91	0.501	47.5	25.9
150×90	9	12	6	20.94	16.4	4.95	1.99	485	133	537	80.4	4.81	2.52	5.06	1.96	0.361	48.2	19.0
150×90	12	12	8.5	27.36	21.5	5.07	2.10	619	167	685	102	4.76	2.47	5.00	1.93	0.357	62.3	24.3
150×100	9	12	6	21.84	17.1	4.76	2.30	502	181	579	104	4.79	2.88	5.15	2.18	0.439	49.1	23.5
150×100	12	12	8.5	28.56	22.4	4.88	2.41	642	228	738	132	4.74	2.83	5.09	2.15	0.435	63.4	30.1
150×100	15	12	8.5	35.25	27.7	5.00	2.53	782	276	897	161	4.71	2.80	5.04	2.14	0.431	78.2	37.0

付表5　みぞ形鋼の標準断面寸法とその断面積・単位質量・断面特性（JIS G 3192-2000）

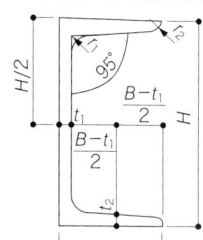

断面二次モーメント $I=ai^2$
断面二次半径 $i=\sqrt{I/a}$
断面係数 $Z=I/e$
（a＝断面積）

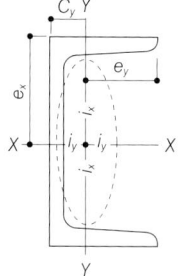

標準断面寸法（mm）					断面積 (cm^2)	単位質量 (kg/m)	参				考			
							重心の位置 (cm)		断面二次モーメント (cm^4)		断面二次半径 (cm)		断面係数 (cm^3)	
$H\times B$	t_1	t_2	r_1	r_2			C_x	C_y	I_x	I_y	i_x	i_y	Z_x	Z_y
75×40	5	7	8	4	8.818	6.92	0	1.28	75.3	12.2	2.92	1.17	20.1	4.47
100×50	5	7.5	8	4	11.92	9.36	0	1.54	188	26.0	3.97	1.48	37.6	7.52
125×65	6	8	8	4	17.11	13.4	0	1.90	424	61.8	4.98	1.90	67.8	13.4
150×75	6.5	10	10	5	23.71	18.6	0	2.28	861	117.0	6.03	2.22	115	22.4
150×75	9	12.5	15	7.5	30.59	24.0	0	2.31	1,050	147.0	5.86	2.19	140	28.3
180×75	7	10.5	11	5.5	27.20	21.4	0	2.13	1,380	131.0	7.12	2.19	153	24.3
200×80	7.5	11	12	6	31.33	24.6	0	2.21	1,950	168.0	7.88	2.32	195	29.1
200×90	8	13.5	14	7	38.65	30.3	0	2.74	2,490	277.0	8.02	2.68	249	44.2
250×90	9	13	14	7	44.07	34.6	0	2.40	4,180	294.0	9.74	2.58	334	44.5
250×90	11	14.5	17	8.5	51.17	40.2	0	2.40	4,680	329.0	9.56	2.54	374	49.9
300×90	9	13	14	7	48.57	38.1	0	2.22	6,440	309.0	11.5	2.52	429	45.7
300×90	10	15.5	19	9.5	55.74	43.8	0	2.34	7,410	360.0	11.5	2.54	494	54.1
300×90	12	16	19	9.5	61.90	48.6	0	2.28	7,870	379.0	11.3	2.48	525	56.4
380×100	10.5	16	18	9	69.39	54.5	0	2.41	14,500	535.0	14.5	2.78	763	70.5
380×100	13	16.5	18	9	78.96	62.0	0	2.33	15,600	565.0	14.1	2.67	823	73.6
380×100	13	20	24	12	85.71	67.3	0	2.54	17,600	655.0	14.3	2.76	926	87.8

付表6　H形鋼の標準断面寸法とその断面積・単位質量・断面特性（JIS G 3192-2000）

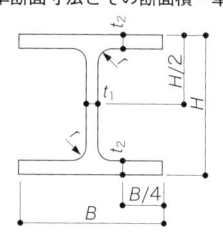

断面二次モーメント $I=ai^2$
断面二次半径 $i=\sqrt{I/a}$
断面係数 $Z=I/e$
（a＝断面積）

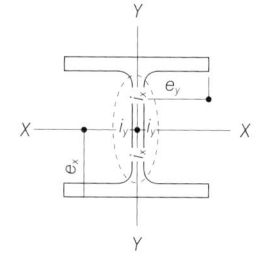

標準断面寸法（mm）					断面積 (cm^2)	単位質量 (kg/m)	参		考					
							断面二次モーメント (cm^4)		断面二次半径 (cm)		断面係数 (cm^3)		曲げ応力のための断面性能	
呼称寸法 高さ×辺	$H\times B$	t_1	t_2	r			I_x	I_y	i_x	i_y	Z_x	Z_y	i (mm)	$\dfrac{i\cdot h}{A_f}$
100× 50	100× 50	5	7	8	11.85	9.30	187	14.8	3.98	1.12	37.5	5.91	13.1	3.76
100×100	100×100	6	8	8	21.59	16.9	378	134	4.18	2.49	75.6	26.7	27.5	3.44
125× 60	125× 60	6	8	8	16.69	13.1	409	29.1	4.95	1.32	65.5	9.71	15.7	4.10
125×125	125×125	6.5	9	8	30.00	23.6	839	293	5.29	3.13	134	46.9	34.5	3.84
150× 75	150× 75	5	7	8	17.85	14.0	666	49.5	6.11	1.66	88.8	13.2	19.6	5.60
150×100	148×100	6	9	8	26.35	20.7	1,000	150	6.17	2.39	135	30.1	27.1	4.46
150×150	150×150	7	10	8	39.65	31.1	1,620	563	6.40	3.77	216	75.1	41.5	4.15
175× 90	175× 90	5	8	8	22.90	18.0	1,210	97.5	7.26	2.06	138	21.7	23.9	5.81
175×175	175×175	7.5	11	13	51.42	40.4	2,900	98	7.50	4.37	331	112	48.0	4.36
200×100	198× 99	4.5	7	8	22.69	17.8	1,540	113	8.25	2.24	156	22.9	26.0	7.43
	200×100	5.5	8	8	26.67	20.9	1,810	134	8.23	2.24	181	26.7	26.3	6.57
200×150	194×150	6	9	8	38.11	29.9	2,630	507	8.30	3.65	271	67.6	40.9	5.87
200×200	200×200	8	12	13	63.53	49.9	4,720	1,600	8.62	5.02	472	160	55.0	4.59
	*200×204	12	12	13	71.53	56.2	4,980	1,700	8.35	4.88	498	167	55.3	4.52

付表6 つづき

標準断面寸法 (mm)					断面積 (cm²)	単位質量 (kg/m)	参考							
							断面二次モーメント (cm⁴)		断面二次半径 (cm)		断面係数 (cm³)		曲げ応力のための断面性能	
呼称寸法 高さ×辺	$H \times B$	t_1	t_2	r			I_x	I_y	i_x	i_y	Z_x	Z_y	i (mm)	$\dfrac{i \cdot h}{A_f}$
250×125	248×124	5	8	8	31.99	25.1	3,450	255	10.40	2.82	278	41.1	32.7	8.19
	250×125	6	9	8	36.97	29.0	3,960	294	10.40	2.82	317	47.0	33.0	7.33
250×175	244×175	7	11	13	55.49	43.6	6,040	984	10.40	4.21	495	112	47.2	5.99
250×250	250×250	9	14	13	91.43	71.8	10,700	3,650	10.80	6.32	860	292	69.1	4.93
	*250×255	14	14	13	103.90	81.6	11,400	3,880	10.50	6.11	912	304	69.3	4.85
300×150	298×149	5.5	8	13	40.80	32.0	6,320	442	12.40	3.29	424	59.3	38.5	9.61
	300×150	6.5	9	13	46.78	36.7	7,210	508	12.40	3.29	481	67.7	38.7	8.61
300×200	294×200	8	12	13	71.05	55.8	11,100	1,600	12.50	4.75	756	160	53.8	6.59
300×300	*294×302	12	12	13	106.30	83.4	16,600	5,510	12.50	7.20	1,130	365	81.6	6.62
	300×300	10	15	13	118.40	93.0	20,200	6,750	13.10	7.55	1,350	450	82.3	5.48
	300×305	15	15	13	133.40	105.0	21,300	7,100	12.60	7.30	1,420	466	82.8	5.43
350×175	346×174	6	9	13	52.45	41.2	11,000	791	14.50	3.88	638	91.0	45.3	10.0
	350×175	7	11	13	62.91	49.4	13,500	984	14.60	3.96	771	112	46.0	8.35
350×250	340×250	9	14	13	99.53	78.1	21,200	3,650	14.60	6.05	1,250	292	67.9	6.60
350×350	*344×348	10	16	13	144.0	113	32,800	11,200	15.1	8.84	1,910	646	96.4	5.95
	350×350	12	19	13	171.9	135	39,800	13,600	15.2	8.89	2,280	776	97.1	5.11
400×200	396×199	7	11	13	71.41	56.1	19,800	1,450	16.6	4.50	999	145	52.3	9.45
	400×200	8	13	13	83.37	65.4	23,500	1,740	16.8	4.56	1,170	174	52.9	8.13
400×300	390×300	10	16	13	133.2	105	37,900	7,200	16.9	7.35	1,940	480	81.9	6.66
400×400	*388×402	15	15	22	178.5	140	49,000	16,300	16.6	9.55	2,520	809	108	6.94
	*394×398	11	18	22	186.8	147	56,100	18,900	17.3	10.1	2,850	951	109	6.02
	400×400	13	21	22	218.7	172	66,600	22,400	17.5	10.1	3,330	1,120	110	5.25
	*400×408	21	21	22	250.7	197	70,900	23,800	16.8	9.75	3,540	1,170	111	5.16
	*414×405	18	28	22	295.4	232	92,800	31,000	17.7	10.2	4,480	1,530	112	4.10
	*428×407	20	35	22	360.7	283	119,000	39,400	18.2	10.4	5,570	1,930	114	3.42
	*458×417	30	50	22	528.6	415	187,000	60,500	18.8	10.7	8,170	2,900	118	2.58
	*498×432	45	70	22	770.1	605	298,000	94,400	19.7	11.1	12,000	4,370	123	2.03
450×200	446×199	8	12	13	82.97	65.1	28,100	1,580	18.4	4.36	1,260	159	51.6	9.64
	450×200	9	14	13	95.43	74.9	32,900	1,870	18.6	4.43	1,460	187	52.3	8.40
450×300	440×300	11	18	13	153.9	121	54,700	8,110	18.9	7.26	2,490	540	81.6	6.65
500×200	496×199	9	14	13	99.29	77.9	40,800	1,840	20.3	4.31	1,650	185	51.4	9.16
	500×200	10	16	13	112.2	88.2	46,800	2,140	20.4	4.36	1,870	214	52.0	8.13
	*506×201	11	19	13	129.3	102	55,500	2,580	20.7	4.46	2,190	256	52.8	7.00
500×300	482×300	11	15	13	141.2	111	58,300	6,760	20.3	6.92	2,420	450	79.9	8.56
	488×300	11	18	13	159.2	125	68,900	8,110	20.8	7.14	2,820	540	81.0	7.32
600×200	596×199	10	15	13	117.8	92.5	66,600	1,980	23.8	4.10	2,240	199	50.3	10.00
	600×200	11	17	13	131.7	103	75,600	2,270	24.0	4.16	2,520	227	50.9	8.98
	*606×201	12	20	13	149.8	118	88,300	2,720	24.3	4.26	2,910	270	51.7	7.80
600×300	582×300	12	17	13	169.2	133	98,900	7,660	24.2	6.73	3,400	511	79.0	9.01
	588×300	12	20	13	187.2	147	114,000	9,010	24.7	6.94	3,890	601	80.1	7.85
	*594×302	14	23	13	217.1	170	134,000	10,600	24.8	6.98	4,500	700	80.8	6.91
700×300	*692×300	13	20	18	207.5	163	168,000	9,020	28.5	6.59	4,870	601	78.1	9.01
	700×300	13	24	18	231.5	182	197,000	10,800	29.2	6.83	5,640	721	79.5	7.73
800×300	*792×300	14	22	18	239.5	188	248,000	9,920	32.2	6.44	6,270	661	77.4	9.28
	800×300	14	26	18	263.5	207	286,000	11,700	33.0	6.67	7,160	781	78.7	8.08
900×300	*890×299	15	23	18	266.9	210	339,000	10,300	35.6	6.20	7,610	687	75.9	9.83
	900×300	16	28	18	305.8	240	404,000	12,600	36.4	6.43	8,990	842	77.5	8.31
	*912×302	18	34	18	360.1	283	491,000	15,700	36.9	6.59	10,800	1,040	79.0	7.01

備考1．呼称寸法の同一枠内に属するものは，内のり高さが一定である．
　　2．＊印以外の寸法は，はん（汎）用品を示す．

付表7　一般構造用炭素鋼管の寸法および質量（JIS G 3444-*1994*）

外径 (mm)	厚さ (mm)	単位質量 (kg/m)	参　考			
			断面積 (cm²)	断面二次モー メント (cm⁴)	断面係数 (cm³)	断面二次半径 (cm)
21.7	2.0	0.972	1.238	0.607	0.560	0.700
27.2	2.0	1.24	1.583	1.26	0.930	0.890
	2.3	1.41	1.799	1.41	1.03	0.880
34.0	2.3	1.80	2.291	2.89	1.70	1.12
42.7	2.3	2.29	2.919	5.97	2.80	1.43
	2.5	2.48	3.157	6.40	3.00	1.42
48.6	2.3	2.63	3.345	8.99	3.70	1.64
	2.5	2.84	3.621	9.65	3.97	1.63
	2.8	3.16	4.029	10.6	4.36	1.62
	3.2	3.58	4.564	11.8	4.86	1.61
60.5	2.3	3.30	4.205	17.8	5.90	2.06
	3.2	4.52	5.760	23.7	7.84	2.03
	4.0	5.57	7.100	28.5	9.41	2.00
76.3	2.8	5.08	6.465	43.7	11.5	2.60
	3.2	5.77	7.349	49.2	12.9	2.59
	4.0	7.13	9.085	59.5	15.6	2.58
89.1	2.8	5.96	7.591	70.7	15.9	3.05
	3.2	6.78	8.636	79.8	17.9	3.04
101.6	3.2	7.76	9.892	120	23.6	3.48
	4.0	9.63	12.26	146	28.8	3.45
	5.0	11.9	15.17	177	34.9	3.42
114.3	3.2	8.77	11.17	172	30.2	3.93
	3.5	9.58	12.18	187	32.7	3.92
	4.5	12.2	15.52	234	41.0	3.89
139.8	3.6	12.1	15.40	357	51.1	4.82
	4.0	13.4	17.07	394	56.3	4.80
	4.5	15.0	19.13	438	62.7	4.79
	6.0	19.8	25.22	566	80.9	4.74
165.2	4.5	17.8	22.72	734	88.9	5.68
	5.0	19.8	25.16	808	97.8	5.67
	6.0	23.6	30.01	952	115	5.63
	7.1	27.7	35.26	110×10	134	5.60
190.7	4.5	20.7	26.32	114×10	120	6.59
	5.3	24.2	30.87	133×10	139	6.56
	6.0	27.3	34.82	149×10	156	6.53
	7.0	31.7	40.40	171×10	179	6.50
	8.2	36.9	47.01	196×10	206	6.46
216.3	4.5	23.5	29.94	168×10	155	7.49
	5.8	30.1	38.36	213×10	197	7.45
	6.0	31.1	39.64	219×10	203	7.44
	7.0	36.1	46.03	252×10	233	7.40
	8.0	41.1	52.35	284×10	263	7.37
	8.2	42.1	53.61	291×10	269	7.36
267.4	6.0	38.7	49.27	421×10	315	9.24
	6.6	42.4	54.08	460×10	344	9.22
	7.0	45.0	57.26	486×10	363	9.21
	8.0	51.2	65.19	549×10	411	9.18
	9.0	57.3	73.06	611×10	457	9.14
	9.3	59.2	75.41	629×10	470	9.13
318.5	6.0	46.2	58.91	719×10	452	11.1
	6.9	53.0	67.55	820×10	515	11.0
	8.0	61.3	78.04	941×10	591	11.0
	9.0	68.7	87.51	105×10²	659	10.9
	10.3	78.3	99.73	119×10²	744	10.9
355.6	6.4	55.1	70.21	107×10²	602	12.3
	7.9	67.7	86.29	130×10²	734	12.3
	9.0	76.9	98.00	147×10²	828	12.3
	9.5	81.1	103.3	155×10²	871	12.2
	12.0	102	129.5	191×10²	108×10	12.2
	12.7	107	136.8	201×10²	113×10	12.1
406.4	7.9	77.6	98.90	196×10²	967	14.1
	9.0	88.2	112.4	222×10²	109×10	14.1
	9.5	93.0	118.5	233×10²	115×10	14.0

付表7 つづき

外径 (mm)	厚さ (mm)	単位質量 (kg/m)	参　　　考			
			断面積 (cm^2)	断面二次モーメント (cm^4)	断面係数 (cm^3)	断面二次半径 (cm)
	12.0	117	148.7	289×10^2	142×10	14.0
	12.7	123	157.1	305×10^2	150×10	13.9
	16.0	154	196.2	374×10^2	184×10	13.8
	19.0	182	231.2	435×10^2	214×10	13.7
457.2	9.0	99.5	126.7	318×10^2	140×10	15.8
	9.5	105	133.6	335×10^2	147×10	15.8
	12.0	132	167.8	416×10^2	182×10	15.7
	12.7	139	177.3	439×10^2	192×10	15.7
	16.0	174	221.8	540×10^2	236×10	15.6
	19.0	205	261.6	629×10^2	275×10	15.5
500	9.0	109	138.8	418×10^2	167×10	17.4
	12.0	144	184.0	548×10^2	219×10	17.3
	14.0	168	213.8	632×10^2	253×10	17.2
508.0	7.9	97.4	124.1	388×10^2	153×10	17.7
	9.0	111	141.1	439×10^2	173×10	17.6
	9.5	117	148.8	462×10^2	182×10	17.6
	12.0	147	187.0	575×10^2	227×10	17.5
	12.7	155	197.6	606×10^2	239×10	17.5
	14.0	171	217.3	663×10^2	261×10	17.5
	16.0	194	247.3	749×10^2	295×10	17.4
	19.0	229	291.9	874×10^2	344×10	17.3
	22.0	264	335.9	994×10^2	391×10	17.2
558.8	9.0	122	155.5	588×10^2	210×10	19.4
	12.0	162	206.1	771×10^2	276×10	19.3
	16.0	214	272.8	101×10^3	360×10	19.2
	19.0	253	322.2	118×10^3	421×10	19.1
	22.0	291	371.0	134×10^3	479×10	19.0
600	9.0	131	167.1	730×10^2	243×10	20.9
	12.0	174	221.7	958×10^2	320×10	20.8
	14.0	202	257.7	111×10^3	369×10	20.7
	16.0	230	293.6	125×10^3	418×10	20.7
609.6	9.0	133	169.8	766×10^2	251×10	21.2
	9.5	141	179.1	806×10^2	265×10	21.2
	12.0	177	225.3	101×10^3	330×10	21.1
	12.7	187	238.2	106×10^3	348×10	21.1
	14.0	206	262.0	116×10^3	381×10	21.1
	16.0	234	298.4	132×10^3	431×10	21.0
	19.0	277	352.5	154×10^3	505×10	20.9
	22.0	319	406.1	176×10^3	576×10	20.8
700	9.0	153	195.4	117×10^3	333×10	24.4
	12.0	204	259.4	154×10^3	439×10	24.3
	14.0	237	301.7	178×10^3	507×10	24.3
	16.0	270	343.8	201×10^3	575×10	24.2
711.2	9.0	156	198.5	122×10^3	344×10	24.8
	12.0	207	263.6	161×10^3	453×10	24.7
	14.0	241	306.6	186×10^3	524×10	24.7
	16.0	274	349.4	211×10^3	594×10	24.6
	19.0	324	413.2	248×10^3	696×10	24.5
	22.0	374	476.3	283×10^3	796×10	24.4
812.8	9.0	178	227.3	184×10^3	452×10	28.4
	12.0	237	301.9	242×10^3	596×10	28.3
	14.0	276	351.3	280×10^3	690×10	28.2
	16.0	314	400.5	318×10^3	782×10	28.2
	19.0	372	473.8	373×10^3	919×10	28.1
	22.0	429	546.6	428×10^3	105×10^2	28.0
914.4	12.0	267	340.2	348×10^3	758×10	31.9
	14.0	311	396.0	401×10^3	878×10	31.8
	16.0	354	451.6	456×10^3	997×10	31.8
	19.0	420	534.5	536×10^3	117×10^2	31.7
	22.0	484	616.5	614×10^3	134×10^2	31.5
1,016.0	12.0	297	378.5	477×10^3	939×10	35.5
	14.0	346	440.7	553×10^3	109×10^2	35.4
	16.0	395	502.7	628×10^3	124×10^2	35.4
	19.0	467	595.1	740×10^3	146×10^2	35.2
	22.0	539	687.0	849×10^3	167×10^2	35.2

付表8　建築構造用冷間ロール成形角形鋼管（BCR）の寸法および質量

（R = 2.5tで計算）

寸法（mm）			断面積 A (cm^2)	単位質量 W (kg/m)	断面二次モーメント $I_x = I_y$ (cm^4)	断面二次半径 $i_x = i_y$ (cm)	断面係数 $Z_x = Z_y$ (cm^3)
H	B	t					
200	200	6	45.32	35.6	2,800	7.86	280
200	200	8	59.24	46.5	3,570	7.76	357
200	200	9	65.98	51.8	3,920	7.71	392
200	200	12	85.30	67.0	4,860	7.55	486
250	250	8	75.24	59.1	7,230	9.80	578
250	250	9	83.98	65.9	7,980	9.75	639
250	250	12	109.3	85.8	10,100	9.59	805
250	250	14	125.4	98.5	11,300	9.49	903
250	250	16	141.0	111	12,400	9.38	992
300	300	9	102.0	80.1	14,200	11.8	946
300	300	12	133.3	105	18,100	11.6	1,200
300	300	14	153.4	120	20,400	11.5	1,360
300	300	16	173.0	136	22,600	11.4	1,510
300	300	19	201.2	158	25,500	11.3	1,700
350	350	12	157.3	123	29,400	13.7	1,680
350	350	14	181.4	142	33,400	13.6	1,910
350	350	16	205.0	161	37,200	13.5	2,130
350	350	19	239.2	188	42,400	13.3	2,420
350	350	22	272.0	214	47,100	13.2	2,690
400	400	12	181.3	142	44,800	15.7	2,240
400	400	14	209.4	164	51,100	15.6	2,560
400	400	16	237.0	186	57,100	15.5	2,850
400	400	19	277.2	218	65,400	15.4	3,270
400	400	22	316.0	248	73,000	15.2	3,650
450	450	14	237.4	186	74,100	17.7	3,290
450	450	16	269.0	211	82,900	17.6	3,690
450	450	19	315.2	247	95,500	17.4	4,240
450	450	22	360.0	283	107,000	17.2	4,760
500	500	16	301.0	236	116,000	19.6	4,630
500	500	19	353.2	277	134,000	19.4	5,340
500	500	22	404.0	317	150,000	19.3	6,010
550	550	19	391.2	307	181,000	21.5	6,570
550	550	22	448	352	204,000	21.3	7,420

付表9 建築構造用冷間プレス成形角形鋼管（BCP）

（R＝3.5tで計算）

寸法mm			断面積 A cm²	単位質量 W kg/m	断面二次モーメント $I_x = I_y$ cm⁴	断面二次半径 $i_x = i_y$ cm	断面係数 $Z_x = Z_y$ cm³
H	B	t					
300	300	9	100.6	79.0	13,900	11.7	924
300	300	12	130.8	103	17,500	11.6	1,160
300	300	16	168.6	132	21,500	11.3	1,440
300	300	19	195.0	153	24,100	11.1	1,600
300	300	22	219.7	172	26,100	10.9	1,740
350	350	12	154.8	122	28,700	13.6	1,640
350	350	16	200.6	157	35,800	13.4	2,050
350	350	19	233.0	183	40,400	13.2	2,310
350	350	22	263.7	207	44,400	13.0	2,540
350	350	25	292.8	230	47,700	12.8	2,730
400	400	12	178.8	140	43,800	15.7	2,190
400	400	16	232.6	183	55,200	15.4	2,760
400	400	19	271.0	213	62,800	15.2	3,140
400	400	22	307.7	242	69,500	15.0	3,480
400	400	25	342.8	269	75,400	14.8	3,770
400	400	28	376.3	295	80,600	14.6	4,030
400	400	32	418.3	328	86,200	14.4	4,310
450	450	16	264.6	208	80,600	17.5	3,580
450	450	19	309.0	243	92,200	17.3	4,100
450	450	22	351.7	276	103,000	17.1	4,560
450	450	25	392.8	308	112,000	16.9	4,980
450	450	28	432.3	339	121,000	16.7	5,360
450	450	32	482.3	379	130,000	16.4	5,780
450	450	36	529.4	416	138,000	16.1	6,140
500	500	16	296.6	233	113,000	19.5	4,510
500	500	19	347.0	272	130,000	19.3	5,180
500	500	22	395.7	311	145,000	19.1	5,800
500	500	25	442.8	348	159,000	18.9	6,360
500	500	28	488.3	383	172,000	18.8	6,870
500	500	32	546.3	429	187,000	18.5	7,470
500	500	36	601.4	472	200,000	18.2	7,990
500	500	40	653.6	513	210,000	17.9	8,420
550	550	16	328.6	258	153,000	21.5	5,550
550	550	19	385.0	302	176,000	21.4	6,390
550	550	22	439.7	345	197,000	21.2	7,180
550	550	25	492.8	387	217,000	21.0	7,900
550	550	28	544.3	427	236,000	20.8	8,570
550	550	32	610.3	479	258,000	20.6	9,380
550	550	36	673.4	529	277,000	20.3	10,100
550	550	40	733.6	576	294,000	20.0	10,700
600	600	19	423.0	332	232,000	23.4	7,730
600	600	22	483.7	380	261,000	23.2	8,710
600	600	25	542.8	426	288,000	23.1	9,620
600	600	28	600.3	471	314,000	22.9	10,500
600	600	32	674.3	529	345,000	22.6	11,500
600	600	36	745.4	585	372,000	22.4	12,400
600	600	40	813.6	639	397,000	22.1	13,200
650	650	19	461.0	362	299,000	25.5	9,200
650	650	22	527.7	414	337,000	25.3	10,400
650	650	25	592.8	465	374,000	25.1	11,500
650	650	28	656.3	515	407,000	24.9	12,500
650	650	32	738.3	580	449,000	24.7	13,800
650	650	36	817.4	642	487,000	24.4	15,000
650	650	40	893.6	702	521,000	24.1	16,000
700	700	19	499.0	392	378,000	27.5	10,800
700	700	22	571.7	449	427,000	27.3	12,200
700	700	25	642.8	505	474,000	27.1	13,500
700	700	28	712.3	559	518,000	27.0	14,800
700	700	32	802.3	630	573,000	26.7	16,400
700	700	36	889.4	698	623,000	26.5	17,800
700	700	40	973.6	764	669,000	26.2	19,100

付表9 つづき

寸法mm			断面積 A cm²	単位質量 W kg/m	断面二次モーメント $I_x=I_y$ cm⁴	断面二次半径 $i_x=i_y$ cm	断面係数 $Z_x=Z_y$ cm³
H	B	t					
750	750	22	615.7	483	531,000	29.4	14,200
750	750	25	692.8	544	591,000	29.2	15,700
750	750	28	768.3	603	647,000	29.0	17,200
750	750	32	866.3	680	717,000	28.8	19,100
750	750	36	961.4	755	782,000	28.5	20,900
750	750	40	1,054	827	842,000	28.3	22,400
800	800	22	659.7	518	651,000	31.4	16,300
800	800	25	742.8	583	725,000	31.2	18,100
800	800	28	824.3	647	795,000	31.1	19,900
800	800	32	930.3	730	884,000	30.8	22,100
800	800	36	1,033	811	966,000	30.6	24,100
800	800	40	1,134	890	1,040,000	30.3	26,100
850	850	25	792.8	622	879,000	33.3	20,700
850	850	28	880.3	691	965,000	33.1	22,700
850	850	32	994.3	781	1,070,000	32.9	25,300
850	850	36	1,105	868	1,180,000	32.6	27,700
850	850	40	1,214	953	1,270,000	32.4	29,900
900	900	25	842.8	662	1,050,000	35.3	23,400
900	900	28	936.3	735	1,160,000	35.2	25,700
900	900	32	1,058	831	1,290,000	34.9	28,700
900	900	36	1,177	924	1,420,000	34.7	31,500
900	900	40	1,294	1,016	1,530,000	34.4	34,100
950	950	28	992.3	779	1,370,000	37.2	28,900
950	950	32	1,122	881	1,530,000	37.0	32,300
950	950	36	1,249	981	1,680,000	36.7	35,500
950	950	40	1,374	1,078	1,830,000	36.5	38,500
1000	1000	28	1,048	823	1,610,000	39.2	32,300
1000	1000	32	1,186	931	1,810,000	39.0	36,100
1000	1000	36	1,321	1,037	1,990,000	38.8	39,700
1000	1000	40	1,454	1,141	2,160,000	38.5	43,100

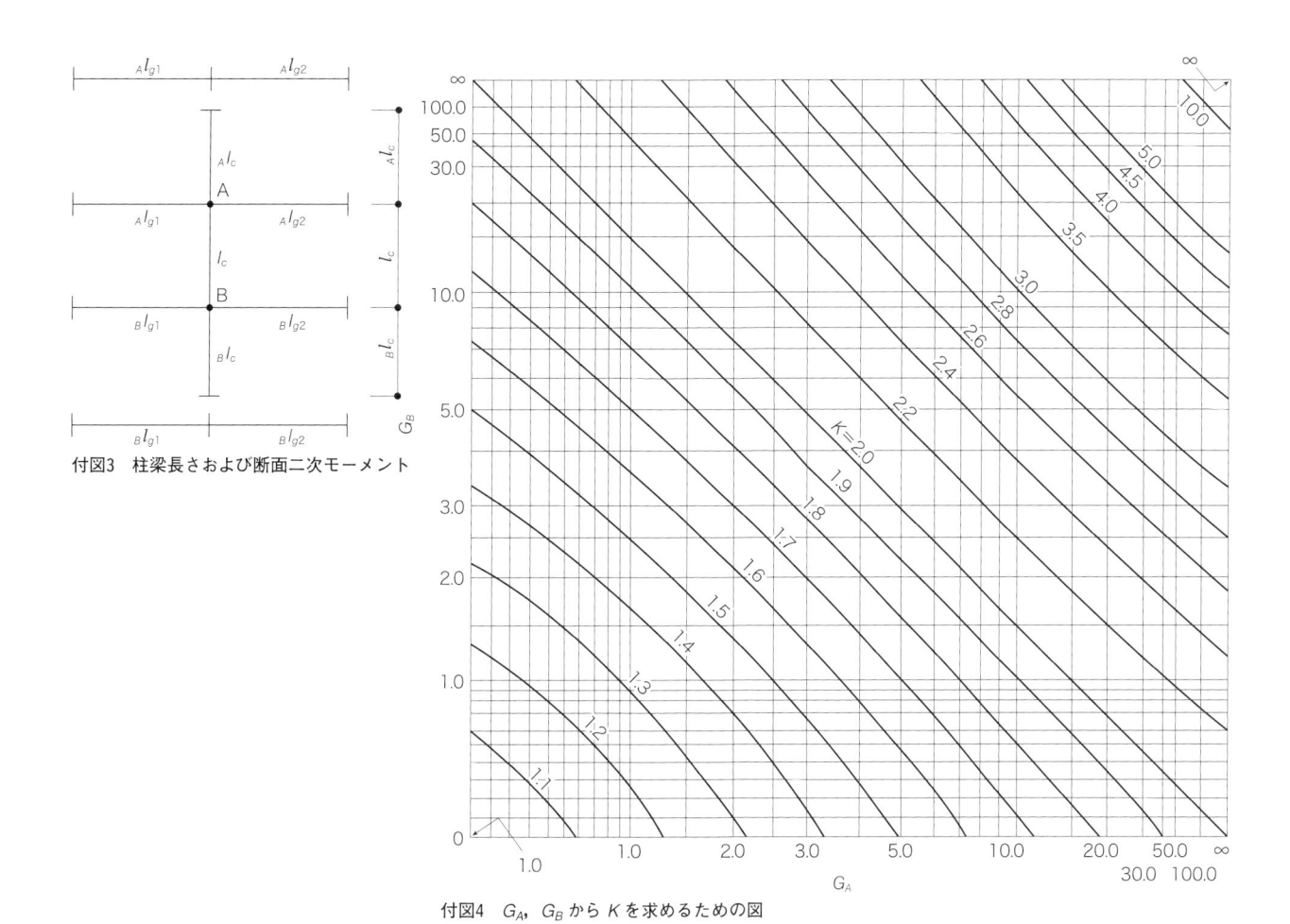

付図3 柱梁長さおよび断面二次モーメント

付図4 G_A, G_B から K を求めるための図

ラーメン柱の座屈長さ $l_k = K l_c$
K は柱両端の節点 A, B に対して下式で計算される G_A, G_B を用い，上図で求める．

$$G_A = \frac{(l_c/l_c) + ({}_A l_c/{}_A l_c)}{({}_A l_{g1}/{}_A l_{g1}) + ({}_A l_{g2}/{}_A l_{g2})}$$

$$G_B = \frac{(l_c/l_c) + ({}_B l_c/{}_B l_c)}{({}_B l_{g1}/{}_B l_{g1}) + ({}_B l_{g2}/{}_B l_{g2})}$$

なお，この図を用いる場合には，次の各点に注意する．
①柱端のヒンジの場合には，理論的には G が無限であるが，実際には $G=10$ とする．
②柱端が固定の場合には，理論的には G は 0 であるが，実際には $G=1.0$ とする．
③はりの剛度 I_g/l_g は，はりの他端（取り扱っている柱から遠い端）の状態によってつぎの係数をかける．

	水平移動拘束	水平移動自由
他端ヒンジ	1.5	0.5
他端固定	2.0	0.67

索　引

▶あ
アイアンブリッジ …… 6

▶い
一般構造用圧延鋼材 …… 10

▶う
上降伏点 …… 14
ウェブ …… 14,15
裏当て金 …… 62
裏はつり …… 62

▶え
H形鋼 …… 14
エッフェル塔 …… 6
F値 …… 22
円形鋼管 …… 14
遠心力鋳鋼管 …… 12
縁端距離 …… 60
鉛直荷重 …… 32
エンドタブ …… 62

▶お
オイラー座屈荷重 …… 44
遅れ破壊 …… 56

▶か
開先角度 …… 63
角形鋼管 …… 14
ガスシールドアーク溶接 …… 60,62
形鋼 …… 14
完全溶込み溶接 …… 62

▶き
機械館 …… 6
基準強度 …… 22
局部座屈 …… 40
許容応力度 …… 24
許容応力度設計法 …… 24

▶く
クリスタル・パレス …… 6

▶け
形状係数 …… 72
軽量形鋼 …… 14
ゲージ …… 60
限界状態設計法 …… 24
限界細長比 …… 44,48
現寸 …… 18
建築構造用圧延鋼材 …… 10
建築構造用高性能高張力鋼 …… 12

▶こ
工作図 …… 16
剛性率 …… 70,74
構造特性係数 …… 72
高張力鋼 …… 10
鋼板 …… 12
降伏応力度 …… 22
降伏現象 …… 14
降伏比 …… 16
高力ボルト …… 6,56
極低降伏点鋼 …… 10,12
固定荷重 …… 28

▶さ
サイズ …… 62
座金 …… 56
座屈 …… 36
座屈長さ …… 38,44,48
座屈長さ係数 …… 38,44
座屈モード …… 38
サブマージアーク溶接 …… 60,62
サンブナンのねじり定数 …… 40
残留応力度 …… 44

▶し
CT形鋼 …… 14
地震力 …… 30
下降伏点 …… 14
支点間距離 …… 44
シャルピー吸収エネルギー …… 16
秀英舎印刷工場 …… 6
終局耐力設計法 …… 24
初期たわみ …… 44
Johnson式 …… 44

▶す
水平荷重 …… 32
スカラップ …… 8
スクラップ鋼材 …… 10
ステンレス鋼 …… 12
スプライスプレート …… 60
滑り係数 …… 56
隅肉溶接 …… 62

▶せ
性能設計 …… 26
積載荷重 …… 28
積雪荷重 …… 28
設計ボルト張力 …… 56
せん断弾性係数 …… 14
線膨張係数 …… 14

▶そ
層間変形 …… 70
層間変形角 …… 70,74

▶た
耐火鋼 …… 12
耐火被覆 …… 8
弾性曲げ座屈荷重 …… 38,44

▶ち
鋳鉄 …… 6

▶つ
突合せ溶接 …… 62

▶て
低降伏点鋼 …… 10
てこ反力 …… 58
鉄鉱石 …… 10
電気炉 …… 10

▶と
トルシア型高力ボルト …… 56

▶な
ナット …… 56
軟鋼 …… 10

▶の
ノンスカラップ工法 …… 8

▶は
鋼 …… 6
パス …… 62
幅厚比 …… 40
幅厚比制限 …… 40

▶ひ
比強度 …… 6
ピッチ …… 60
引張材 …… 42
引張接合 …… 58
必要保有水平耐力 …… 72
被覆アーク溶接 …… 60,62
平鋼 …… 12

▶ふ
フィラー …… 60
風圧力 …… 28
部分溶込み溶接 …… 62,64
フランジ …… 14,15
ブレース構造 …… 8

▶へ
ベベル角度 …… 63
偏心率 …… 70,74

▶ほ
ポアソン比 …… 14,40
棒鋼 …… 14
細長比 …… 44
保有水平耐力 …… 72,74
ボルト …… 56

▶ま
曲げ座屈 …… 36
摩擦接合 …… 56
摩擦面 …… 56

▶み
溝形鋼 …… 14

▶や
山形鋼 …… 14
ヤング係数 …… 14

▶ゆ
有効厚さ …… 62
有効断面積 …… 42
有効のど厚 …… 62,64

▶よ
溶鉱炉 …… 10
溶接構造用圧延鋼材 …… 12
溶接構造用耐候性熱間圧延鋼材 …… 12
溶接継目 …… 62
溶融亜鉛めっきボルト …… 56
横座屈 …… 38
横座屈モーメント …… 40
横補剛 …… 38
横補剛間隔 …… 46
余盛り …… 62

▶ら
ラーメン構造 …… 8

▶り
離間荷重 …… 58
リベット …… 6

▶る
ルート間隔 …… 63

▶れ
冷間成形角形鋼管 …… 12
錬鉄 …… 6

▶わ
ワーグナーのねじり定数 …… 40

参考文献

井上一朗『建築鋼構造の理論と設計』京都大学学術出版会，2003年

大橋雄二『日本建築構造基準変遷史』日本建築センター，1993年

各都道府県および市町村条例

桑村仁『鋼構造の性能と設計』共立出版，2002年

建設省住宅局建築指導課監修，（社）鋼材倶楽部編『デッキプレート床構造設計・施工規準』技報堂出版，1987年

建築基準法・同施行令および国土交通省告示

鋼構造出版『日本建築鉄骨構造技術の発展―戦後50年略史』1998年

鋼材倶楽部編『Steel Construction:Introduction to Design』鋼材倶楽部，2001年

鋼材倶楽部編『わかりやすい鉄骨の構造設計』第2版，技報堂出版，1994年

国土交通省住宅局建築指導課他『2007年版建築物の構造関係技術基準解説書』全国官報販売協同組合，2007年

（社）全国鉄鋼工業協会『建築鉄骨溶接構造の性能評価基準』2000年

日本規格協会『JISハンドブック　鉄鋼II』2003年

日本建築学会『各種合成構造設計指針・同解説』丸善，2010年

日本建築学会『建築材料実験用教材』第4版，丸善，2000年

日本建築学会『鋼構造限界状態設計指針』丸善，2010年

日本建築学会『鋼構造座屈設計指針』丸善，2009年

日本建築学会『鋼構造設計規準 許容応力度設計法』丸善，2005年

日本建築学会『鋼構造塑性設計指針』丸善，2010年

日本建築学会『鋼構造接合部設計指針』丸善，2006年

日本建築学会『構造用教材』第2版，丸善，1995年

日本建築学会『高力ボルト接合設計施工ガイドブック』丸善，2003年

日本建築学会『JASS6 鉄骨工事』丸善，2007年

日本建築学会『鉄筋コンクリート構造計算規準・同解説』丸善，2010年

日本建築学会『鉄骨工事技術指針・工場製作編』丸善，2007年

日本建築センター『冷間成形角形鋼管設計・施工マニュアル』2008年

日本鋼構造協会『鋼構造技術総覧　土木編』技報堂出版，1998年

日本鋼構造協会『鋼構造技術総覧　建築編』技報堂出版，1998年

藤本盛久編著『鉄骨の構造設計』全改訂2版，技報堂出版，1982年

◆〈建築学テキスト〉編集委員会
　青山　良穂（元清水建設）
　井戸田秀樹（名古屋工業大学）
　片倉　健雄（元近畿大学）
　坂田　弘安（東京工業大学）
　武田　雄二（愛知産業大学）
　堀越　哲美（名古屋工業大学）
　本多　友常（和歌山大学）
　吉村　英祐（大阪大学）

（上記の所属は，2004年第1版第1刷当時のものである）

◆『鉄骨構造』執筆者（＊は執筆代表）
＊井戸田秀樹
　1983年名古屋工業大学工学部建築学科卒業．1988年東京工業大学大学院博士課程理工学研究科建築学専攻修了．工学博士．1988年名古屋工業大学工学部助手，その後愛知産業大学造形学部助教授，名古屋工業大学工学部助教授を経て，2009年名古屋工業大学大学院工学研究科教授．

加藤征宏
　1967年名古屋工業大学工学部建築学科卒業．1969年東京工業大学大学院建築学専攻修士課程修了．同年住友金属工業入社，1993年博士（工学），1998年愛知産業大学造形学部建築学科教授を経て2009年愛知産業大学大学院造形学研究科特任教授．共著書に『軽鋼構造設計施工指針・同解説』（日本建築学会，1985年），『鉄骨工事技術指針・工場製作編』（日本建築学会，1996年）．

高木晃二
1982年名古屋工業大学工学部建築学科卒業．
同年　㈱大林組入社．
現在　名古屋支店勤務．

〈建築学テキスト〉**鉄骨構造**
構造特性と設計の基本を学ぶ

2004年7月30日　　第1版第1刷発行
2011年2月20日　　第2版第1刷発行
2021年2月20日　　第3版第1刷発行

著　者　井戸田秀樹・加藤征宏・高木晃二

発行者　前田裕資
発行所　株式会社　学芸出版社
　　　　京都市下京区木津屋橋通西洞院東入　〒600-8216
　　　　tel 075・343・0811　　fax 075・343・0810
　　　　http://www.gagugei-pub.jp
　　　　info@gakugei-pub.jp
　　　　立正／イチダ写真製版／新生製本
　　　　カバーデザイン　上野かおる

Ⓒ井戸田秀樹・加藤征宏・高木晃二　2004
Printed in Japan　ISBN 978-4-7615-3122-5

JCOPY 〈㈳出版者著作権管理機構委託出版物〉
本書の無断複写（電子化を含む）は著作権法上での例外を除き禁じられています．複写される場合は，そのつど事前に，㈳出版者著作権管理機構（電話 03-5244-5088，FAX 03-5244-5089，e-mail: info@jcopy.or.jp）の許諾を得てください．
また本書を代行業者等の第三者に依頼してスキャンやデジタル化することは，たとえ個人や家庭内での利用でも著作権法違反です．